칼뱅주의 5대 교리

완전정복

세움북스는 기독교 가치관으로 교회와 성도를 건강하게 세우는 바른 책을 만들어 갑니다.

칼뱅주의 5대 교리 완전정복

초판 1쇄 발행 2019년 7월 30일
초판 2쇄 발행 2023년 8월 30일

지은이 | 정요석
펴낸이 | 강인구

펴낸곳 | 세움북스
등 록 | 제2014-000144호
주 소 | 서울시 종로구 대학로 19 한국기독교회관 1010호
전 화 | 02-3144-3500
팩 스 | 02-6008-5712
이메일 | cdgn@daum.net

교 정 | 김민철
디자인 | 참디자인

ISBN 979-11-87025-46-7 (03230)

칼뱅주의 5대 교리 완전정복

도르트 신경의 관점에서 이해하고 적용하기

정요석 지음

세움북스

Preface **저자 서문**

네덜란드의 거스 히딩크(Guus Hiddink)는 2002년 월드컵에서 감독으로 우리나라가 4강에 오르는 데 큰 공헌을 했습니다. 그는 축구에 대한 국민의 안목도 높여 주었고, 나이의 서열에 따른 선수들 간의 경직성도 완화하였으며, 인터뷰를 대하는 창의적인 모습과 국제무대에서의 당당한 태도도 선보였습니다. 그런데 네덜란드는 400년 전에 만들어진 도르트 신경을 통해서 히딩크 이전부터 우리나라에 큰 영향을 미쳤습니다.

아르미니우스(Jacobus Arminius)가 칼뱅의 예정론과는 다른 주장을 하며 네덜란드 교회에 악영향을 미치자, 네덜란드와 유럽의 8개국의 대표들은 1618-19년 네덜란드의 도르트에 모여 6개월여 동안 어떤 교리가 옳은지 논의하고 확정하였습니다. 아르미니우스를 따르는 추종자들이 5개 사항으로 자신들의 주장을 개진하였기 때문에 도르트 총회도 5개의 각 사항에 맞추어 옳은 교리를 나타냈습니다. 이 5개 교리는 칼뱅의 가르침과 맞는다고 하여 '칼뱅주의 5대 교리'로 널리 알려졌고, 5가지 교리의 앞 글자를 따면 'TULIP'이 되기 때문에 '튤립 교리'로도 알려졌습니다.

"역사를 잊은 민족에게 미래는 없다"라는 말이 있습니다. 구약의 이스라엘을 보십시오. 선조가 행한 악행과 이에 대한 하나님의 벌, 그리고 용서라는 역사의 패턴을 잊어버린 이스라엘은 거듭하여 악행의 길을 걸었습니다. 사사기는 내내 이 패턴의 연속입니다. 역사에서 교훈을 찾지 못한 신앙인에게 어떤 불행이 닥치는지 너무 잘 말해 줍니다.

400년 전에 네덜란드 의회는 왜 6개월 반 동안의 회의 비용을 다 지불하면서 종교 회의를 개최했을까요? 유럽의 8개국은 이 회의가 얼마나 중요하기에 대표자들을 파견했을까요? 도르트 신경은 얼마나 중요하기에 그때부터 400년이 지난 지금까지 여러 나라의 기독교 교단들이 성경적 신앙 고백으로 받아들일까요?

사도신경, 하이델베르크 요리문답, 도르트 신경, 웨스트민스터 신앙 고백 등은 성경을 전체적으로 깊게 이해하기 위하여 만들어졌습니다. 신앙 고백은 절대로 그 자체에 의미가 있지 않고, 성경 이해를 위해 존재합니다. 이 책을 정독하고, 부록에 있는 도르트 신경 전문을 숙지한다면 성경에 대한 이해가 놀랍게 깊어질 것입니다. 그 정도가 상당히 큰 것에 놀라며 성경 구절을 보는 시각이 얼마나 중요한지를 깨닫게 될 것입니다.

로마 가톨릭에 맞서 종교개혁을 일으키고 완성하느라 신앙의 선배들이 얼마나 많은 피를 흘렸습니까? 피를 흘리며 쟁취한 종교개혁의 정신이 오히려 종교의 자유가 주어지면서 방임과 상대주의와 개인주의의 팽배로 흐려지고 있습니다. 각자 소견에 옳은 대로 신앙생활을 하고, 자신에게 와 닿는 방식으로 성경을 임의적으로 해석하고 있습니다. 종교개혁 시대에는 사제들도 성경을 개인적으로 소유하기가 힘들 정도였지만, 지금은 각 개인이 성경을 갖고 있음에도 오히려 성경을 읽지 않고, 읽더라도 피상적 이해에 머물거나 소견에 옳은 대로 해석하여 성경을 파괴하고 있습니다. 이런 형태가 팽배해지면 기독교의 미래는 어떻게 될까요? 불을 보듯 뻔하지 않습니까?

여러분이 이 책을 정독하면, 종교개혁이 궁극적으로 무엇을 추구했는지 이해할 수 있습니다. 아르미니우스의 추종자들이 주장한 대로 성경을 해석하면 인본적 해석이 되고, 하나님을 축소하며, 사람을 높이는 해석이 됨을 알게 됩니다. 루터와 칼뱅이 왜 목숨을 걸며 종교개혁을 시작했고 발전시켰는지 그 이유와 목적을 이해하게 됩니다. 그간 알지 못했던 하나님의 크신 사랑과 능력에 놀랄 것입니다. 성경 구절에 담긴 보이지 않던 전제들이 보이며 새롭게 해석되는 것에 전율을 느낄 것입니다. 삶을 대하는 자세와 예배에 대한 이해가 향상되면서 칼뱅주의 5대 교리는 단순히 추상적 이론의 나열이 아니라 삶의 구체적 실천으로 이어짐을 확인하게 될 것입니다.

맛있는 고기와 시원한 수박을 먹어 보지 않은 이에게 어떻게 설명할수 있겠습니까? 나름 최대한 이론적으로 설명해야 하겠지만, 최고의 방법은 직접 맛보게 하는 것입니다. 칼뱅주의 5대 교리와 도르트 신경의 맛과 가치도 마찬가지입니다. 이를 직접 체험하면 전적으로 타락하여 전적으로 무능한 우리를 하나님께서 얼마나 큰 사랑과 경륜으로 구원해주셨는지 깊이 깨닫게 됩니다. 마음을 열고 칼뱅주의 5대 교리와 도르트 신경에 도전하여 새로운 경지의 신앙생활을 누릴 수 있기를 바랍니다.

어머니는 제 인생 내내 군대와 유학 생활과 1년 반 신혼생활의 시간을 빼고 같이 살았습니다. 저의 부족한 점을 때와 장소에 맞춰 설명해 주셨고, 제 능력을 최대한 발휘하도록 격려하고 자극하며 자신감을 심어 주셨습니다. 저에게 베푼 어머니의 큰 사랑 덕분에 제가 사랑받는 귀한 존재라는 인식이 어려서부터 있었습니다. 지금 제가 가진 정서적 안정감과 리더십의 상당 부분은 어머니를 따른 것입니다. 자녀 다섯 명을 키울 수 있었던 것도 같이 사신 어머니의 헌신적인 돌보심 때문이었습니다. 그런 어머니가 작년 8월 8일에 갑자기 쓰러지셔서 열흘 만에 하나님의 부름을 받았습니다. 손자 다섯 명도 그 헤어짐을 무척 슬퍼하며 많이 울었고, 저와 아내와 누님 부부도 시간이 지날수록 더 그리워하고 있습니다. 우리에게 부활의 소망이 없다면 죽음에 따른 헤어짐의 슬픔을 어떻게 극복할수 있을까요? 어머니가 그립기에 더욱 부활과 영생에 관한 필요성과 확신이 커집니다. 열흘 만에 가버리신 어머니의 죽음을 보며 하나님의 전적 은혜와 사람의 전적 무능력을 느낍니다. 하나님의 사랑이 얼마나 절대적이고 따스한지 제게 삶을 통해 가르쳐 주신 어머니께 이 책을 바칩니다. 저도 어머니의 큰 사랑을 자녀들에게, 세움교회 교인들에게 베푸는 것이 하나님의 품속에서 안식을 누리며 육신이 부활하기를 기다리는 어머니께 보답이 될 것입니다.

저는 칼뱅주의 5대 교리를 합신 1학년 때 배웠습니다. 좋은 가르침을 주신 합신의 조직신학 교수님들께 감사를 드립니다. 도르트 신경은 개혁주의성경연구소(김영규 소장)에서 1997년에 배웠습니다. 제 신학과 학문의 형성에 큰 영향을 미친 개혁주의성경연구소 교수님들께 감사를 드립니다. 이 책을 일반 성도의 입장에서 읽고 좋은 비평을 해 주신 송필순 성도님께 감사를 드립니다. 타 출판사에서 출판되는 책임에도 건설적 비평을 해 준 좋은씨앗의 이재웅 부장님께 감사를 드립니다. 세움북스의 강인구 장로님은 제가 쓴 글이 돋보이도록 디자인과 편집을 멋지게 해주었는데, 앞으로도 세움북스에서 한국 교회에 기여하는 좋은 책들이 출판되기를 기원합니다. 세움교회 성도들은 칼뱅주의 5대 교리와 도르트 신경에 관한 설교와 성경공부를 기쁨으로 들어주었습니다. 이분들의 경청과 피드백이 없었다면 이 책은 나오기 힘들었을 것입니다. 늘 격려하여 주시는 세움교회 성도들께 감사를 드립니다.

이미 칼뱅주의 5대 교리에 관한 책들이 여러 권 나왔는데, 이 책의 독특성은 도르트 신경의 관점에서 작성되었다는 것입니다. "칼뱅주의 5대 교리"는 칼뱅의 신학 중에서 5가지 교리를 선별한 것이 아니라, 도르트 신경의 5가지 교리가 칼뱅의 가르침과 맞다는 의미입니다. 그러므로 칼뱅주의 5대 교리는 도르트 신경의 관점에서 설명되어야 하는데, 이 책은 시종일관 이런 관점을 취했습니다. 부록에 있는 항론서, 항론파의 견해, 도르트 신경은 필자가 기존의 영어와 한글 번역본들을 참고하여 라틴어 원문에서 직접 번역했습니다. 이 책을 읽은 후 차분하게 부록을 읽으면 별로 어렵지 않음을 느낄 것입니다.

이 책의 제1장과 제2장의 분량이 조금 긴데, 이 두 장만 잘 소화하면 나머지는 쉽습니다. 이 고비를 잘 넘겨 도르트 신경의 진수를 누릴 독자 분들을 큰 박수로 격려하고 싶습니다. 도르트 신경에 관하여 더 자세히 알고 싶은 분들은 도르트 신경 전문에 관한 해석이 들어 있는 저의 졸저 『전적 부패, 전적 은혜: 도르트 신경의 역사적 배경과 해설』(2018년, 영음사)을 참고하시기 바랍니다.

2019년 7월에 **정요석**

Contents 목차

Prologue

칼뱅주의
5대 교리 역사
완전정복

튤립의 칼뱅을 거부한 아르미니우스

리브가가 이삭으로 말미암아 쌍둥이 에서와 야곱을 임신했습니다. 우리가 잘 아는 것처럼 동생 야곱은 하나님의 선택을 받아 아브라함과 이삭을 잇는 후계자가 되었고, 에서는 하나님께 버림을 받았습니다. 하나님은 왜 야곱은 사랑하시고 에서는 미워하셨을까요? 하나님은 언제 이런 선택을 하셨을까요? 에서와 야곱이 리브가의 배속에 있을 때였을까요? 아니면 태어난 이후에 하셨을까요? 하나님은 이들이 태어나기도 전에 엄마의 배속에 있을 때 선택하셨는데, 에서와 야곱이 하나님을 믿을 것인지 여부를 미리 아시고, 그에 따라 선택하시지 않았습니다. 이 책은 바로 이렇게 흥미진진한, 신자라면 한 번쯤은 고민해 보았을 문제를 다룹니다.

튤립이란 꽃을 좋아하시는지요? 시원함이 느껴지는 길게 뻗은 줄기 위에 아름다운 자태의 꽃봉오리를 지닌 튤립은 특히 네덜란드에서 사랑을 받고 있습니다. 튤립은 빨강, 주홍, 노랑, 보라, 하양 등의 다양한 봉오리를 갖고 있습니다. 같은 색으로만 배열하면 단아하고 일관된 느낌을 얻을 수 있고, 다양한 색으로 배열하면 화려함과 조화의 미를 느낄 수 있습니다. 이런 꽃을 사랑한 네덜란드는 1년에 무려 90억 송이 넘게 길러,

전 세계에 수출합니다. 전 세계 사람들이 몇 송이의 꽃을 나누어 줄 만한 양을 수출하며 전 세계인들에게 꽃의 아름다움과 안정과 평안을 선물합니다.

그런데 네덜란드는 전 세계에 튤립이란 꽃만이 아니라 튤립이란 교리도 수출하여 신앙의 정수를 전해 주었습니다. 1618년 11월에 네덜란드의 도르트에서 종교 회의가 열렸습니다. 그곳에서 작성된 도르트 신경은 다섯 교리를 다루었는데, 이 다섯 교리의 첫 글자를 모으면 튤립(TULIP)이 됩니다. 이 다섯 교리는 칼뱅(1509~1564)의 가르침에 잘 맞는다고 하여 칼뱅주의 5대 교리라고 불립니다. 칼뱅이란 개인의 이름을 붙인 것은 야코부스 아르미니우스(Jacobus Arminius, 1560~1609)가 칼뱅의 신학에 이의를 제기하며 네덜란드 전역에 악영향을 크게 끼쳤고, 이를 잠재우기 위하여 도르트 종교 회의가 열렸기 때문입니다. 아르미니우스의 주장에 반대되는 칼뱅의 가르침이란 의미에서 칼뱅주의 5대 교리라고 불립니다. 이 책을 통해 도르트 종교 회의가 왜 열렸는지, 그리고 거기서 작성된 도르트 신경의 내용이 무엇인지를 알아봄으로써 칼뱅주의 5대 교리를 살펴보고자 합니다.

네덜란드는 중세 유럽의 다른 나라들처럼 로마 가톨릭이 국가 종교였습니다. 네덜란드는 로마 가톨릭을 신봉하는 스페인 황제들의 지배를 받았기 때문에 로마 가톨릭이 아닌 종교들을 모두 이단으로 취급하였습니다. 1517년에 독일에서 시작된 루터(1483~1546)의 종교개혁은 바로 옆 나라인 네덜란드에 1520년대에 전파되어 많은 영향을 끼쳤고, 루터의 종교개혁을 발전시킨 칼뱅은 1540년부터 네덜란드에 큰 영향을 미쳤습니다.

하지만 스페인의 국왕들은 루터주의와 칼뱅주의를 처음부터 가혹하게 탄압하였습니다. 이들의 주장을 인쇄하거나 보급하는 자를 화형에 처한다는 칙령을 내렸고, 1522년에는 종교 재판소를 설치하여 성경을 읽었다는 이유나 종교적 대화와 논쟁을 했다는 이유 등으로 재산을 몰수하고, 교수형과 화형에 처하여 수만의 사람들을 죽였습니다. 그럼에도 칼뱅주의는 네덜란드 전역으로 퍼져 나갔습니다. 네덜란드는 칼뱅주의라는 참된 신앙을 접한 후 로마 가톨릭의 잘못된 점을 더욱 깨닫게 되며 이에서 벗어나 참된 신앙생활을 하고자 독립 운동에 더 열심을 내었습니다.

루터나 칼뱅이나 모두 사람이 전적으로 부패하여 행위로는 구원을 받을 수 없고, 오직 하나님의 은혜로만 구원을 받는다고 보았습니다. 루터는 고행과 선행을 아무리 해도 없어지지 않는 죄책감 때문에 괴로워했는데, 믿음을 통해 하나님의 은혜로 의로워짐을 알게 되며 평안을 누렸습니다. 그런데 칼뱅은 여기서 한 걸음 더 나아가 이러한 구원이 하나님의 영원한 작정에서 왔음을 강조했습니다. 모든 사람이 아담의 죄 때문에 전적으로 부패하게 되어 하나님을 거부하며 죄 가운데 살게 되었습니다. 그럼에도 일부는 예수 그리스도를 믿어 구원에 이릅니다. 칼뱅은 이러한 상태가 하나님의 선택으로 인한 것이지 절대로 부패한 사람들이 자신들의 능력으로 스스로 하나님을 믿어서 된 것이 아님을 성경을 통해서 잘 드러내었습니다.[1]

칼뱅주의가 네덜란드 전역에서 정통 신앙으로 받아들여졌는데, 야코부스 아르미니우스가 이의를 제기하였습니다. 그는 1576-1581년에 레이던(Leiden) 대학에서, 1582-1587년에 제네바와 바젤에서 신학을 공부하였습니다. 제네바에서는 칼뱅의 후계자인 테오도르 베자(Theodore Beza, 1519-1605) 밑에서 배웠습니다. 1587년에 귀국하여, 다음 해 8월에 암스테르담에서 목사 안수를 받은 후 큰 개혁교회의 목사가 되었고, 1590년에 결혼하여 8명의 자녀를 낳았습니다.

1589년에 시인이자 극작가인 코른헤르트(Dirck Volckertszoon Coornhert, 1522-1590)는 베자의 예정론에 이의를 제기했습니다. 그는 베자의 말처럼 하나님께서 어떤 자는 선택하시고 어떤 자는 버리신다면, 그 하나님은 버린 자로 하여금 죄를 짓게 만드는 죄의 조성자라며, 성경 어디에도 이런 내용은 없다고 주장했습니다. 많은 사람들이 그의 영향을 받자, 교회의 당회는 베자의 제자인 아르미니우스에게 그가 틀렸음을 밝혀줄 것을 부탁했습니다. 아르미니우스는 그의 주장을 면밀히 살폈는데, 오히려 자신이 그의 입장에 서있음을 확인했습니다. 아르미니우스는 사람의 자유 의지와 타락과 하나님의 은혜에 대한 그의 주장이 옳다는 보고서를 올렸습니다.

아르미니우스의 이러한 신학적 성향은 1590년대로 갈수록 점점 굳어졌습니다. 그는 로마서 7장을 설교하면서 죄의 법에 사로잡힌 자의 삶을 구원 이전의 삶으로 해석했습니다. 구원받은 자는 죄의 영향을 이겨내고 승리의 삶을 산다고 생각한 것인데, 사람의 자유 의지에 대한 낙관성이 반영된 해석이었습니다. 1603년 9월부터는 레이던 대학의 교수가 되어 가르치기 시작했는데, 학생들은 교회에서 그의 가르침을 설교와 성경 공부 시간에 드러내었고, 이것은 그대로 성도들에게 영향을 미쳤습니다.

시간이 흐를수록 많은 목사들과 성도들이 그의 가르침 탓에 부정적인 영향을 받게 되자, 정통 목사들이 항의하기 시작하였습니다. 1605년 11월에 남부 네덜란드의 교회 대표자들은 아르미니우스의 신학에 대한 9가지 질문을 담은 청원서를 레이던 대학에 제출했습니다. 그는 주변의 계속된 질문과 의심과 비판에 대하여 1608년에 "9가지 질문에 대한 답변"(Answers to Nine Question)과 "정서의 선언"(Declaration of Sentiments)이란 두 개의 글을 통해 자신의 견해와 정서와 서운함을 드러내었습니다. 결핵으로 추정되는 병으로 고통을 받던 아르미니우스는 1609년 10월 19일에 죽었습니다. 그의 사후에 그의 영향을 받은 43명의 목사들은 1610년 헤이그에 모여서 그들의 신앙 고백과 교리에 해당되는 문서를 5가지 항목으로 내놓았습니다. 주로 아르미니우스의 저술을 인용한 이 문서는 기존의 교리에 항의한다는 의미에서 "항론서"(抗論書, Remonstance)로 불렸고, 이들은 항론서의 이름을 따 항론파(Remonstrants)로 불렸습니다.

도르트 총회[2]

"항론서"를 작성한 이들이 "항론파"로 불리며, 이들을 반대하는 이들은 자연스럽게 "반항론파"(Contra-Remonstrants)라고 불렸습니다. 반항론파는 항론서에 맞서 1611년에 "반항론서"(The Counter-Remonstrance)를 7가지 항목으로 내놓았습니다. 이렇게 항론파와 반항론파로 나뉘어 종교 논쟁이 격화되어 정치와 종교 면에서 분열 현상이 심해지자, 기존의 여러 정치 세력을 제압하고 실권을 쥔 총독 마우리츠 공(Prince Maurice)은 이 논쟁을 해결하기 위하여 총회를 허락하였습니다. 이렇게 하여 1618년 11월 13일부터 1619년 5월 29일까지 도르트 총회가 열리게 되었습니다.

모든 총회 진행 비용을 지불한 의회가 초청장을 항론서의 내용과 함께 1618년 6월 25일부터 지방 노회들에 보내면서 대표자를 보내 달라고 요청했습니다. 10개의 지역 노회들은 각각 6명씩, 총 35명의 목사와 18명의 장로를 대표자로 보냈습니다. 화란의 5개 대학들은 1명씩 5명의 신학자를, 의회는 18명을 대표자로 보냈습니다. 의회는 총회의 객관성과 전문성을 기하기 위하여 외국의 저명한 신학자와 목사를 초청하였는데 영국(Great Britain)의 제임스 왕, 프랑스의 개혁 교회들, 팔츠의 선제후(選帝侯), 헤센(Hessen, 독일 중서부에 위치)의 백작, 스위스의 개혁주의 주(州, Canton)들에게 보냈고, 나중에 나사우-베터라우(Nassau-Wetterau, 독일 헤센의 서부 위치), 제네바(Geneva), 브란덴부르크(Brandenburg, 독일의 중동부에 위치)도 초청하였습니다. 팔츠 같은 경우는 이미 하이델베르크 교리문답을 만든 경험이 있었기 때문에, 그리고 영국과 스위스 주들도 비슷한 신학적 토론의 경험이 있었기 때문에 초청하였습니다. 이렇게 초청을 받은 국가들 중에서 영국, 팔츠, 헤센, 스위스, 나사우-베테라우, 제네바, 브레멘(Bremen), 엠덴(Emden)의 8개국이 26명의 대표자를 보냈습니다.[3]

11월 14일에 보헤르만(Johannes Bogerman)이 의장으로 선출되었고, 두 명의 부의장들과 서기들이 임명되었습니다. 보게르만이 항론파들을 초청하여 같이 토의하자는 제안을 했는데 채택되었습니다. 초청이라기보다는 소환을 받은 항론파들은 3주 후에 도착하였고, 총회는 이들을 기다리는 3주 동안에 성경을 화란어로 번역할 것을 결정하였고, 하이델베르크 교리문답을 매주일 오후 예배에서 다루어 1년에 전체를 다루도록 결정하였습니다.

12월 6일에 13명의 항론파가, 10일에는 2명이 더 도착하였습니다. 항론파들은 다른 대표들과 똑같은 권리와 지위를 요구했지만, 총회는 이들이 견해가 무엇인지 설명하도록 총회에 소환된 것이라고 명확히 하였습니다. 그러자 이들은 11일에 총회는 교회 문제를 다룰 법적 권한이 없고 단지 의견을 나누는 모임이라며, 회의를 최대한 방해하였습니다. 총회는 이들이 회의 진행에 협조하지 않자, 문서로 그들의 입장을 살피기 위해 이들에게 기존의 항론서에 대해 자세한 견해를 제출할 것을 요구했습니다. 이에 이들은 12월 13일(제31차 회기)에 첫 번째 조항에 대하여, 그리고 17일(제34차 회기)에 다른 세 가지 조항들에 관하여 '항론파들의 견해'(Sentencia Remonstrantium)를 제출하였습니다. 총회는 이 문서를 통해 항론파가 어떤 면에서 잘못되었는지 구체적으로 알 수 있었고 이에 근거하여 도르트 신경을 작성할 수 있었습니다.[4] 회의 진행에 계속 협조하지 않은 그들은 1619년 1월 14일에 "해산하시오. 당장 나가시오!"라는 의장의 선포에 따라 공식적으로 쫓겨났습니다.

10개의 지역 노회들, 8개국의 외국 대표단들, 1개의 교수 대표단 등 총 19개의 모임(college)들이 있었는데, 이 대표들은 중요한 문제에 대해서는 각자의 지역 총대 모임(college)을 열고 결정문(judicia)을 작성하여 총회에 제출했습니다. 그러면 그 다음 날 전체가 모여 19개의 결정문을 들었습니다. 공식 언어는 외국 대표들 때문에 라틴어였습니다. 이렇게 각 항목에 대한 각 단체들의 결정을 조합하여 최종 결정으로 만든 것이 도르트 신경이고, 그래서 도르트 신경의 공식 명칭도 "도르트에서 1618년과 1619년에 열렸던 화란 개혁 교회의 국가 총회가 영국, 독일, 프랑스 개혁 교회의 많은 뛰어난 신학자들과 함께 화란 교회에서 논쟁이 된 다섯 가지 교리 조항들에 대하여 내린 결정"입니다.[5]

1월 15일부터 각 단체들은 항론서에 대한 자신들의 결정문을 작성하기 시작했고, 3월 7–21일에 작성된 결정문들이 낭독되었습니다. 3월 25일부터 4월 16일까지 9명의 신경 작성 위원회는 초안을 작성했습니다. 각 단체들은 초안을 읽은 후 수정 사항을 제출했고, 이에 따라 개정안이 만들어졌습니다. 이런 과정이 몇 번 반복된 후, 4월 16–18일에 신경이 전체 회의에서 승인되었고, 4월 23일에 모든 회원들은 각 장에 서명했습니다. 5월 6일에 모든 대표들과 네덜란드와 외국의 많은 손님들까지 전체 회의에 모여 두 명의 서기가 큰 소리로 신경을 읽는 것을 들었습니다. 외국 대표들이 참가하는 국제 회의는 제154차로 5월 9일 목요일에 공식적으로 끝났습니다. 외국 대표들에게는 풍성한 만찬과 금메달이 수여되었고, 화란 대표들에게는 후에 은메달이 수여되었습니다.

5월 13일에 다시 시작된 회의는 교회 질서(church order)와 예전(liturgy)을 다루었습니다. 1643–47년에 있었던 웨스트민스터 총회도 신앙 고백만이 아니라 교회 질서에 해당하는 정치와 예배 등을 다루었습니다. 교회가 든든히 서기 위해서는 교리만이 아니라 정치와 예배와 권징을 다루는 교회 질서도 필요하기 때문에, 종교 회의들은 교리와 함께 교회 질서를 다루곤 했습니다. 도르트 총회는 외국 대표들이 떠난 후에는 화란어로 진행되었고, 1586년 헤이그 총회에서 작성된 교회 질서가 상황에 맞게 일부 수정된 후에 승인되었습니다. 도르트 총회는 몇 가지 사항들을 마저 처리한 후, 제180차가 되는 5월 29일에 6개월 반의 긴 여정을 최종적으로 끝냈습니다.

7월 2일에 네덜란드 의회는 도르트 신경을 승인하였습니다. 200여 명의 항론파 목사들이 면직되었고, 80명은 자취를 감췄으며, 약 70명은 사역을 하지 않겠다고 약속했고, 40명은 도르트 총회 결정을 수용하면서 복직되었습니다. 1625년에 마우리츠 공이 죽자 항론파는 신앙의 자유를 허락받았고, 1630년에는 교회를 세울 수 있었습니다. 이는 항론파의 신학이 인정을 받은 것이 아니라 사회적 통합과 관용을 위한 조치였습니다. 도르트 총회 후 400년이 지난 지금, 칼뱅과 아르미니우스의 신학을 각각 따른 이들과 교단들이 신학과 실천에서 어떤 장점과 단점이 있는지 자연스럽게 드러나고 있습니다. 400년 전의 도르트 총회와 신경을 살펴보면서 그 당시 중요하게 여겼던 논쟁이 지금도 중요한지, 각자의 차이가 정말로 큰 것인지, 각 진영의 극단파는 어디로 흐르게 되는지 등을 시간의 결과로 살펴볼 수 있다는 것은 후대에 사는 자들이 갖는 특권입니다.

예정론의 가치와 유익

리브가는 에서와 야곱을 임신했는데, 하나님은 이들이 나지도 아니하고 무슨 선이나 악을 행하지 아니한 때에 "큰 자가 어린 자를 섬기리라"

고 말씀하셨습니다. 이들 중 한 명을 하나님의 자녀로 택하시는 하나님의 뜻은 사람의 행위로 말미암지 않고, 오직 부르시는 이로 말미암습니다. 그런데 코른헤르트와 아르미니우스는 택함을 받지 못한 에서는 억울하고, 이렇게 임의적으로 되는 선택은 불공평하며, 에서는 하나님께서 버리셔서 믿지 않는 것이므로 하나님이 죄의 조성자가 되신다고 보았습니다.

하지만 성경은 하나님께서 긍휼히 여길 자를 긍휼히 여기시고 불쌍히 여길 자를 불쌍히 여기신다고 말합니다. 원하는 자로 말미암지도 않고, 달음박질하는 자로 말미암지도 않으며, 오직 긍휼히 여기시는 하나님으로 말미암습니다. 바로가 왜 애굽의 왕으로 세움을 받았을까요? 하나님은 그로 말미암아 당신의 능력을 보이시고 당신의 이름이 온 땅에 전파되게 하시려고 그를 세우셨습니다. 피조물인 그의 영광과 존재감이 절대적인 우선순위가 되지 않고, 그를 지으신 창조자 하나님에게서 우선순위와 존재감이 나옵니다. 하나님께서 하고자 하시는 자를 긍휼히 여기시고, 하고자 하시는 자를 완악하게 하십니다. 우리는 이런 말씀을 들으면 "하나님이 어찌하여 허물하시느냐? 누가 그 뜻을 대적하느냐?"라고 질문하게 됩니다. 이에 대하여 성경은 아래처럼 말합니다.

이 사람아! 네가 누구이기에 감히 하나님께 반문하느냐? 지음을 받은 물건이 지은 자에게 어찌 나를 이같이 만들었느냐 말하겠느냐? 토기장이가 진흙 한 덩이로 하나는 귀히 쓸 그릇을, 하나는 천히 쓸 그릇을 만들 권한이 없느냐? 만일 하나님이 그의 진노를 보이시고 그의 능력을 알게 하고자 하사 멸하기로 준비된 진노의 그릇을 오래 참으심으로 관용하시고, 또한 영광 받기로 예비하신 바 긍휼의 그릇에 대하여 그 영광의 풍성함을 알게 하고자 하셨을지라도 무슨 말을 하리요?(롬 9:20–23)

아르미니우스는 토기장이가 임의로 천히 쓸 그릇을 만들 권한이 있다고 하면 하나님을 죄의 조성자로 만드는 것이라고 여겨 위의 성경말씀까지도 왜곡하면서, 미래를 미리 아시는 하나님께서 믿을 자들을 선택하셨고, 믿지 않을 자들을 버리셨다고 보았습니다. 이에 반하여 칼뱅은 성경말씀을 충실히 따라 하나님을 창조자로 전적으로 인정하면서 모든 주권을 하나님께 돌렸습니다. 사람을 위하여 하나님께서 존재하시는 것이 아니라, 사람이 하나님을 위하여, 하나님을 인하여 존재함을 전적으로 인정하며 모든 영광을 하나님께 돌렸습니다. 이 세상의 모든 것은 하나님의 주권에 따라 존재하고 작동되고 보존됩니다. 그 어떤 존재도 하나님께 "어찌 나를 이같이 만들었느냐?"라고 물을 자격이 없습니다.

아담의 모든 후손은 아담 안에서 죄를 지어 전적으로 부패하였습니다. 전적으로 부패하였기 때문에 옳고 그름을 분별할 수 없어서, 그리스도를 스스로의 능력으로 믿을 수 없습니다. 모든 인류는 그대로 놓아 두면 모두가 예수님을 믿지도 못하고 영적 선을 행하지도 못합니다. 그런데 하나님은 이들 중 일부를 아무 이유 없이 오직 사랑과 은혜로 당신의 자녀로 택하셨습니다. 하나님은 존재 자체가 없던 자들에게 생명 자체와 삶의 터전을 주시고, 죽어 마땅한 자들 중에서 일부를 오직 사랑과 은혜로 택하셔서 새 생명을 주십니다. 따라서 선택은 하나님의 임의적인 주사위 놀음이 아니라, 사람을 향한 이유 없는, 변하지 않는, 절대적 사랑입니다.

선택을 받지 못한 자들은 아예 존재 자체가 없는 자신들에게 하나님께서 생명 자체와 이 세상을 주셨음에도, 이 은혜를 저버리고 하나님을 거부하며 스스로 삶을 영위하겠다고 반항한 것입니다. 이들은 자신들의 죄 때문에 하나님에게서 멀어진 것이지, 절대로 하나님은 죄의 조성자가 아니십니다. 하나님은 주권적으로 어떤 자들을 오직 사랑과 은혜로 선택하시고, 어떤 자들을 그들의 죄에 내버려 두십니다.

도르트 신경이 만들어질 당시의 유아 사망률은 매우 높았습니다. 교인들은 자신들의 유아가 죽었을 때 아이의 천국행 여부에 큰 관심을 갖지 않을 수 없었습니다. 삼사 개월의 유아가 예수 그리스도에 대한 신앙을 고백할 수 있을까요? 항론파에 따르면 예수 그리스도를 믿는 자들만 구원을 받으므로, 유아들은 모두 구원을 받지 못하게 됩니다. 하지만 사람의 믿음 이전에 하나님의 은혜를 주장하는 반항론파에 따르면 유아들은 부모와 연합되어 구원을 받습니다. 이처럼 도르트 총회의 결정은 신학자들만의 지적 유희가 아니라 일반 교인들의 첨예한 관심이었고, 현재 우리의 신앙생활과도 연결이 됩니다.

아무 이유 없이 우리를 당신의 자녀로 택하신 하나님은 그 사랑을 절대로 버리시지 않습니다. 우리는 인생을 사는 동안 여러 어려움과 죄의 유혹으로 때로 넘어지지만, 완전히 넘어져 절대로 일어나지 못하는 일은 없습니다. 우리 자신의 의지와 행위 때문이 아니라, 우리를 향한 하나님의 사랑과 의지 때문에 우리는 다시 일어서게 됩니다. 우리를 사랑하시는 이로 말미암아 우리는 넉넉히 이깁니다. 사망이나 생명이나 천사들이나 권세자들이나 현재 일이나 장래 일이나 능력이나 높음이나 깊음이나 다른 어떤 피조물이라도 우리를 주 예수 그리스도 안에 있는 하나님의 사랑에서 끊을 수 없음을 우리는 확신합니다(롬 8:38-39).

우리의 능력과 의지로 우리의 구원을 지키고 이루어야 한다면, 우리의 실력을 우리가 잘 아는 것처럼, 우리가 어찌 성공할 수 있겠습니까? 그러나 우리는 하나님의 사랑으로 말미암아 성공할 수 있습니다. 하나님께서 아무 이유 없이 우리를 당신의 자녀로 선택하셨다는 교리는 이렇게 큰 위로와 확신을 우리에게 줍니다. 우리는 가진 모든 것을 하나님께 빚진 자로서 "누가 주께 먼저 드려서 갚으심을 받겠느냐? 이는 만물이 주에게서 나오고 주로 말미암고 주에게로 돌아감이라 그에게 영광이 세세에 있을지어다!"(롬 11:35-36)라고 기쁨으로 고백할 뿐입니다.

칼뱅주의 5대 교리(튤립 교리)

앞에서 살펴본 것처럼 아르미니우스는 1609년에 죽었고, 그를 따르던 43명의 목사들은 1610년에 자신들의 주장이 무엇인지 5개 조항으로 발표했습니다. 도르트 총회는 항론파의 항론서가 잘못되었음을 논의하기 위해 모였으므로, 도르트 신경을 작성할 때 항론서의 내용과 순서에 맞추어 작성했습니다. 항론서가 다섯 개의 교리를 포함하고 있으므로 도르트 신경도 이를 반박하기 위해 다섯 개의 교리를 다루었습니다. 이 다섯 개의 교리가 칼뱅주의 5대 교리로 불리는데, 칼뱅의 가르침을 잘 나타내는 것이라고 여겨져 칼뱅주의 5대 교리로 불립니다. 따라서 칼뱅주의 5대 교리는 칼뱅이 가르친 전체 내용을 5가지로 요약한 것도 아니고, 칼뱅이 생전에 대표적으로 강조했던 가르침도 아닙니다. 단지 도르트 신경이 말하는 다섯 가지 교리를 나타냅니다.[6] 따라서 칼뱅주의 5대 교리를 잘 이해하려면 칼뱅의 전체 가르침을 살펴보는 것이 아니라, 항론서의 5개 조항과 이에 맞선 도르트 신경의 다섯 교리를 비교하여 살펴보면 됩니다. 이 책은 이러한 비교 형태로 칼뱅주의 5대 교리를 살펴보려고 합니다. 항론파와 반항론파의 주장 5가지는 아래와 같습니다.

	항론파(아르미니우스주의)	도르트 신경(칼뱅주의)
제1조항 선택과 유기의 원인	**조건적 선택**: 예지 예정 – 하나님은 개인의 신앙 여부를 미리 보시고서 선택 여부를 결정하신다.	**무조건적 선택**: 절대 예정 **U**nconditional Election
제2조항 그리스도의 속죄 범위	**보편 속죄** – 믿는 자만 구원을 받지만, 그리스도는 모든 인류를 구원하시고 속죄하시기 위해 죽으셨다.	**제한 속죄** **L**imited Atonement
제3조항 믿음의 가능성	**부분 타락**: 믿음 가능 – 인간은 타락하여서 믿음과 선행을 위해서는 하나님의 은혜가 필요하지만, 전적 타락과 전적 무능력은 아니다.	**전적 타락**: 믿음 불가능 **T**otal Depravity
제4조항 은혜의 거부 가능성	**가항력적 은혜** – 성령의 역사로 사람의 중생과 회개가 이루어지지만 사람이 성령의 은혜를 거절할 수 있다.	**불가항력적 은혜** **I**rresistible Grace
제5조항 구원의 상실 가능성	**성도의 조건적 견인** – 한 번 믿었다고 하여 계속 믿음의 자리에 머무는 것이 아니고, 믿음의 자리에서 떨어져 구원을 상실할 수 있다.	**성도의 견인** **P**erseverance of Saints

위의 표 오른쪽에서 보는 것처럼 도르트 신경 다섯 교리의 앞 글자를 나열하면 U–L–T–I–P입니다. 세 번째의 T를 맨 앞으로 옮기면 T–U–L–I–P가 되어, 튤립(TULIP)이 됩니다. 다섯 교리를 작성한 도르트 총회가 네덜란드에서 열렸기에, 후대의 사람들은 이 다섯 교리를 기억하기 쉽게 튤립이란 이름을 붙였습니다. 앞으로 살펴보겠지만 튤립 교리는 절대로 튤립 꽃의 미와 자태에 뒤떨어지지 않습니다. 튤립 교리는 봄에 주로 피는 튤립과 달리 사시사철 푸름을 유지하며 많은 신자들에게 하나님의 사랑과 일하심이 얼마나 큰지를 알려 주고 있습니다. 여러분도 이 교리의 깊이와 맛을 알게 된다면 평생 떠나지 못하고 튤립 꽃보다 더 사랑

하게 되고, 더 가까이 두게 될 것입니다. 튤립 교리가 얼마나 중요한지 어떤 교회들은 이름을 아예 "튤립교회"로 정하기까지 합니다.

도르트 신경은 총 4장으로 다섯 가지 교리를 아래처럼 서술하고 있으므로, 칼뱅주의 5대 교리의 서술도 원래는 이 순서를 따르는 것이 자연스럽습니다. 그런데 칼뱅주의 5대 교리는 튤립(T-U-L-I-P)으로 널리 알려져, 보통 "전적 부패 – 무조건적 선택 – 제한 속죄 – 저항할 수 없는 은혜 – 성도의 견인" 순서를 따릅니다. 이 책도 튤립 순서를 따르고자 합니다.[7]

도르트 신경의 내용

제1장 하나님의 선택과 유기

① 무조건적 선택 (Unconditional election)

제2장 그리스도의 죽음과 이로 인한 사람의 구속

② 제한 속죄 (Limited atonement)

제3장 사람의 부패와 하나님께로의 회개와 그 방식

③ 전적 부패 (Total depravity)

④ 저항할 수 없는 은혜 (Irresistible Grace)

제4장 성도의 견인

⑤ 성도의 무조건적 견인 (Perseverance of saints)

칼뱅주의 5대 교리 역사에 관한 토론 문제

1. 튤립 꽃 말고 튤립 교리를 들어보았는지요? 튤립 교리는 왜 칼뱅주의 5대 교리라
   고 불립니까?

2. 항론서와 항론파는 무엇을 의미하는지 나누어 봅시다.

3. 도르트 신경의 공식 명칭은 무엇입니까? 왜 그런 명칭을 갖게 되었습니까?

4. 하나님은 언제 야곱을 사랑하시고 에서를 미워하셨습니까? 롬 9:10-16을 통해 살펴봅시다.

5. 어려서 죽은 유아는 구원을 받아 하나님 나라에 갈 수 있습니까? 없습니까? 어떤 자가 구원을 받는지 같이 나누어 봅시다.

6. 도르트 신경이 다루는 다섯 교리가 무엇인지 그 내용을 간단히 나누어 봅시다.

전적 부패
Total depravity
완전정복

Chapter 01 **전적 부패** Total depravity **완전정복**

항론파의 주장과 그 틀린 점

항론파의 제3조항 사람은 구원하는 믿음을 자신으로부터, 그리고 자신의 자유 의지의 능력으로부터 갖지 못하는데, 사람은 배교와 죄의 상태에서는 자신으로부터, 자신에 의하여 참으로 선한 것을 (그것들 중 최고는 구원하는 믿음이다) 생각할 수 없고, 원할 수도 없고, 행할 수도 없기 때문이다. 그래서 사람은 참으로 선한 것을 올바로 이해하고, 생각하고, 의지하고, 도출하기 위해서 하나님으로부터, 그리스도 안에서, 그의 성령을 통하여 다시 태어나는 것이 필요하고, 지성, 감성, 의지 그리고 모든 능력이 새롭게 되는 것이 필요하다. 이것은 요 15:5절에 따른 것이다. "나를 떠나서는 너희가 아무 것도 할 수 없음이라"(요 15:5).

항론파는 사람의 부패에 관하여 위와 같이 기술하였습니다. 위의 주장 어디에 잘못된 점이 있을까요? 항론파의 다른 4가지 조항들은 그 자체에 문제점을 명백하게 담고 있는데, 제3조항은 그 자체로는 잘못된 내용이 없습니다. 그래서 도르트 총회는 명백하게 잘못된 내용이 있는 항론파의 제4조항을 그 자체로는 문제가 없는 항론파의 제3조항과 함께 "사람의 부패와 하나님께로의 회개와 그 방식"이란 제목으로 다루고 있습니다. 제3 조항이 제4조항을 통하여 본래의 의미가 드러나기 때문입니다.

앞에서 살펴본 것처럼 항론파는 도르트 총회에 참여하여 자신들의 견해를 "항론파의 견해"라는 제목으로 제출했습니다. 항론서와 항론파의 견해를 통하여 항론파의 주장을 자세히 알 수 있습니다. 도르트 총회는 도르트 신경의 각 항을 작성할 때에 먼저 옳은 내용을 서술하고, 그 후에 항론파의 잘못된 주장이 무엇인지 서술하며 간단하게 반박하였습니다. 따라서 항론파의 제3조항의 정확한 의미가 무엇인지는 도르트 신경 제3장에 서술된 항론파의 잘못된 주장을 보면 잘 알 수 있습니다.

●●●

주장 중생되지 않은 사람은 정확하게 전적으로 죄에 대하여 죽은 것도 아니고, 영적 선을 행할 모든 능력을 잃은 것도 아니라, 의와 생명에 대해 주리고 목말라할 수 있고, 하나님께서 받으시는, 통회하는 상한 심령의 제사를 드릴 수 있다(제3장 제4절).

반박 이것은 성경의 명백한 증거들과 반대다. '너는 허물과 죄로 죽었다'(엡 2:1, 5). 그리고 '사람의 마음으로 생각하는 모든 계획이 항상 악할 뿐이다'(창 6:5, 8:21). 또한 비참에서의 해방과 생명에 주리고 목말라 하는 것 그리고 하나님께 상한 심령의 제사를 드리는 것은 중생자와 복 있는 자라 불리는 자들에게 속한 것이다(시 51:19, 마 5:6).[8]

●●●

얌전한 고양이가 부뚜막에 먼저 올라간다는 속담이 있습니다. 평상시에는 얌전하여 내부에 어떤 욕구나 욕망들이 보이지 않는데, 막상 어떤 사건에서 누구보다 먼저 그 욕구와 욕망을 펼치는 사람들에게 하는 말입니다. 여러분은 주변에서 모든 욕망으로부터 자유로운 사람을 본 적이 있는지요? 그런 사람은 없습니다. 상대적으로 다른 사람들보다 욕망이 적거나, 있더라도 절제하고 남을 배려하며 펼치는 것뿐이지, 욕망이 전혀 없는 사람은 절대로 없습니다. 그런 경우는 사람이 죽었을 때나 가능합니다. 털어서 먼지 안 나는 사람이 없다는 속담이 이것을 잘 말해 줍니다. 이불을 털어 본 적이 있는지요? 이불을 처음 털면 먼지가 얼마나 나는지 모릅니다. 털수록 먼지가 줄어들지만, 잔 먼지는 계속하여 나옵니다. 모든 사람들도 조사하면 흠과 허물이 나옵니다. 모든 사람들은 각자 악한 면과 약한 면이 있습니다. 법 없이 살 사람이라는 평을 듣는 이도 막상 자신의 이익이 첨예하게 걸린 순간에는 얼마나 강하게 자신의 욕구와 주장을 드러내는지 모릅니다.

사람이 전적으로 부패하지 않았고, 부분적으로 부패하였다고 주장하는 이들도 위의 표현에 반대하지 않습니다. 모든 사람들은 부분적으로 부패하여 겉으로는 욕구가 없어 보이는 얌전한 이가 속으로는 강한 욕구를 가졌다고 생각합니다. 그런데 이들은 사람들이 이렇게 부분적으로 부패하기는 하였지만, 영적 선을 행할 모든 능력을 잃은 것은 아니기 때문에, 의와 생명에 대해 주리고 목말라 할 수 있고, 하나님께서 받으실 만한, 통회하는 상한 심령의 제사를 드릴 수 있다고 봅니다. 즉 사람이 부패하기는 하였지만, 스스로 하나님을 알 수 없을 정도로 부패한 것은 아니라는 것입니다. 스스로 하나님을 찾아서 믿을 수 있다는 것이고, 하나님께서 기쁘시게 받을 만한 상한 심령의 제사를 드릴 수 있다고 봅니다.

하지만 에베소서 2:1은 사람들을 허물과 죄로 죽은 자들이라고 말합니다. 허물과 죄로 망가진 채 대강 살아가는 자가 아니라, 아예 죽은 자라고 말합니다. 살아 있기는 하지만, 하나님의 말씀대로 참된 삶을 찾아 살아가는 자가 아니라 이 세상 풍조를 따르고 공중의 권세 잡은 자를 따르는 자이고, 육체의 욕심을 따라 지내며 육체와 마음의 원하는 것을 하여 본질상 진노의 자녀라고 말합니다. 육적으로는 살아 있지만, 영적으로는 죽은 것입니다.

노아 시대에 홍수가 있기 전 여호와는 땅 위에 사람 지으신 것을 한탄하시고 근심하셨습니다. 사람의 죄악이 세상에 가득하고, 그의 마음으로 생각하는 모든 계획이 항상 악할 뿐임을 보셨기 때문입니다. 그래서 하나님은 창조하신 사람들을 모두 지면에서 쓸어버리셨습니다. 하나님은 오래 참으시고, 상한 갈대를 꺾지 아니하시며, 꺼져 가는 등불을 끄지 아니하시는 분이신데(사 42:3), 홍수를 통하여 8명만을 남기시고 모두 죽이실 때는 이들의 죄악이 얼마나 심했겠습니까? 하나님은 자신의 영이 영원히 사람과 함께하지 아니하실 것인데, 이는 그들이 육신이 되었기 때문이라고 말씀하셨습니다(창 6:3). 하나님의 형상으로 지음을 받은 영육의 사람이 영을 잃어버리고 육만을 가진 자가 된 것입니다. 에베소서 2:1이 말하듯 허물과 죄로 죽은 자인 것입니다.

노아 시대 홍수 후 방주에서 나온 노아와 그 가족은 여호와께 제단을 쌓고 제물을 취하여 번제로 제단에 드렸습니다. 여호와께서 그 향기를 받으시고 그 중심에 말씀하셨습니다. "내가 다시는 사람으로 말미암아 땅을 저주하지 아니하리니 이는 사람의 마음이 계획하는 바가 어려서부터 악함이라"(창 8:21). 하나님께서 왜 땅을 더 저주하지 아니하시냐면 사람들이 착하게 살기 때문이 아니라, 사람의 마음이 계획하는 바가 어려서부터 악하기 때문입니다. 그 본성이 악하여 선한 행동을 하리라는 기대가 없기 때문에, 그들이 악한 행동을 해도, 당연히 그런 줄로 아시고 더 저주하지 아니하십니다. 사람의 상태가 이러할진대 어찌 사람이 전적으로 부패하지 않았다고 할 수 있겠습니까?

그렇다면 사람은 왜 이렇게 전적으로 부패하게 되었을까요? 사람은 태어날 때부터 부패한 상태로 태어나 부패한 것일까요? 아니면 깨끗하게 태어났지만, 생활하면서 악한 것을 배워 부패하게 된 것일까요? 이 질문은 성선설과 성악설이란 주장을 떠오르게 합니다. 맹자(孟子)는 사람의 본성이 근본적으로 선(善)하다며 성선설(性善說)을 주장했고, 순자(荀子)는 사람의 타고난 본성이 악(惡)하다며 성악설(性惡說)을 주장했습니다. 맹자와 순자는 인간의 도덕 수양이 가능한지 여부와 그 수단과 관련하여 서로 상반된 입장이었습니다. 도덕성을 사람의 본성으로 본 맹자는 천인합일(天人合一)의 가능성을 보아, 사람의 본성이 하늘에서 선하게 주어졌다는 성선설을 주장했습니다. 정감과 욕구와 같은 자연성을 본성으로 본 순자는 하늘과 사람은 서로 나뉜다는 천인상분(天人相分)의 시각을 가져, 사람의 본성은 악하다는 성악설을 주장했습니다. 결론적으로 기독교는 성선설보다 성악설의 입장에 가까운데, 순자는 사람이 후천적으로 교육과 경험을 통해 교화되어야 한다고 보았지만, 기독교는 이런 교화의 절대적 가능성에 대해서도 부정적입니다. 교육을 통해 어느 정도 교화되기는 하지만, 절대 선과 진리를 추구하는 수준으로만큼은 안 된다고 봅니다.

그렇다면 기독교는 왜 사람의 본성과 가능성을 이렇게 부정적으로 볼까요? 죄가 처음 어떻게 발생했고, 그 죄의 부패가 어느 정도로 심한지를 살펴봄으로써 이에 대한 답을 찾을 수 있습니다. 여호와 하나님은 아담에게 동산 각종 나무의 열매는 임의로 먹되, 선악을 알게 하는 나무의 열매는 먹지 말라고 하셨습니다. 먹는 날에는 반드시 죽으리라고 하셨습니다(창 2:17). 그런데 아담은 하나님의 말씀을 어기고 선악을 알게 하는 나무의 실과를 따 먹었습니다. 그 결과 아담은 처음의 죄가 없는 상태에서 어떻게 변했을까요? 이 변한 상태를 낙관적으로 보고 아담의 부패한 상태가 후손에게 그대로 전달되지 않는다고 보면 항론파가 되는 것이고, 이 변한 상태를 비관적으로 전적 부패로 보고 아담의 부패가 후손에게 그대로 전달된다고 보면 반항론파가 됩니다.

뱀이 여자에게 선악을 알게 하는 나무의 열매를 먹어도 된다며 유혹했습니다. "너희가 결코 죽지 아니하리라 너희가 그것을 먹는 날에는 너희 눈이 밝아져 하나님과 같이 되어 선악을 알 줄 하나님이 아심이니라"(창 3:4-5). 여자가 그 나무를 본즉 지혜롭게 할 만큼 탐스러워 그 열매를 따 먹고, 남편에게도 주자 그도 먹었습니다. 이들이 그 열매를 따 먹은 본질적 이유는 무엇일까요? 이들은 자신들의 눈이 밝아져 하나님과 같이 되어 선악을 알고 싶어서 따 먹었습니다. 한마디로 하나님처럼 되고 싶은 것입니다. 이들은 하나님께서 무(無)에 지나지 않는 자신들에게 존재와 생명을 주시고, 모든 생명체 중에서 유일하게 하나님의 형상대로 지어주셨음을 감사하게 여기며 피조물의 지위에 만족해야 했습니다.

그런데 지음을 받은 피조물이 창조주처럼 선악을 규정하는 자가 되고 싶었습니다. 그래서 그 열매를 따 먹은 것입니다. 따라서 금지된 열매를 먹은 것은 단순히 열매 하나를 먹은 것이 아니라 피조물인 그들이 창조주이신 하나님을 거부한 것입니다. 존재와 생명을 빚지고 있는 피조물이 하나님을 거부한다는 것은 바로 죽음을 뜻합니다. 우주인이 우주선에 끈을 묶고 밖으로 나와 작업을 할 때에 자유인이 되고 싶다 하여 그 끈을 끊고 우주로 나가면 바로 죽게 되는 것과 마찬가지입니다. 가지는 포도나무에 붙어 있어야만 열매를 맺을 수 있지, 포도나무에 붙어 있지 않으면 절대로 스스로 열매를 맺을 수 없습니다(요 15:4).

금지된 열매를 따 먹은 아담과 하와는 어떻게 되었을까요? 눈이 밝아졌습니다. 그런데 긍정적 차원이 아니라 부정적 차원이었습니다. 이들은 갑자기 벗은 것을 알고 무화과나무 잎을 엮어 치마로 삼았습니다. 죄를 짓기 전에는 벗은 상태에 대해 아무 느낌과 감정이 없었지만(창 2:25), 죄를 지은 이후에는 부끄러움과 위장과 미화라는 부정적 개념과 감정을 갖게 된 것입니다. 자신에게 지나치게 관심을 갖고 신경을 쓴 결과입니다.

이렇게 부정적으로 눈이 밝아진 이들은 동산에 거니시는 여호와 하나님의 소리를 들었을 때, 그분의 낯을 피하여 동산 나무 사이에 숨었습니다. 하나님의 낯을 피하였다는 것은 바로 이들이 죽었음을 뜻합니다. 죽음이란 하나님과의 관계가 끊어지는 것을 나타냅니다. 육체적으로 살았을지라도 하나님을 거부하고 피하는 자는 영적으로 죽은 것이고, 얼마후 육체적 죽음도 따르게 됩니다. 원래는 하나님을 영적으로 피하는 그 순간에 육체적 죽음도 즉시 발생해야 하지만, 은혜가 풍성하신 하나님께서 육체의 죽음을 얼마간 연장해 주십니다. 불신자들은 이것을 모르고 강건해야 칠팔십 년인 이 짧은 수명을 갖고 천년만년 살 것인 냥 자신의 알량한 힘을 자랑해 댑니다.

여호와 하나님은 아담을 부르셔서 "누가 너의 벗었음을 네게 알렸느냐? 내가 네게 먹지 말라 명한 그 나무 열매를 네가 먹었느냐?"(창 3:11)라고 말씀하셨습니다. 아담은 "하나님이 주셔서 나와 함께 하게 하신 여자 그가 그 나무 열매를 내게 주므로 내가 먹었나이다"(창 3:12)라고 변명했습니다. 자신은 여자를 달라고 한 적이 없는데, 괜히 하나님께서 여자를 주셔서 자기와 함께하게 하셨고, 바로 그 여자가 자기에게 나무 열매를 주어서 먹게 되었다고 변명했습니다. 하나님께서 여자를 만드시고 아담에게로 이끌어 오실 때에 아담은 "이는 내 뼈 중의 뼈요 살 중의 살이라"(창 2:23)라고 말했습니다. 자신에게서 나온 여자라는 의미이고, 자신과 같다는 의미입니다. 그런데 범죄 후에 아담은 여자를 만드셔서 자기에게 주신 하나님과 여자에게 책임을 돌렸습니다. 둘이 합하여 한 몸을 이루는 남자와 여자의 관계가(창 2:24) 범죄 이후에는 서로에게 책임을 떠넘기는 관계가 되었습니다.

여자도 "뱀이 나를 꾀므로 내가 먹었나이다"(창 3:13)라고 책임을 뱀에게 떠넘겼습니다. 인류는 이때부터 변명하기 시작했습니다. 처녀가 애를 배도 할 말이 있다는 속담은 여기에서 배태된 것입니다. 여자가 나무 열매를 따 먹은 첫 번째 이유는 하나님처럼 되고 싶은 마음이었지, 뱀의 꾐이 아닙니다. 그럼에도 여자는 표면상 드러난 뱀의 꾐을 첫 번째 이유로 들었습니다. 사람들이 자신의 행동에 대해 정직하게 내면의 동기에서 찾아 말한다면 사람들의 싸움과 분쟁은 대폭 줄어들 것입니다.

이런 여자에게 하나님은 "너는 남편을 원하고 남편은 너를 다스릴 것이니라"(창 3:16)고 말씀하셨습니다. 여자는 남편에게 무언가 원하는 것이 있는데, 남편은 여자의 이런 원함을 들어주지 않고 오히려 다스리려고 하니, 남편과 여자 사이에 얼마나 많은 싸움이 일어나겠습니까? 정당 간의 분쟁과 국가 간의 전쟁이 그쳐도 남편과 여자 간의 전쟁은 절대로 그치지 않습니다.

하나님은 아담에게 "땅은 너로 말미암아 저주를 받고 너는 네 평생에 수고하여야 그 소산을 먹으리라 땅이 네게 가시덤불과 엉겅퀴를 낼 것이라 네가 먹을 것은 밭의 채소인즉 네가 흙으로 돌아갈 때까지 얼굴에 땀을 흘려야 먹을 것을 먹으리니 네가 그것에서 취함을 입었음이라 너는 흙이니 흙으로 돌아갈 것이니라"(창 3:17-19)고 말씀하셨습니다. 땅은 아담의 죄로 저주를 받았습니다. 예전에는 평생에 수고하지 않아도, 얼굴에 땀을 흘리지 않아도 그 소산을 먹을 수 있었습니다. 그런데 땅은 이제 가시덤불과 엉겅퀴를 내게 되었습니다. 사람은 가시덤불과 엉겅퀴를 제거하기 위하여 땀을 흘리게 되었고, 땅의 소산력이 떨어져 더 땀을 흘리게 되었습니다.

사람이 하는 모든 일에 100%의 달성은 없습니다. 모든 곳에서 가시덤불과 엉겅퀴가 나오기 때문입니다. 육체노동만이 아니라 사무 노동에도 가시덤불과 엉겅퀴가 있어서 힘들기는 마찬가지입니다. 상대적인 편함이 있을 뿐이지 대통령과 사장의 직위도 힘들기는 매한가지입니다. 아무리 과학이 발달해도 그에 따른 부작용은 있기 마련이고, 생산력은 한정되어 사람은 여전히 땀을 흘려야 먹을 것을 먹게 되고, 이런 과다한 노동과 치열한 경쟁을 인하여 사람들의 죄성은 더욱 날카로워집니다.

도르트 신경의 진술:
부분 부패가 아니라 전적 부패

인류의 첫 범죄에서 살펴보듯 이들은 원죄로 말미암아 처음 가졌던 순수한 의로움을 잃어버렸습니다. 아담에게는 직접적이고 즉각적인 통찰력이 있어 그는 여호와께서 각종 들짐승과 새를 자신에게 이끌어 오셨을 때에 그들의 본성을 파악하여 작명할 수 있었습니다. 아담은 여호와께서 갈빗대로 여자를 만드시고 자신에게로 이끌어 오시자 "이는 내 뼈 중의 뼈요 살 중의 살이라"고 말했습니다. 자신에게서 취한 존재이고, 자신과 하나 되는 존재임을 알고 그에 맞게 대했습니다. 이 둘은 벌거벗었으나 부끄러워하지 않았는데, 서로를 하나로 인식하고, 악한 생각의 연상에서 오는 부끄러움 자체가 존재하지 않았기 때문입니다. 그런데 이들은 범죄로 말미암아 이런 순수한 의로움을 잃어버리고, 전적 부패한 상태로 전락해 버렸습니다. 그리고 죄에 대한 벌로 즉시 하나님을 거부하고 피하는 영적 죽음을 맞이하였고, 얼마 후에는 육체도 죽게 되었습니다.

이미 앞에서 에베소서 2:1, 창세기 6:3, 8:21 등을 통해 살펴본 것처럼, 죄를 지은 이후에 아담과 그 후손은 전적으로 부패하게 되었습니다. 이런 상태에 대하여 "사람의 부패와 하나님께로의 회개와 그 방식"을 다루는 도르트 신경 제3장 제1항은 아래처럼 말합니다.

제3장 제1항 하나님의 형상으로 창조된 사람의 지정의에 걸친 부패　사람은 원래 하나님의 형상으로 창조되었고, 자신의 창조자와 영적인 것들에 관한 참되고 영적인 지식이 지성(mind)에, 의로움이 의지와 마음에, 순결이 모든 정서에 갖추어졌다. 정말로 사람은 전체적으로 거룩하였다. 그러나 마귀의 선동과 자신의 자유 의지로 하나님을 반역하여서, 바로 이러한 뛰어난 은사들을 빼앗기고, 이것들 대신에 무지, 끔찍한 어두움, 허무, 판단의 왜곡을 지성에, 사악, 반항, 무자비를 의지와 마음에, 마지막으로 모든 불순결을 그의 정서에 가져왔다.

하나님의 형상으로 지음을 받은 아담과 하와의 처음 상태는 지정의(知情意) 모두에서 거룩했습니다. 그런데 그들이 죄를 짓는 순간 제3장 제1항이 말하는 것처럼 지정의 모두가 부패했습니다. 성경은 영적인 지식으로 갖추어진 지성이 원죄로 말미암아 무지, 끔찍한 어두움, 허무, 판단의 왜곡으로 점령되었다고 아래처럼 말합니다. 사람은 절대로 스스로의 힘으로 하나님을 알지 못합니다. 총명이 어두워지고, 마음이 굳어져, 지각이 없는 미련한 자입니다. 악을 행하는 지각은 있으나 선을 행하는 지각은 없습니다.

그러나 깨닫는 마음과 보는 눈과 듣는 귀는 오늘 여호와께서 너희에게 주지 아니하셨느니라(신 29:4).

그때에 이스라엘에 왕이 없으므로 사람이 각기 자기의 소견에 옳은 대로 행하였더라(삿 21:25).

내 백성은 나를 알지 못하는 어리석은 자요 지각이 없는 미련한 자식이라 악을 행하기에는 지각이 있으나 선을 행하기에는 무지하도다(렘 4:22).

깨닫는 자도 없고 하나님을 찾는 자도 없고(롬 3:11).

십자가의 도가 멸망하는 자들에게는 미련한 것이요 구원을 받는 우리에게는 하나님의 능력이라 기록된 바 내가 지혜 있는 자들의 지혜를 멸하고 총명한 자들의 총명을 폐하리라 하였으니 지혜 있는 자가 어디 있느냐 선비가 어디 있느냐 이 세대에 변론가가 어디 있느냐 하나님께서 이 세상의 지혜를 미련하게 하신 것이 아니냐 하나님의 지혜에 있어서는 이 세상이 자기 지혜로 하나님을 알지 못하므로 하나님께서 전도의 미련한 것으로 믿는 자들을 구원하시기를 기뻐하셨도다(고전 1:18-21).

그들의 총명이 어두워지고 그들 가운데 있는 무지함과 그들의 마음이 굳어짐으로 말미암아 하나님의 생명에서 떠나 있도다(엡 4:18).

너희가 전에는 어둠이더니 이제는 주 안에서 빛이라 빛의 자녀들처럼 행하라(엡 5:8).

이런 것이 없는 자는 맹인이라 멀리 보지 못하고 그의 옛 죄가 깨끗하게 된 것을 잊었느니라(벧후 1:9).

성경은 사람이 지성만이 아니라 정서와 관련해서도 부패했다고 아래처럼 말합니다. 사람은 왜곡된 감정으로 말미암아 악과 흑암을 빛보다 더 사랑하고, 쾌락을 하나님보다 더 사랑합니다. 눈은 음심으로 가득 차 범죄하기에 바쁘고, 탐욕으로 연단된 마음은 충족할 대상을 찾아 바삐 돌아다닙니다. 사창가를 기웃거리는 음탕한 눈들을 본 적이 있을 것입니다. 권력과 돈에 취하여 정도와 의리를 버리고 무엇이든 하는 자들을 주변에서 어렵지 않게 볼 수 있습니다.

악을 선하다 하며 선을 악하다 하며 흑암으로 광명을 삼으며 광명으로 흑암을 삼으며 쓴 것으로 단 것을 삼으며 단 것으로 쓴 것을 삼는 자들은 화 있을진저(사 5:20).

그 정죄는 이것이니 곧 빛이 세상에 왔으되 사람들이 자기 행위가 악하므로 빛보다 어둠을 더 사랑한 것이니라(요 3:19).

사람들이 너희를 출교할 뿐 아니라 때가 이르면 무릇 너희를 죽이는 자가 생각하기를 이것이 하나님을 섬기는 일이라 하리라(요 16:2).

그들이 감각 없는 자가 되어 자신을 방탕에 방임하여 모든 더러운 것을 욕심으로 행하되(엡 4:19).

배신하며 조급하며 자만하며 쾌락을 사랑하기를 하나님 사랑하는 것보다 더하며(딤후 3:4).

깨끗한 자들에게는 모든 것이 깨끗하나 더럽고 믿지 아니하는 자들에게는 아무것도 깨끗한 것이 없고 오직 그들의 마음과 양심이 더러운지라(딛 1:15).

음심이 가득한 눈을 가지고 범죄하기를 그치지 아니하고 굳세지 못한 영혼들을 유혹하며 탐욕에 연단된 마음을 가진 자들이니 저주의 자식이라(벧후 2:14).

성경은 의지도 부패하여 의로움 대신에 사악과 반항과 무자비가 의지를 에워쌌다고 아래처럼 말합니다. 의지의 부패 정도는 너무 강하여 하나님께서 이끌지 아니하시면 그 누구도 예수님께 올 수 없습니다. 육신의 정욕과 안목의 정욕과 이생의 자랑으로 강하게 향하여 있는 의지를 곧게 펴 하나님께로 향하게 할 자가 없습니다. 하나님은 가인에게 "죄가 너를 원하나 너는 죄를 다스릴지니라"(창 4:7)고 말씀하셨지만, 가인은 그 죄를 자신의 의지로 다스리지 못하고, 오히려 죄에게 정복당하여 아우를 죽였습니다.

> 미련한 자를 곡물과 함께 절구에 넣고 공이로 찧을지라도 그의 미련은 벗겨지지 아니하느니라(잠 27:22).

> 만물보다 거짓되고 심히 부패한 것은 마음이라 누가 능히 이를 알리요마는(렘 17:9).

> 나를 보내신 아버지께서 이끌지 아니하시면 아무도 내게 올 수 없으니 오는 그를 내가 마지막 날에 다시 살리리라(요 6:44).

> 나는 포도나무요 너희는 가지라 그가 내 안에, 내가 그 안에 거하면 사람이 열매를 많이 맺나니 나를 떠나서는 너희가 아무 것도 할 수 없음이라(요 15:5).

> 육신의 생각은 하나님과 원수가 되나니 이는 하나님의 법에 굴복하지 아니할 뿐 아니라 할 수도 없음이라(롬 8:7).

이처럼 사람은 지정의 모두가 전적으로 부패하여 의인은 한 명도 없습니다(롬 3:10). 사람의 마음에서 나오는 것은 악한 생각 곧 음란과 도둑질과 살인과 간음과 탐욕과 악독과 속임과 음탕과 질투와 비방과 교만과 우매함뿐입니다. 이 모든 악한 것이 다 속에서 나와서 사람을 더럽게 합니다. 사람의 속에서 나오는 것이 사람을 더럽게 하지(막 7:21-23), 절대로 바깥에서 들어가는 것이 사람을 더럽게 하지 않습니다. 사람의 부패한 정도는 부분 부패가 아니라, 분명하게 전적 부패입니다.

원죄의 전달: 아담의 원죄는 후손에게 그대로 전달되는가?

앞에서 살펴본 것처럼 아담은 하나님의 창조주 되심을 거부하며 하나님의 말씀을 어기고 나무 열매를 따 먹었습니다. 그 결과 그는 죄에 대한 벌로 영적으로 죽게 되어 하나님을 피하고 거부하게 되었으며, 처음 가졌던 의로움을 상실하고, 그의 전 속성은 부패했습니다. 이것을 원죄라고 합니다.

원죄 (Original Sin, 原罪)

죄책(罪責, 죗값) + 원의(原義)의 상실 + 전 속성의 부패

실제의 범죄

이 원죄는 아담만 갖는 것일까요? 아니면 전 인류에게 그대로 전달이 되었을까요? 이와 관련하여 항론파는 아래에 있는 제3장 제1절에서 주장하는 것처럼 원죄는 그 자체로 전 인류를 정죄하거나 현세와 영원한 벌을 주기에 충분하지 않다고 봅니다. 그러나 도르트 신경은 제3장 제2항에서 사람의 부패한 본성은 모든 후손들에게 그대로 전달되어 퍼져 나

간다고 옳게 봅니다.

∙∙

주장 올바르게 말하자면, 원죄는 그 자체로 전 인류를 정죄하거나 현세에서 그리고 영원한 벌을 주기에 충분하지 않다(제3장 제1절).

반박 이것은 다음처럼 말하는 사도와 모순된다. "한 사람으로 말미암아 죄가 세상에 들어오고 죄로 말미암아 사망이 들어왔나니 이와 같이 모든 사람이 죄를 지었으므로 사망이 모든 사람에게 이르렀느니라"(롬 5:12). 그리고 "심판은 한 사람으로 말미암아 정죄에 이르렀으나"(롬 5:16). 마찬가지로 "죄의 삯은 사망이요"(롬 6:23).

∙∙

제3장 제2항 모방이 아니라 본성의 전달을 통한 부패한 후손의 출산 사람은 타락 후에 자신과 같은 자녀들을 낳았는데, 참으로 부패하였기 때문에 부패한 자녀들을 낳았다. 부패는 하나님의 공정한 심판으로 말미암아 아담부터 (오직 그리스도만을 제외하고) 모든 후손들에게, (펠라기안들이 오래전에 주장하였듯) 모방이 아니라, 해악한 본성의 전달을 통해 퍼져 나갔다.

열매를 따 먹는 죄를 지어 에덴에서 쫓겨난 아담과 하와는 가인과 아벨을 낳았습니다. 세월이 지난 후에 가인과 아벨이 제물을 여호와께 드렸는데, 여호와께서 가인과 그의 제물은 받지 아니하시고, 아벨과 그의 제물은 받으셨습니다. 가인은 몹시 분하여 안색이 변하였습니다. 하나님은 가인에게 "죄가 너를 원하나 너는 죄를 다스릴지니라"(창 4:7)고 말씀하셨지만, 가인은 들에서 아벨을 쳐 죽였습니다. 가인은 죄를 다스리지 못하고, 자신의 부패한 마음의 속성에 따라 아벨을 죽였습니다.

친동생을 죽이는 가인의 폭력성은 어디서 나왔을까요? 모방을 통해 배웠을까요? 가인은 살인을 구경한 적이 없습니다. 가인은 자신의 내부에서 나오는 죄성의 강한 폭발력을 이겨 내지 못한 것입니다. 가인은 모방을 통해 살인을 배우지 않았고, 자신의 죄성으로 살인이란 큰 죄를 범했습니다. 아담이 지닌 원죄가 그대로 가인에게 이어졌습니다. 아담은 죄를 지어서 죄인이지만, 가인은 태어날 때부터 죄인이었습니다. 죄인이라 죄를 지은 것입니다. 아담의 해악한 본성이 가인에게 그대로 전달되었고, 그의 후손들에게도 그대로 퍼져 나갔습니다.

가인은 살인 후 여호와를 떠나 에덴의 동쪽에 거주하였습니다. 그곳에서 가인과 후손들은 어떤 삶을 이루었을까요? 그들은 가축 치는 일과 수금과 퉁소를 잡는 일과 구리와 쇠로 여러 가지 기구를 만드는(창 4:16-22) 일을 하였습니다. 이들은 하나님의 사랑과 진리 없이 가축과 예술과 산업과 과학을 발전시켰습니다. 이런 것을 발전시켰지만, 가인의 후손 라멕은 상처를 받으면 살인으로 갚았습니다(창 4:23-24). 가인의 폭력성이 그대로 후손들에게 전달되었습니다.

가인이 아벨을 죽였을 때에 이를 지켜 본 아담과 하와는 어떤 심정이었을까요? 나무 열매를 따 먹은 죄가 이러한 결과를 가져온 것에 몸을 떨며 두려워하고 후회하지 않았을까요? 그 원죄가 자신들에게 국한되지 않고, 후손들에게 그대로 전달된 것에 너무 놀라고 마음 아팠을 것입니다. 가인의 살인은 바로 자신이 한 것과 같다고 여기며 회개하고 회개하였을 것입니다.

> 그러므로 한 사람으로 말미암아 죄가 세상에 들어오고 죄로 말미암아 사망이 들어
> 왔나니 이와 같이 모든 사람이 죄를 지었으므로 사망이 모든 사람에게 이르렀느니
> 라(롬 5:12).

그런즉 한 범죄로 많은 사람이 정죄에 이른 것같이 한 의로운 행위로 말미암아 많은 사람이 의롭다 하심을 받아 생명에 이르렀느니라 한 사람이 순종하지 아니함으로 많은 사람이 죄인 된 것같이 한 사람이 순종하심으로 많은 사람이 의인이 되리라(롬 5:18-19).

사망이 한 사람으로 말미암았으니 죽은 자의 부활도 한 사람으로 말미암는도다 아담 안에서 모든 사람이 죽은 것같이 그리스도 안에서 모든 사람이 삶을 얻으리라(고전 15:21-22).

위의 성경 구절들을 통해서 확인할 수 있는 것처럼 아담의 죄로 말미암아 세상에 죄가 들어왔고 모든 사람이 죄를 지었습니다. 아담의 불순종으로 많은 사람이 죄인이 되었고, 모든 사람이 아담 안에서 죽은 것같이 되었습니다. 왜 모든 사람이 죽을까요? 우리는 사람들이 모두 죽으므로 당연하게 모든 사람들이 죽는다고 생각하는데, 모든 사람이 죽는 데는 이유가 있습니다. 그것은 아담의 원죄가 모든 사람에게 미치기 때문입니다. 아담이 죄를 짓지 않았다면 그 후손은 죽지 않습니다.

정리하면, 창세기 3장에 나오는 아담과 하와의 범죄와 관련하여 항론파과 도르트 신경의 관점은 크게 다릅니다. 항론파는 그 죄로 말미암은 부패의 정도가 영적 선을 모두 행하지 못할 정도는 아니어서, 의와 생명에 대해 주리고 목말라 할 수 있고, 하나님께서 받으시는 통회하는 상한 심령의 제사를 드릴 수 있다고 봅니다. 그리고 아담의 원죄가 해악한 본성의 전달을 통해 후손에게 퍼져 나가지 않았다고 봅니다. 이에 비하여 도르트 신경은 아담의 죄로 말미암은 부패는 전적 부패이고, 아담의 원죄는 해악한 본성의 전달을 통해 후손에게 퍼져 나갔다고 봅니다. 이처럼 창세기 3장에 대한 해석이 중요합니다. 항론파와 도르트 신경의 차이

점은 결국 성경 해석의 차이 때문에 발생했습니다.

전적 부패에 관한 일반적 오해

비신자는 선행을 전혀 할 수 없나?

우리가 사람의 전적 부패를 받아들인다고 해서, 사람이 선행을 전혀 할 수 없다고 여기는 것은 아닙니다. 대신 행하는 모든 일에 오염과 부패가 있다고 봅니다. 아담과 하와는 죄를 지은 이후에도 여전히 하나님의 형상을 지닌 사람입니다. 처음에 주어진 하나님의 형상이 온전히 작동하지 않을 뿐, 완전히 잃은 것은 아닙니다. 그래서 가인의 후손은 그 일그러진 하나님의 형상으로 가축 치는 일과 수금과 퉁소를 잡는 일과 구리와 쇠로 기구들을 만드는 일을 할 수 있었습니다. 예수님은 또 이렇게 말씀하셨습니다.

> 또 네 이웃을 사랑하고 네 원수를 미워하라 하였다는 것을 너희가 들었으나 나는 너희에게 이르노니 너희 원수를 사랑하며 너희를 박해하는 자를 위하여 기도하라 이같이 한즉 하늘에 계신 너희 아버지의 아들이 되리니 이는 하나님이 그 해를 악인과 선인에게 비추시며 비를 의로운 자와 불의한 자에게 내려 주심이라 너희가 너희를 사랑하는 자를 사랑하면 무슨 상이 있으리요 세리도 이같이 아니하느냐 또 너희가 너희 형제에게만 문안하면 남보다 더하는 것이 무엇이냐 이방인들도 이같이 아니하느냐 그러므로 하늘에 계신 너희 아버지의 온전하심과 같이 너희도 온전하라(마 5:43-48).

비신자도 이웃을 사랑하고 원수를 미워합니다. 자신을 사랑하는 자를 사랑하고, 형제에게 문안합니다. 이런 면에서 사람은 동물과 다릅니다. 그런데 일반적으로 사람은 원수를 사랑하지 않고, 박해하는 자를 위하여 기도하지 않습니다. 예수님께서 신자들에게 요구하시는 것은 바로 이것입니다. 형제에게만 문안하는 일을 넘어서 원수에게도 문안하는 것입니다. 하나님께서 해를 악인과 선인에게 비추시고, 비를 의로운 자와 불의한 자에게 똑같이 내려주시듯, 참된 신자는 원수를 사랑해야 합니다.

전적으로 부패한 사람은 지정의의 부패로 원수를 사랑해야 한다는 개념이 없거나 약합니다. 하지만 이웃을 사랑하고 형제에게 문안하는 일반적 선행은 할 수 있습니다. 따라서 전적 부패의 교리는 절대로 모든 사람이 선행을 전혀 할 수 없다거나, 일반적 선과 악을 분별하는 인식력이 없다고 말하지 않습니다. 그리스도인의 비율이 적은 일본이나 중동 국가들을 보십시오. 그들 나름대로 가정의 행복과 예술의 즐거움을 누리며 기쁘게 살아가고, 일반적 선행을 실천하고 있습니다. 신도(神道)와 이슬람이라는 종교를 믿으며 그 종교가 말하는 선행도 실천합니다. 특히 일본은 기독교 국가들보다 사회 질서를 잘 지키기도 합니다. 일본은 노벨 과학상 수상자도 자주 배출하고, 정직하고 친절한 민족으로 세계에서 인정받고 있습니다. 하지만 절대적 선이신 하나님을 알지 못하여 절대적 의로움과 진리를 알지 못하므로 전적으로 부패한 민족입니다.

정리하면 전적 부패의 교리는 절대로 사람이 선을 전혀 행할 수 없다고 말하지 않고, 일반적 선행과 사회 질서의 준수와 일반 종교의 선행은 할 수 있다고 봅니다. 그런데 사람의 영혼과 육체의 모든 면에서, 지정의의 모든 영역에서 사람은 부패되어 하나님의 기준에서 볼 때 선한 행위를 할 수 없으며, 스스로 하나님을 알 수 없고 믿을 수 없다는 것입니다.

중생한 신자는 전적 부패에서 자유로운가?

우리가 중생되었을지라도 이 땅에서 사는 동안에는 죄의 몸에서 전적으로 구원되지 않습니다. 우리에게 남아 있는 죄성 때문에 우리는 여전히 죄의 욕망을 갖고, 사탄과 세상의 유혹에 넘어지곤 합니다. 중생자일지라도 죄의 부패의 잔재가 그 속에 남아 있어 영향을 받습니다. 그 대표적인 경우가 다윗입니다. 이스라엘 왕들 중에서 가장 정직한 자로 평가받는 다윗이지만 전쟁에 나간 부하의 아내와 간음하였고, 이를 속이려고 부하를 맹렬한 전쟁터에 보내 죽였습니다. 베드로와 다른 제자들도 육신의 생명에 연연하여 예수님을 버리고 모두 도망갔습니다. 베드로는 예수님을 모른다고 세 번이나 부인까지 했습니다. 아브라함과 이삭은 목숨 부지를 위해 아내를 누이라고 속였습니다. 요셉의 형들은 요셉을 시기하여 죽이려고까지 하였습니다.

이렇게 신자들의 약하고 악한 상태에 대하여 바울은 다음과 같이 한탄합니다. "그러므로 내가 한 법을 깨달았노니 곧 선을 행하기 원하는 나에게 악이 함께 있는 것이로다 내 속사람으로는 하나님의 법을 즐거워하되 내 지체 속에서 한 다른 법이 내 마음의 법과 싸워 내 지체 속에 있는 죄의 법으로 나를 사로잡는 것을 보는도다 오호라 나는 곤고한 사람이로다 이 사망의 몸에서 누가 나를 건져내랴"(롬 7:21-24). 구원을 받은 자일지라도 남아 있는 죄성 때문에 이 땅에 있는 동안은 모두가 곤고한 사람인 것입니다.

그러므로 신자들은 이 땅에서 사는 동안 자신들에게 발생하는 죄와 흠 때문에 자신의 구원 여부를 의심해서는 안 되고, 성화가 너무 느리다고 자책하되 너무 크게 자책해서는 안 됩니다. 죄와 흠을 한탄하며 완벽을 향하여 나가야겠지만, 완벽을 향한 도전은 늘 실패하기 마련임을 인정하며, 더욱 불굴의 정신으로 성화를 향하여 나가면 됩니다. 이런 자세는 자신을 향해서만이 아니라 타인을 향해서도 필요합니다. 신실하다고 여겨진 교인들이 죄를 지을 때 너무 놀라며 호들갑을 떨어서는 안 되고, 더이상 상종하면 안 될 사람으로 제쳐 놓아서는 안 됩니다. 그의 범죄를 흉보며 널리 소문낼 것이 아니라, 관용과 사랑의 마음으로 위로하고 권면하며, 더불어 성화의 길을 걸어가야 합니다.

전적 부패 교리의 현실적 의미

전적 부패의 교리는 우리의 현실 생활에 어떤 통찰을 줄까요? 무엇보다 사람이 전적으로 부패한 존재라는 통찰을 줍니다. 바로 앞에서 살펴본 것처럼 중생자일지라도 남아 있는 죄 때문에 여전히 죄의 욕망을 갖고, 사탄과 세상의 유혹에 넘어집니다. 그러므로 사람들을 함부로 믿으면 안 됩니다. 언제 어디서나 범죄할 수 있는 존재가 사람이므로 조심해야 합니다. 그 조심에는 자기 본인도 포함됩니다. 따라서 자신과 타인이 범죄할 기회가 줄어들도록 환경과 제도를 만들어야 합니다. 특히 자신에게는 더 엄격해야 합니다.

사람은 혼자 있으면 범죄의 유혹을 받기 쉽습니다. 다윗도 밧세바와 간음하게 된 동기가 혼자 왕궁 옥상을 거닐다 여인의 목욕 장면을 본 것입니다. 혼자 있을 때 범죄의 유혹에 넘어가지 않도록 더욱 조심해야 하고, 혼자 있는 시간과 상황을 줄여야 합니다. 우리 집은 자녀가 5명입니다. 컴퓨터가 한 대였는지라 자녀들은 서로 컴퓨터 게임을 하려고 했기 때문에 30분씩 시간을 정해 놓고 했습니다. 서로가 시간을 살피기 때문에 도무지 중독될 수가 없었습니다. 또 모두가 쳐다보기 때문에 나쁜 사이트에 접속할 수도 없었습니다. 저를 비롯해 우리 식구는 모두 서로에게 좋은 감시자와 격려자가 되었습니다.

바울은 음행을 피하기 위하여 남자마다 자기 아내를 두고 여자마다 자기 남편을 두고, 각자 배우자에 대한 의무를 다하라고 말합니다(고전 7:1, 2). 배우자 없이 음행을 피하기가 쉽지 않으므로 성적 유혹에 약한 자는 빨리 배우자를 두어야 합니다. 결혼한 후에는 배우자에 대한 성적 의무를 다하여 배우자가 유혹에 넘어가지 않게 해야 합니다. 서로 분방하지 말아야 하고, 하더라도 절제 못함을 인하여 짧게 하고 다시 합해야 합니다. 이것이 성경의 가르침입니다. 자신이나 배우자가 성적인 유혹에서 강하다고 생각하면 안 됩니다. 성적인 유혹을 받지 않는 은사를 받은 경우에는 주의 일에 힘쓰기 위하여 홀로 지내는 것이 좋으나, 그런 은사가 없는 경우에는 결혼하는 것이 좋습니다. 바울은 말합니다. "만일 절제할 수 없거든 결혼하라 정욕이 불같이 타는 것보다 결혼하는 것이 나으니라"(고전 7:9). 신자는 전적 부패의 교리를 받아들여 음행을 피하기 위하여 결혼을 늦게 하지 않도록 노력해야 합니다.

중독도 조심해야 합니다. 사람은 술과 담배와 게임과 성과 도박과 스마트폰에 쉽게 중독됩니다. 이 정도 즐기는 것은 괜찮겠지 생각하며 긴장을 풀 때에 자신도 모르는 가운데 중독이 되고, 중독이 되면 빠져나오기가 얼마나 힘이 드는지 모릅니다. 자신에게 통제력이 있다고 생각할지 모르지만, 사람의 육체와 마음은 생각보다 약합니다. 한번 마약에 중독이 되면, 마음으로는 끊고 싶어도, 몸이 강하게 요구하여 쉽게 끊지 못합니다. 인간의 약함을 인정하여 중독되기 전에 미리 조심해야 합니다. 자신의 절제력이 약할수록 주변 가족과 지인들의 감시와 통제를 통해 절제할 수 있도록 자신을 타인의 감시와 통제에 노출시켜야 합니다.

사람은 통제되지 않는 권력과 부를 소유하게 되면 마음대로 하고 싶은 유혹을 받습니다. 영국의 사학자 액튼 경(Lord John Acton, 1834–1902)은

"권력은 부패하는 경향이 있고, 절대 권력은 절대로 부패한다"라고 말했습니다. 절대 권력이 절대 부패하는 것은 부패한 사람이 절대 권력을 올바른 곳에 절대적으로 사용하지 못하기 때문입니다. 사람은 견제를 받지 않는데도 스스로 알아서 절제하는 존재가 아닙니다. 따라서 전적 부패의 교리를 받아들이는 이들은 권력이 한 곳에 집중되도록 하면 안 됩니다. 현대 정부의 삼권분립처럼 어느 곳이나 권력은 분산시키고, 재정은 투명한 감시를 받게 해야 합니다. 이것은 중생자들이 모여 있다는 교회도 마찬가지입니다. 교회라고 해서, 직분자라고 해서 권력과 돈과 성에서 자유롭지 않습니다. 교회는 더욱 권력의 분산과 재정의 분립과 투명이 이루어지도록 더욱 신경을 써야 합니다.

자신에게 권력과 재정이 집중될 때에 전적 부패의 교리를 믿는 자라면 이 권력과 재정이 견제와 감시를 받도록, 투명하게 집행되도록 노력해야 합니다. 단순히 마음으로 노력하는 정도가 아니라 제도로까지 발전시켜야 합니다. 제도가 아닌 마음으로 자신을 통제하는 데는 한계가 있습니다. 중생자일지라도 여전히 약하고 악한 존재임을 절대적으로 인정하고 제도로까지 발전시켜야 합니다. 우리는 자신에 대하여 낙관적으로 보면 안 됩니다. 제도를 통하여 실제적으로 통제되지 않으면 마음속의 죄성이 언제 마음을 뚫고 나와 강하고 교묘한 방법으로 활개를 칠지 모릅니다.

아무리 착하고 신뢰할 수 있는 사람일지라도 전적인 권한을 받으면 언제든 재정 사고와 인사 전횡을 일으킬 수도 있음을 알고 꼭 통제와 견제 속에 두어야 합니다. 친한 사람과 거래와 사업을 할수록 언제든 이익 앞에 마음이 변할 수도 있음을 알고, 더욱 꼼꼼하게 계약서를 작성해야 합니다. 발생할 수 있는 상황들에 맞는 정당한 대처법을 서로가 계약서를 통해 확인한 후에 거래와 사업을 같이하는 것이 좋습니다. 화장실 가기 전과 후가 다른 것이 사람입니다. 친구와 돈거래를 하면 돈도 잃고 친구도 잃는다는 속담은 괜히 만들어지지 않았습니다. 전적으로 부패한 사람이 범죄할 수 있는 기회를 갖지 않도록 개인적인 차원과 사회·구조적인 차원에서 조심해야 하고 이에 맞는 제도와 법을 갖추어야 합니다.

전적 부패의 교리는 내면에서 일어나는 악한 충동과 욕구를 너무 부인하거나 부끄러워하지 않게 합니다. 중생자도 남아 있는 죄성 때문에 유혹을 받습니다. 문제는 그것을 마음속에서 키우며 즐기고 행동화하는 것입니다. 우리는 머리 위로 날아가는 새는 어떻게 할 수 없지만, 그 새가 우리의 머리 위에 둥지를 틀게 하지 않아야 합니다.

여러분은 다윗처럼 전쟁에 나간 부하의 아내와 간음하고, 이것을 숨기기 위하여 부하를 죽인 자를 보면 어떤 생각이 듭니까? 대부분은 사람이 어떻게 그럴 수 있느냐며 놀랄 것입니다. 그런데 사람이 이런 존재입니다. 2014년 8월 새벽에 50대 초반의 당시 제주지검장이 공공장소에서 음란 행위를 한 혐의로 경찰에 체포되었습니다. 그는 처음에는 부인했지만, 다섯 차례에 걸쳐 음란 행위를 한 모습이 CCTV를 통해 확인되며 사실을 인정했습니다. 제주지검장이면 제주 지역의 범죄를 예방하고 적발하는 신분입니다. 그런데 그런 신분이 공공장소에서 음란 행위를 했습니다. 우리가 전적 부패의 교리를 받아들인다면 이런 일에 별반 놀라지 않아야 합니다. 사람은 별수 없는 존재인 줄 알고, 그분을 긍휼히 여겨야 합니다. 우리도 언제 이런 유혹에 넘어갈 줄 모르므로 더욱 겸손해야 하고, 깨어 기도해야 합니다.

사자와 표범 같은 포식자가 피식자를 잡아먹는 장면을 보면 피식자들이 얼마나 불쌍한지 모릅니다. 포식자들은 새끼라고 봐주지 않습니다. 태어난 지 한두 달 된 귀여운 초식 동물이 피식자에게 잡혀 먹히는 상면을 보면 포식자가 너무 잔인하고 매정해 보입니다. 하지만 사자와 표범은 풀을 먹지 못하는 육식 동물인지라 피식자를 잡아먹어야만 살 수 있습니다. 이들의 소화 구조가 바뀌지 않는 한 포식자는 부상의 위험 부담을 무릅쓰고 피식자를 사냥할 수밖에 없습니다.

사람의 죄성도 이와 마찬가지입니다. 중생자를 포함한 모든 사람은 내면에 죄성이 있습니다. 사람의 죄는 바깥에서 배우지 않아도 내면에서 솟아납니다. 내면이 완전히 바뀌지 않는 한 사람은 죄를 지을 수밖에 없는 비도덕적 존재입니다. 사람은 아무리 교육을 받아도 이기심은 다소 약해질지 모르지만 절대로 없어지지 않습니다. 사자가 소처럼 풀을 먹을 때에야(사 11:7) 밀림에 진정한 평화가 찾아오듯, 좋은 물건을 보아도 훔치고 싶은 마음이 생기지 않을 정도로 사람의 내면에 근본 변화가 있을 때에야 사회에 진정한 평화가 찾아옵니다. 견물생심(見物生心)이란 표현이 사라지는 일은 예수님의 재림 때에만 가능합니다. 사촌이 땅을 살 때 배가 아프지 않는 일은 우리의 부활 때에야 이루어집니다. 그 때까지는 지구상에서 치열한 경쟁과 질투와 야합(野合)과 작당(作黨)과 배신과 전쟁은 절대로 없어지지 않습니다. 우리는 사람과 사회에 대한 근거 없는 낙관성을 늘 경계해야 합니다.

비도덕적 사람들로 이루어진 사회와 국가는 비도덕적 요소가 강하게 있음을 명심해야 합니다. 문명의 시대라고 하는 20세기에 세계 전쟁이 두 번이나 일어났습니다. 교육을 통해서도 사람의 이기적이고 폭력적인 마음은 통제되지 않습니다. 과학이 발달하더라도 이러한 사람의 마음은 통제할 수 없습니다. 오히려 대량 살상 무기의 발전을 가져와 예전보다 더 잔인한 전쟁 결과만 초래하게 될 뿐입니다. 공산주의 국가는 사상 교육을 통하면 개인이 인민을 위하여 열심히 일하고, 적절한 소비를 할 줄 알았습니다. 공산주의 국가들은 온 국민에게 사상 교육을 많이 시켰고, 타아 비판과 자아비판을 통하여 서로를 검열하고 감시하였습니다. 그럼에도 사람의 본성은 바뀌지 않아 자신을 위하여 열심히 일하고, 자신을 위하여 소비를 최대화하였습니다.

　사람은 절대로 공중의 이익을 생각하여 자신의 이득을 최소화하는 존재가 아닌 것입니다. 그리스도인은 사람들에게 부패한 본성을 넘어서는 무리한 도덕성을 요구하면 안 됩니다. 부패한 본성이 부정되는 제도와 법은 일순간 작동될 수는 있겠지만 시간이 조금만 흘러도 부작용을 크게 가져옵니다. 사회의 변화와 발전과 개선을 위하여 끊임없이 노력하되, 이런 노력이 갖는 한계성과 최대치도 인식해야 합니다.

제1장 전적 부패에 관한 토론 문제

1. 아담과 하와는 창조자이신 하나님의 말씀을 어기고 선악을 알게 하는 나무의 실과를 따 먹었습니다. 그 결과 사람의 본성이 어떻게 부패하였는지 창 3:7-13을 통하여 살펴봅시다.

2. 지성, 정서, 의지와 마음이 부패한 것을 성경을 통하여 살펴봅시다.

   ① 지성이 부패한 것을 신 29:4, 삿 21:25, 렘 4:22, 롬 3:11, 고전 1:18-21, 엡 4:18, 엡 5:8, 벧후 1:9을 통해 살펴봅시다.

   ② 정서가 부패한 것을 사 5:20, 요 3:19, 요 16:2, 엡 4:19, 딤후 3:4, 딛 1:15, 벧후 2:14을 통해 살펴봅시다.

   ③ 의지와 마음이 부패한 것을 잠 27:22, 렘 17:9, 요 6:44, 요 15:5, 롬 8:7을 통해 살펴봅시다.

3. 항론파는 "원죄는 그 자체로 전 인류를 정죄하거나 현세에서 그리고 영원한 벌을 주기에 충분하지 않다"라고 주장하고, 도르트 신경은 "부패는 하나님의 공정한 심판으로 말미암아 모방이 아니라 해악한 본성의 전달을 통해 아담부터 모든 후손들에게 퍼져 나갔다"라고 주장합니다. 롬 5:12, 16-19, 고전 15:21-22을 통하여, 그리고 최근 뉴스나 주변의 경험을 통하여 어떤 주장이 맞는지 나누어 봅시다.

4. 전적 부패에 관한 두 가지 오해를 아래 항목에 따라서 살펴봅시다.

   ① 비신자는 선행을 전혀 할 수 없습니까? 우리의 경험을 나누어 봅시다. 그리고 마 5:43-48을 통해 살펴봅시다.

   ② 중생한 신자는 전적 부패에서 자유롭습니까? 우리의 경험을 나누어 봅시다. 그리고 롬 7:21-24을 통해 살펴봅시다.

5. 전적 부패 교리의 현실적 의미를 아래 항목에 따라서 살펴봅시다.

① 자신과 타인을 함부로 믿으면 됩니까? 우리는 자신과 타인의 범죄와 변화 가
능성을 예측하여 어떻게 대비해야 합니까?

② 성적 범죄와 중독 등을 예방하기 위하여 어떤 조치를 취하고 있습니까?

③ "권력은 부패하는 경향이 있고, 절대 권력은 절대로 부패한다" 라는 말에 동의
합니까? 자신이 속한 단체나 회사나 국가가 권력의 부패를 방지하기 위해 어
떤 제도와 법을 마련해야 합니까?

④ 자신이나 타인이 전혀 생각지 않은 죄를 지은 경우가 있습니까? 이때 우리는
그런 사람들을 어떻게 대해야 합니까?

⑤ 사촌이 땅을 사면 배가 아픕니까? 견물생심(見物生心)에 동의합니까? 이런 현
상은 언제 없어집니까? 사 11:4-9절을 통해 살펴봅시다.

신적 선택과 유기
Divine Election and
Reprobation
완전정복

Chapter 02 신적 선택과 유기 Divine Election and Reprobation 완전정복

항론파의 주장과 그 틀린 점

항론파의 제1조항 하나님은 그의 아들 그리스도 예수 안에서 영원하며 불변한 작정에 따라, 세상의 창립 이전에, 타락함으로 죄 속에 있는 인류로부터, 그리스도 안에 있는 자들을 그리스도로 말미암아 그리고 그리스도를 통하여 구원하시기로 정하셨다. 이들은 성령의 은혜를 통하여 그분의 아들을 믿을 자들이고, 동일한 은혜를 통하여 바로 그 믿음과 믿음의 순종을 지속적으로 끝까지 견인할 자들이다. 한편, 완악하고 믿지 않는 자들을 죄와 진노 아래에 두시고, 그리스도로부터 떨어진 자들로 정죄하시기로 정하셨다. 이는 요한복음 3장 36절의 복음의 말씀을 따른 것이다. "아들을 믿는 자에게는 영생이 있고 아들에게 순종하지 아니하는 자는 영생을 보지 못하고 도리어 하나님의 진노가 그 위에 머물러 있느니라." 그리고 또한 성경의 다른 구절들을 따른 것이다.

하나님의 선택이란 말을 들으면 어떤 생각이 드십니까? 하나님께서 구원하실 자를 미리 택하셨다면, 이 땅에 사는 사람들의 행위와 노력은 무슨 소용이 있느냐는 생각이 들 것입니다. 어떤 자가 믿지 않는다면 그것은 그 사람의 책임이 아니라, 하나님의 책임이지 않느냐는 생각도 들 것입니다. 선택을 받은 자는 죄악된 삶을 살아도 구원을 받으니 육적인 안전감에 빠지겠다는 생각도 듭니다. 예전에 엿장수가 가위질을 몇 번 하느냐는 물음이 있었는데, 답은 엿장수 마음입니다. 하나님도 엿장수처럼 마음대로 아무나 택하신 것은 아니냐는 발칙한 생각도 듭니다. 주사위를 굴려 임의로 어떤 자를 자녀로 택하시는 하나님을 우리가 믿어도 될까요? 우리는 이런 흥미진진한 질문에 대한 답을 이번 장에서 살펴봅니다.

항론파는 하나님의 선택과 유기에 관하여 위와 같이 기술하였습니다. 위의 주장 어디에 잘못된 점이 있을까요? 독자들께서는 잘못된 점을 찾기보다 오히려 잘 기술된 내용에 감동을 받을지도 모릅니다. 그런데 앞 장에서 살펴본 "전적 부패"라는 교리를 잘 이해하였다면, 어떤 부분이 잘못되었는지 알 수 있습니다.

그것은 "그분의 아들을 믿을 자들"과 "그 믿음과 믿음의 순종을 지속적으로 끝까지 견인할 자들"이라는 부분입니다. 전적으로 부패한 사람들은 하나님의 아들을 스스로 믿을 수 없기 때문이고, 그 믿음과 믿음의 순종을 지속적으로 끝까지 견인할 수 없기 때문입니다. 그런데 사람들의 부분 부패를 믿는 항론파는 사람들이 성령의 은혜를 받으면 자신들의 능력과 협력하여 예수님을 믿을 수 있고, 그 믿음을 끝까지 견인할 수 있다고 생각했습니다. 그래서 하나님께서 어떤 자들을 구원하시기로 정하실 때에 앞으로 믿을 자들을, 그리고 그 믿음을 끝까지 유지할 자들을 택하신다고 주장했습니다.

항론파는 하나님께서 어떤 사람들을 자녀로 택하실 때에, 사람들의 믿음과 믿음의 순종과 이것들을 계속적으로 유지하는 것 등에 근거하여 선택하실 때에만 공평하다고 믿었습니다. 그렇지 않고 하나님께서 아무 이유 없이 오직 사랑과 은혜로 어떤 자들을 하나님의 자녀로 택하시고, 다른 자들을 하나님의 자녀로 택하시지 않는 것은 하나님을 죄의 조성자로, 그리고 무책임하게 주사위를 굴리시는 분으로 만든다고 보았습니다. 항론파는 하나님은 전지(全知)하셔서 사람들의 미래 행동까지 모두 아시기 때문에 누가 믿을지를 미리 아시고, 누가 그 믿음을 끝까지 유지할지를 아시기 때문에 이 앎에 근거하여 선택하신다고 보았고, 이렇게 보는 것이 하나님을 의롭게 하는 것이라고 보았습니다. 그래야 택함을 받은 자는 자신의 믿음의 행동에 따라 선택을 받은 것이 되고, 택함을 받지 못한 자도 자신의 불신의 행동에 따라 선택을 받지 못한 것이기 때문에 불공정함과 불평이 없다는 것입니다.

하지만 이것은 명백히 드러나듯이 하나님의 선택을 사람이 이해할 수 있는 내용과 수준으로 만드는 인본주의적 해석이지, 성경의 가르침을 따른 것이 아닙니다. 하나님을 인간적인 수준으로 끌어내리는 신성 모독의 해석입니다. 항론파가 제1조항에서 자신들 주장의 근거로 드는 "아들을 믿는 자에게는 영생이 있고 아들에게 순종하지 아니하는 자는 영생을 보지 못하고 도리어 하나님의 진노가 그 위에 머물러 있느니라"(요 3:36)는 성경 구절을 봅시다. 이들은 "아들을 믿는 자에게는 영생이 있고"를 "사람이 아들을 믿을 수 있다"로 해석고, '그 믿는 행위를 통해 영생을 갖게 된다'로 봅니다. 하지만 이 구절은 '하나님께서 아들을 믿는 자에게는 영생을 주신다'라는 사실에 대한 기술입니다.

마라톤 경기에 참여한 선수들에게 주최 측이 '결승선에 제일 먼저 들어오는 선수에게 1등의 영광과 1억의 상금을 줍니다'라고 경기 전에 설명했습니다. 이것은 경기 참여 선수들이 모두 1등을 할 수 있다거나 모두 1등을 한다라는 의미가 아니라, 단순히 1등에게는 1등의 영광과 1억의 상금을 준다는 사실을 설명한 것뿐입니다. 마라톤 경기에는 전문적인 선수가 아니라 동호인들이 참여하기도 하는데, 이들은 1등을 바라지 않고 경기 자체를 즐기거나 완주 자체에 의미를 부여합니다.

사람이 물 위를 거닐 때 물에 빠지지 않는 법이 무엇입니까? 그것은 오른발이 물에 빠지기 전에 왼발을 내딛고, 그 왼발이 물에 빠지기 전에 오른발을 내딛는 것입니다. 이렇게 빠르게 오른발과 왼발을 내딛으면 물에 빠지지 않고 물 위를 거닐 수 있습니다. 하지만 어떤 사람이 이렇게 빨리 양발을 교차하며 물 위를 거닐 수 있겠습니까? 이것은 물 위에 빠지지 않는 법을 이론적으로 기술한 것에 지날 뿐, 현실성이 없습니다.

이와 마찬가지로 "아들을 믿는 자에게는 영생이 있고"라는 말도 전적으로 부패한 사람에게는 현실성이 없습니다. 빛과 어두움을 구별하지 못하여, 참 빛이 자기들에게 왔음에도 영접하지 않는 사람들이 어찌 스스로 참 빛이신 예수 그리스도를 믿을 수 있겠습니까? 하나님께서 영접하는 자, 곧 그 이름을 믿는 자들에게는 하나님의 자녀가 되는 권세를 주셨으나, 전적으로 부패한 사람들은 절대로 스스로 믿지 못합니다. 따라서 "아들을 믿는 자에게는 영생이 있고"라는 말씀이나 "영접하는 자, 곧 그 이름을 믿는 자들에게는 하나님의 자녀가 되는 권세를 주셨으니"(요 1:12)라는 말씀이나 모두 사람이 예수님을 스스로 믿을 수 있다는 가능성을 말하는 것이 아니라 누가 영생을 얻는지와 관련한 단순 기술입니다.

전적으로 부패한 자들은 스스로 믿을 수 없습니다. 하나님께서 믿음을 은혜로 주시는 것이지, 절대로 사람들이 스스로 믿을 수 없습니다. 사람들이 자신의 믿음과 믿음의 유지를 통해서 택함을 받는다면, 이는 사람들의 행위를 통해 구원을 받는 것이지, 하나님의 은혜로 구원을 받는 것이 아니어서, 하나님께서 은혜로 구원하신다는 성경의 가르침에 어긋납니다. 항론파의 주장은 결국에는 성경의 전체 내용에 어긋납니다.

도르트 신경의 진술:
조건적 선택이 아니라 무조건적 선택

하나님의 선택과 유기를 다루는 도르트 신경의 제1장 제1항은 무엇을 말할까요? 바로 제1항부터 선택과 유기에 관하여 다룰 것 같지만, 제1항은 "모든 사람들이 아담 안에서 죄를 지어, 영원한 저주와 죽음의 죄책에 처하게 되었다"고 말합니다. 사람들의 전적 부패를 말합니다.

전적으로 부패한 사람들이 스스로 복음을 받아들일 수 있을까요? 스스로 그리스도의 존재와 필요성을 인식하고 그리스도를 믿을 수 있을까요? 당연히 없습니다. 그렇다면 어떤 사람들이 그리스도를 믿을까요? 바로 하나님의 은혜로 아무 이유 없이 사랑을 받아 하나님의 자녀로 택함을 받은 자들입니다. 그리스도를 믿지 않는 자들은 그들 스스로의 잘못과 책임으로 하나님을 믿지 않는 것이고, 그리스도를 믿는 자들은 하나님의 사랑과 은혜로 믿는 것입니다. 도르트 신경의 제1장은 이러한 논리 순서로 하나님의 선택과 유기에 관하여 접근하고 있습니다.

제4항은 복음을 믿지 않는 자들에게는 하나님의 진노가 머무르고, 복음을 받아들이는 자들에게는 영생이 선물로 주어진다고 말합니다. 제5항은 이러한 불신의 원인은 하나님에게 있지 않고 사람에게 있지만, 그리스도에 대한 믿음과 그분을 통한 구원은 하나님의 값없는 선물이라고 말합니다. 정리하면 불신의 원인은 하나님에게 있지 않고 사람에게 있고, 믿음의 원인은 사람에게 있지 않고 하나님에게 있다고 말합니다.[9]

하나님의 선택과 유기에서 중요한 점은 첫째로 모든 사람은 전적으로 부패하여 스스로의 능력으로 믿을 수 없다는 것입니다. 이것은 그리스도에 대한 믿음은 하나님께서 선택하신 결과이지, 믿었기 때문에 선택을 받은 것이 아님을 나타냅니다. 둘째로 하나님은 어떤 자들을 택하실 때 그들에게 택함을 받은 이유나 행위가 있어서가 아니라, 아무 이유 없이 오직 사랑과 은혜로 택하셨다는 것입니다. 셋째로 하나님께서 믿을 자를 선택하신다는 주장은 사람의 구원을 전적인 은혜로 여기지 않고, 부분 은혜로 여기는 것입니다. 사람이 믿어서 선택을 받았으므로 그 사람은 자신의 능력과 행위로 구원을 획득한 것이지, 절대로 하나님의 전적인 은혜로 구원을 받은 것이 아닙니다. 넷째로 하나님께서 어떤 사람을 선택하실 때 믿을 자를 선택하신다고 말하는 것은 하나님에게서 주권을 빼앗고, 하나님을 사람의 행동에 따라 반응하시는 종속적인 존재로 만드는 것입니다.

믿음은 선택의 조건이 아니라, 선택의 결과이다

도르트 신경 제1장 제5항은 불신의 원인이나 책임은 사람에게 있고, 그리스도에 대한 믿음과 구원은 하나님의 값없는 선물이라고 말하면서, 근거 성경 구절로 "너희는 그 은혜에 의하여 믿음으로 말미암아 구원을 받았으니 이것은 너희에게서 난 것이 아니요 하나님의 선물이라"(엡 2:8)를 듭니다. 여러분은 위 구절에서 구원이 은혜로 말미암은 것으로 봅니까? 아니면 믿음으로 말미암은 것으로 봅니까? 에베소서 2:8만 보면 은혜인 것 같기도 하고, 믿음인 것 같기도 합니다. 정확한 답을 위해 앞선 구절들을 살펴보겠습니다.

그는 허물과 죄로 죽었던 너희를 살리셨도다 그때에 너희는 그 가운데서 행하여 이 세상 풍조를 따르고 공중의 권세 잡은 자를 따랐으니 곧 지금 불순종의 아들들 가운데서 역사하는 영이라 전에는 우리도 다 그 가운데서 우리 육체의 욕심을 따라 지내며 육체와 마음의 원하는 것을 하여 다른 이들과 같이 본질상 진노의 자녀이었더니 긍휼이 풍성하신 하나님이 우리를 사랑하신 그 큰 사랑을 인하여 허물로 죽은 우리를 그리스도와 함께 살리셨고 (너희는 은혜로 구원을 받은 것이라) 또 함께 일으키사 그리스도 예수 안에서 함께 하늘에 앉히시니 이는 그리스도 예수 안에서 우리에게 자비하심으로써 그 은혜의 지극히 풍성함을 오는 여러 세대에 나타내려 하심이라(엡 2:1-7).

에베소서 2:1은 에베소 사람들이 허물과 죄로 죽었다고 말합니다. 3절은 그들만이 아니라 바울을 비롯한 다른 이들도 모두 육체의 욕심을 따라 육체와 마음의 원하는 것을 하여 본질상 진노의 자녀라고 말합니다. 죽은 자는 말도, 행위도 할 수 없습니다. 죽은 자가 어떻게 믿을 수 있겠습니까? 죽은 자가 믿으려면 먼저 살아나야 합니다. 바로 4절과 5절이 긍휼이 풍성하신 하나님께서 큰 사랑으로 허물로 죽은 자들을 살리셨다고 말합니다. 5절 후반부는 사람들이 은혜로 구원을 받은 것이라고 확정적으로 명백하게 말합니다. 그러므로 에베소서 2:8에서의 사람들의 구원은 은혜로 인한 것입니다. 에베소서 2:1-7에서 믿음이란 단어가 나오지는 않지만, 긍휼과 사랑과 은혜와 자비라는 단어는 나오는데, 이 단어들은 사람들의 구원이 그저 값없이 주어진 것임을 나타냅니다.

그렇다면 믿음은 무엇입니까? 개나 고양이를 키워 보거나, 키우지 않더라도 관찰해 본 적이 있을 것입니다. 시골에서 진돗개를 키우는 목사님이 어느 날 진돗개와 같이 숲으로 산책을 나갔습니다. 산책을 하다 꿩이 풀 속에 머리를 감추고 있는 것을 봤습니다. 그 목사님은 꿩을 손으로 가리키며 진돗개에게 꿩을 잡으라고 말했습니다. 그랬더니 진돗개는 꿩을 쳐다보지 않고, 목사님의 손을 쳐다보았답니다. 진돗개나 고양이와 같은 동물에게는 방향성이 없습니다. 사람과 DNA가 99% 일치한다는 침팬지도 방향성이 없어, 어떤 대상을 손으로 가리키면 그 대상을 보지 못하고 가리키는 손을 쳐다봅니다.

또 동물은 순결, 간음, 애국, 자유라는 개념을 갖고 있지도 않습니다. 동물은 발정기가 되면 아무 상대와 교미합니다. 첫 번째 남편과 아내를 기억하지 않습니다. 이런 동물에게 추상적인 개념을 가르치는 것은 불가능에 가깝습니다. 그런데 사람은 태어나 한두 살이 되면 방향성을 갖습니다. 우는 아이에게 엄마가 저기 있다고 손으로 가리키면 처음에는 손을 볼지라도 한두 살을 넘으면 가리키는 방향을 봅니다. 또 사람은 추상적인 개념을 이해하기 때문에 교육이 가능하고, 간통과 배신을 부끄러워합니다. 사람에게는 동물과 달리 이성이라는 인식 수단이 있기 때문에 방향성과 추상적 개념 능력을 갖고 있습니다.

사람과 동물 사이에는 이렇게 인식 능력에 큰 차이가 있는데, 신자와 비신자 사이에도 인식 능력에 큰 차이가 있습니다. 신자에게는 비신자에게는 없는 믿음이란 인식 수단이 있기 때문입니다. 루이스 벌코프는 "외적 증거나 논리적 증명에 의존하지 않고, 즉각적이고 직접적인 통찰력에 의존하는 명확한 지식이다"라고 믿음을 정의했습니다.[10] 믿음을 갖게 되면 그 순간 즉각적이고 직접적인 통찰력에 의존하는 명확한 지식을 갖게 되고, "즉각적이고 직접적인 통찰력"이란 인식 수단을 갖게 됩니다.

예수님께서 십자가에서 죽으심으로써 우리의 죄를 사하시며 우리의 구원을 획득하셨을지라도, 사람들이 이것을 인식하지 못하고 믿지 못하면 사람들에게 아무 소용이 없습니다. 그리스도의 대속의 죽음의 가치를 알고 받아들여야만 효력이 생기고, 구원에 이릅니다. 그런데 사람들은 전적으로 부패하여 지성까지 오염이 되었기에 스스로의 능력으로 이것을 절대로 분별하지 못하고, 그래서 믿지 못합니다. 그렇기 때문에 하나님은 그리스도의 대속의 죽음의 가치를 사람들이 인식하고 분별하여 받아드리도록 "믿음"도 성령님을 통하여 선물로 주십니다. 즉 하나님은 은혜로 구원을 사람들에게 주실 때, 그 사람들이 받아들일 수 있도록 "믿음"이란 인식 수단도 주시는 것입니다.

도르트 신경 제1장 제5항이 말하는 것처럼 불신의 원인이나 책임은 사람에게 있고, 그리스도에 대한 믿음과 구원은 하나님의 값없는 선물인 것입니다. 믿음은 하나님의 선물이지, 절대로 사람이 스스로의 인식 능력으로 믿는 행위를 하는 것이 아닙니다. 만약에 사람이 스스로 믿는 것이라면 믿음은 믿는 행위가 되고, 사람은 자신의 믿는 행위를 통해 구원을 스스로 획득하게 되는 것입니다.

도르트 신경 제1장 제6항은 "시간 속에서 어떤 이들에게는 믿음이 하나님으로부터 선물로 주어지고, 다른 이들에게는 주어지지 않는데, 이것은 하나님의 영원한 작정에 따른 것이다"라고 말합니다. 제6항도 제5항에 이어 믿음은 하나님으로부터 주어지는 선물이라고 말합니다. 하나님은 아무 이유 없이 오직 사랑으로 어떤 자들을 자녀로 택하시는데, 이들의 마음이 아무리 강퍅할지라도 은혜로 말미암아 부드럽게 하시고 믿음으로 기울게 하십니다. 이제 그렇다면 하나님께서 어떤 기준과 조건에 따라 어떤 자를 택하시고, 어떤 자를 택하시지 않는지를 자세히 살펴보겠습니다.

순전히 은혜로 특정한 수의 사람들을 구원으로 선택하셨다

항론파와 반항론파는 "하나님께서 어떤 자들을 영원 전에 선택하시는가라"는 점에서 결정적으로 의견이 달랐습니다. 항론파는 하나님께서 그리스도를 믿을 자들을 선택하셨다고 보았다면, 반항론파는 하나님께서 아무 이유 없이 오직 사랑과 은혜로 어떤 자들을 선택하셨다고 보았습니다.

그뿐 아니라 또한 리브가가 우리 조상 이삭 한 사람으로 말미암아 임신하였는데 그 자식들이 아직 나지도 아니하고 무슨 선이나 악을 행하지 아니한 때에 택하심을 따라 되는 하나님의 뜻이 행위로 말미암지 않고 오직 부르시는 이로 말미암아 서게 하려 하사 리브가에게 이르시되 큰 자가 어린 자를 섬기리라 하셨나니 기록된 바 내가 야곱은 사랑하고 에서는 미워하였다 하심과 같으니라 그런즉 우리가 무슨 말을 하리요 하나님께 불의가 있느냐 그럴 수 없느니라 모세에게 이르시되 내가 긍휼히 여길 자를 긍휼히 여기고 불쌍히 여길 자를 불쌍히 여기리라 하셨으니 그런즉 원하는 자로 말미암음도 아니요 달음박질하는 자로 말미암음도 아니요 오직 긍휼히 여기시는 하나님으로 말미암음이니라(롬 9:10-16).

리브가가 이삭과 결혼하여 쌍둥이를 임신하였습니다. 하나님은 리브가에게 말씀하셨습니다. "두 국민이 네 태중에 있구나 두 민족이 네 복중에서부터 나누이리라 이 족속이 저 족속보다 강하겠고 큰 자가 어린 자를 섬기리라"(창 25:23). 하나님은 쌍둥이가 아직 태어나지도 않고, 무슨 선이나 악을 행하지 아니한 때에 이런 말씀을 하셨습니다. 이것은 하나님의 선택이 행위로 말미암지 않고 오직 부르시는 이로 말미암음을 나타냅니다. 하나님은 긍휼히 여길 자를 긍휼히 여기시고, 불쌍히 여길 자를 불쌍히 여기십니다.

처음 창조를 생각하여 봅시다. 하나님은 무(無)에서 모든 것을 창조하셨습니다. 존재하는 모든 것들은 하나님께 빚지고 있습니다. 하늘과 땅과 그 안에 있는 모든 피조물은 스스로의 능력이나 노력이나 의지나 판단으로 존재하게 되지 않았습니다. 순전히 하나님의 은혜로 존재하게 되었습니다.

우리가 사람으로 태어나기를 원했거나 노력해서 사람으로 태어난 것이 아닙니다. 전적인 하나님의 은혜입니다. 우리에게 사람으로 태어날 자격이 있어서가 아니라, 우리를 아무 이유 없이 사랑하신 하나님께서 우리를 무(無)에서 사람으로 태어나게 해 주셨습니다. 오직 사람만 하나님의 형상으로 지음을 받는 큰 복을 받았는데, 이런 큰 복을 누리는 데 절대로 사람에게 원인이나 공로가 있지 않습니다. 존재하지 않는 자는 아무 생각이나 행위를 할 수가 없습니다. 오직 하나님의 은혜입니다.

이렇듯 우리가 그리스도인이 된 것도 마찬가지입니다. 우리가 그리스도인이 된 것은 절대로 우리에게 어떤 자격이나 능력이 있어서가 아닙니다. 오직 하나님께서 아무 이유 없이 오직 사랑과 은혜로 사람들 중에서 일부를 하나님의 자녀로 택하여 주셨기 때문에 가능한 일입니다. 그 결과 그리스도인이 된 것이지, 그리스도인들에게는 택함을 받을 어떤 자격과 조건이 없습니다. 하나님의 선택에는 아무 조건이 없고, 오직 사랑과 은혜뿐입니다. 그래서 도르트 신경이 말하는 하나님의 선택은 조건이 없는 "무조건적 선택"입니다. 이에 반하여 항론파는 조건이 있는 선택을 말합니다. 항론파는 하나님께서 사람들의 미래를 보시고 그들 중 믿을 자를 선택하신다고 보기 때문에 항론파에게는 "믿음"이라는 조건이 있는 "조건적 선택"입니다.

제1장 제7항 선택은 하나님의 불변의 목적인데, 이에 따라 하나님은 세상의 창립 이전에, 처음의 순전한 상태에서, 자신의 잘못으로 죄와 멸망으로 빠져들어간 전 인류 종족으로부터, 그분의 뜻의 자유로운 선한 기쁨에 따라, 순전히 은혜로, 이들이 더 옳아서도 아니고 더 가치가 있어서도 아니고 다른 이들처럼 같은 비참함에 빠진 특정한 수의 사람들을, 영원 전에 모든 피택자들의[11] 중보자와 머리 그리고 구원의 기초로 세우신 그리스도 안에서 구원으로 선택하셨다.

도르트 신경 제1장 제7항은 하나님의 선택을 진술하는데, 먼저 전적 부패를 말합니다. 즉 사람의 상황에 대하여 "자신의 잘못으로 죄와 멸망으로 빠져들어간 전 인류 종족"이라고 말합니다. 죄와 멸망으로 빠져들어갔기 때문에 스스로의 능력과 노력으로 그 죄와 멸망에서 빠져나와 구원을 받을 수 없다고 명확하게 전제합니다. 이렇게 전적 부패한 인류 종족으로부터 하나님은 선한 기쁨에 따라 순전히 은혜로 특정한 수의 사람들을 구원으로 선택하셨습니다. 특정한 수의 사람들을 선택하실 때에 이들이 더 옳아서도 아니고, 더 가치가 있어서도 아닙니다. 다른 이들처럼 같은 비참함에 빠진 전적으로 부패한 자들인데, 아무 이유 없이 오직 사랑과 은혜로 선택하셨습니다.

항론파는 하나님께서 이렇게 아무 이유 없이 어떤 자를 선택하시는 것은 하나님의 의로움에 위배된다고 여깁니다. 항론파는 하나님의 의로움과 공평함이란 전제를 너무 강하게 갖고서 성경을 보기 때문에 성경의 참뜻을 파악하지 못하고 자신들의 전제에 맞추어 성경을 해석했습니다. 이들은 아래와 같이 주장합니다.

••

주장 성경이 선택의 교리에서 언급하는 하나님의 선한 기쁨과 뜻은 하나님께서 다른 사람들이 아닌 어떤 이들을 선택하셨다는 것에 있지 않고, 하나님께서 (율법의 행위도 포함하여) 모든 가능한 조건들로부터, 혹은 모든 일들의 질서로부터, 그 자체로는 가치가 없는 믿음의 행위와 믿음의 불완전한 순종을 구원의 조건으로 선택하신 것에 있다. 하나님은 이것을 은혜로 말미암아 완전한 순종으로 여기기를 원하셨고, 영생의 상으로 적합하다고 보기를 원하셨다(제1장 제3절).

반박 이 해로운 잘못 때문에 하나님의 선한 기쁨과 그리스도의 공로는 무기력하게 되고, 사람들은 쓸모없는 질문들 때문에 은혜로운 칭의의 진리와 성경의 분명함으로부터 떠나가게 되며, 사도는 틀리게 여겨진다. "하나님이 우리를 구원하사 거룩하신 소명으로 부르심은 우리의 행위대로 하심이 아니요 오직 자기의 뜻과 영원 전부터 그리스도 예수 안에서 우리에게 주신 은혜대로 하심이라"(딤후 1:9).

•••

곧 창세전에 그리스도 안에서 우리를 택하사 우리로 사랑 안에서 그 앞에 거룩하고 흠이 없게 하시려고 그 기쁘신 뜻대로 우리를 예정하사 예수 그리스도로 말미암아 자기의 아들들이 되게 하셨으니 이는 그가 사랑하시는 자 안에서 우리에게 거저 주시는 바 그의 은혜의 영광을 찬송하게 하려는 것이라 (엡 1:4-6).

에베소서 1:5은 하나님께서 그 기쁘신 뜻대로 우리를 예정하셨다고 말합니다. 항론파는 이 구절을 "하나님께서 모든 사람들 중에서 다른 사람들이 아닌 어떤 이들을 선택하신 것에 있다"로 해석하지 않습니다. 대신 하나님께서 율법의 행위도 포함하여 믿음의 행위와 믿음의 불완전한 순종을 구원의 조건으로 선택하신 것에 있다로 해석합니다. 항론파도 사람들의 믿음의 행위와 불완전한 순종에 구원을 받을 만한 충분한 가치가 있다고 보지 않는데, 바로 이 불충분한 가치 부분을 하나님의 은혜가 보충한다고 봅니다. 하나님께서 그 자체로는 가치가 없는 믿음의 행위와 믿음의 불완전한 순종을 은혜로 말미암아 완전한 순종으로 여기시고, 영생의 상으로 적합하다 보신다라고 해석합니다.

하지만 에베소서 1:4-6은 하나님께서 우리를 거룩하고 흠이 없어서 택하신 것이 아니라, 거룩하고 흠이 없게 하시려고 택하셨다고 말합니다. 우리에게 믿음의 행위와 불완전한 순종이 있기 때문에 택하신 것이 아니라, 거룩하고 흠이 없게 하시려고 택하신 것입니다. 이렇게 택하는 선택이야말로 참된 은혜가 됩니다. 종교개혁자들이 모토로 삼은 "오직 은혜"가 바로 이런 의미입니다. 사람들의 구원에 사람들의 행위나 노력이나 의지의 공로가 전혀 들어가지 않고, 구원이 오직 하나님의 은혜로될 때, 우리는 "오직 은혜"라고 말합니다. 이 은혜를 우리가 알고 받아들이도록 하나님께서 믿음이란 인식 수단을 주실 때 "오직 은혜"인 것이고, "오직 믿음"인 것입니다.

도르트 총회의 총대들은 제1장 제3절의 잘못된 주장에 대하여 디모데후서 1:9을 인용하여 답변하였습니다. 디모데후서 1:9은 하나님께서 우리를 구원으로 부르심은 우리의 행위대로 하신 것이 아니라고 너무나 명백하게 말합니다. 대신 오직 하나님의 뜻과 영원 전부터 우리에게 주신은혜에 따른 것이라고 말합니다. 이렇게 성경 구절들이 명백하게 하나님의 선한 기쁨에 따라 순전히 은혜로 택하신 것이라고 말하는데도 항론파는 자신들이 설정한 하나님의 의의 기준에 따라 이런 성경 구절들까지도 왜곡하여 해석합니다. 항론파와 반항론파의 차이는 결국 성경 구절의 해석 차이입니다.

예지 예정은 사람의 공로로 구원받는 것이지, 전적 은혜가 아니다

● ●

주장 믿음에 이르는 선택에서, 사람이 본성의 빛(the light of nature)을 올바로 사용하는 것, 사람이 경건한 것, 겸손한 것, 온순한 것, 그리고 영생에 적합한 것이 조건으로 미리 요구되는데, 마치 선택이 이것들에게 어느 정도 달려 있는 것처럼 요구된다(제1장 제4절).

반박 이것들은 펠라기우스의 냄새를 풍기고, 사도의 말을 분명히 잘못되게 비난한다. "전에는 우리도 다 그 가운데서 우리 육체의 욕심을 따라 지내며 육체와 마음의 원하는 것을 하여 다른 이들과 같이 본질상 진노의 자녀이었더니 긍휼이 풍성하신 하나님이 우리를 사랑하신 그 큰 사랑을 인하여 허물로 죽은 우리를 그리스도와 함께 살리셨고 너희는 은혜로 구원을 받은 것이라 또 함께 일으키사 그리스도 예수 안에서 함께 하늘에 앉히시니 이는 그리스도 예수 안에서 우리에게 자비하심으로써 그 은혜의 지극히 풍성함을 오는 여러 세대에 나타내려 하심이라 너희는 그 은혜에 의하여 믿음으로 말미암아 구원을 받았으니 (이것은 너희에게서 난 것이 아니요 하나님의 선물이라) 행위에서 난 것이 아니니 이는 누구든지 자랑하지 못하게 함이라"(엡 2:3-9).

• •

항론파는 하나님께서 어떤 자들을 선택하실 때에 사람의 본성의 빛, 경건, 겸손, 온순, 영생에 적합한 것 등을 조건으로 미리 보고서 선택하신다고 봅니다. 이들은 하나님의 선택이 어느 정도 이것들에게 달려 있다고 봅니다. 즉 선택을 받은 이유가 하나님의 은혜도 부분적으로 있지만, 이런 조건들도 부분적으로 있기 때문이라고 말합니다. 이들은 사람들이 전적으로 부패하지 않았다고 보는 것입니다. 부분적으로 부패하여 본성의 빛이 남아 있어서 이것을 올바로 잘 사용하여 구원에 이르는 행위를 할 수 있고, 경건과 겸손과 온순함과 영생에 적합한 행위를 할 수 있다고 봅니다.

반항론파는 항론파의 이런 주장을 펠라기우스의 냄새를 풍기는 것이라며 반박하였고, 에베소서 2:3-9의 말씀을 통해 반박하였습니다. 에베소서 2:3-9은 앞에서 이미 살펴보았으므로 여기서는 생략합니다. 354년경에 영국에서 태어나 380년경에 로마에 간 펠라기우스(Pelagius,

354?~420)는 기독교의 순수한 번성을 기대했지만 의외로 많은 기독교 신자들이 영적 게으름에 빠진 것을 보고 크게 충격을 받았습니다. 그는 신자들이 이렇게 된 것은 하나님의 은혜를 잘못 해석한 교리 때문이라고 진단을 잘못 내렸습니다. 그는 하나님의 은혜 교리에 대한 반동으로 사람의 자유 의지와 그에 따른 책임을 주장했습니다. 그는 아담의 타락이 후손들에게 본성 면에서 영향을 주지 않았다면서, 사람의 본성은 순전하여 사람이 선과 악을 택할 수 있고, 선행을 할 수 있다고 주장하였습니다. 사람이 짓는 죄를 본성의 부패라는 교리에 돌리면 안 되고, 각 개인의 책임으로 돌려야 한다고 주장한 것입니다. 그는 418년에 카르타고 공의회에서 이단으로 정죄되었는데, 항론파의 주장은 펠라기우스의 가르침과 공통된 면이 있습니다.

항론파의 주장처럼 아담의 후손들이 남아 있는 본성의 빛을 올바로 사용할 수 있고 경건과 겸손과 온순함과 영생에 적합한 행위를 할 수 있다면, 사람들은 자신의 노력과 의지와 행위로 구원을 받는 것이지, 절대로 하나님의 전적 은혜와 오직 은혜로 구원을 받는 것이 아닙니다. 여기에는 하나님의 은혜도 있지만 사람들의 공로도 있습니다. 항론파는 펠라기우스와 달리 하나님의 은혜를 말하지만, 사람들의 타락을 부분 부패로 보기 때문에 하나님께서 주시는 은혜도 "부분 은혜"로 봅니다. 항론파는 펠라기우스보다 사람의 부패 정도를 더 심하게 보아서 하나님의 은혜도 필요하다고 보았지만, 사람의 자유 의지에 따른 행위도 필요하다고 보았습니다. 이런 면에서 항론파는 반(半)펠라기안(Semi-Pelagian)이라고 할 수 있습니다. 항론파의 구원은 하나님과 사람의 협력으로 이루어지는 구원이고, 항론파의 선택은 사람의 행위라는 조건에 따른 선택이므로 "조건적 선택"입니다.

제1장 제7항 하나님은 바로 그들을 구원받도록 주시기를, 그리고 그의 말씀과 영을 통하여 교통으로 효력 있게 부르시고 이끄시기를, 참된 그 믿음을 주시기를, 칭의하실 것을, 성화하실 것을, 권능 있게 그의 아들과의 교통 속에서 보존하실 것을, 마침내 영화하실 것을 작정하셨는데, 자신의 자비를 드러내시고, 자신의 신적인 영광스러운 은혜를 찬양하기 위해서다. 다음처럼 쓰인 것과 같다. "곧 창세전에 그리스도 안에서 우리를 택하사 우리로 사랑 안에서 그 앞에 거룩하고 흠이 없게 하시려고 그 기쁘신 뜻대로 우리를 예정하사 예수 그리스도로 말미암아 자기의 아들들이 되게 하셨으니 이는 그가 사랑하시는 자 안에서 우리에게 거저 주시는 바 그의 은혜의 영광을 찬송하게 하려는 것이라"(엡 1:4-6). 그리고 "미리 정하신 그들을 또한 부르시고 부르신 그들을 또한 의롭다 하시고 의롭다 하신 그들을 또한 영화롭게 하셨느니라"(롬 8:30).

하나님께서 자유로운 선한 기쁨에 따라 순전히 은혜로 특정한 수의 사람들을 구원으로 선택하셨다는 것의 정확한 의미가 무엇일까요? 예지 예정이 아니라 절대 예정을 받아들이는 대부분의 사람들은 하나님께서 사람들의 행위를 조건으로 미리 보시지 않고 아무 조건 없이 선택하셨음을 받아들입니다. 하지만 대부분 이 정도의 이해에 그치고 더 깊은 의미를 놓치곤 합니다. 그런데 무조건적 선택이란 가르침은 이 정도에 그치지 않고, 더 깊은 내용을 말합니다. 바로 하나님께서 구원의 시작과 과정과 완성의 모든 순간에 전적으로 일하신다는 것입니다. 하나님은 단지 자신의 아들을 십자가에서 죽게 하심으로 택하신 자들의 죄와 저주를 없애시는 정도에 그치는 것이 아니라, 그 십자가 대속의 죽음의 효력이 택하신 자들에게 틀림없이 적용되게 하십니다.

그리스도께서 획득하신 구원이 틀림없이 택하신 자들에게 적용되게 하시려면, 하나님은 먼저 택하신 자들을 부르셔야 합니다. 하나님의 부르심에는 실패가 없어서 "효력 있는 부르심"입니다. 하나님은 이때 자신의 말씀과 영을 통하여 부르시면서, 참된 믿음을 주십니다. 부름을 받은 자들은 그 믿음을 통하여 예수 그리스도를 받아들이고 믿게 됩니다. 하나님은 이런 자들을 의롭다 하시고, 성화의 과정을 밟게 하십니다.

하나님의 부름을 받아 믿음을 통하여 의로워진 자들은 그 신분에 있어서는 의인이지만, 그 수준에 있어서는 아직 의인의 풍성한 자태가 드러나지 않습니다. 갓 태어난 아이가 신분에 있어서는 사람이지만 그 아이에게서 사람의 풍성한 능력과 자태가 드러나지 않는 것과 같습니다. 하나님은 갓 태어난 신자들이 성숙해져서 하나님의 형상을 풍성하게 드러내도록 모든 과정을 주도하시고 이끄십니다. 물론 이때 택하신 자들의 의지를 로봇처럼 일방적으로 작동하시지 않고 그들의 의지를 존중하시면서도 놀라운 능력과 차원으로 그들의 의지와 협력하셔서 성화의 과정을 밟게 하십니다. 하나님은 어떠한 일이 있어도 택하신 자들을 포기하지 않으시고 끝내 성화하시고 보존하십니다. 그 믿음을 잃지 않고 성화의 과정을 밟으며 죽게 하십니다. 죽은 후에는 영화가 있습니다.

신자들의 영혼은 죽는 순간에 완전히 거룩하게 되어 즉시 영광 속으로 들어가고(고후 5:1, 6, 8, 빌 1:23, 눅 23:43), 그들의 육신은 여전히 그리스도와 연합하여(살전 4:14) 부활 때까지(욥 19:26-27) 그들의 무덤에서 쉽니다(사 57:2). 신자들은 죽는 순간에 그들의 육신이 비록 썩고 산화되지만, 그들의 육신은 여전히 그리스도와 연합되어 있습니다. 신자들의 영혼은 말할 것도 없이 그리스도와 연합되어 있습니다. 이 연합이 우리 눈에 보이지는 않지만, 그리스도의 대속의 피로 성령으로 말미암아 연합되어 있습니다.

지구와 태양의 거리는 1억 5,000만 km로, 시속 300km의 고속 열차가 정거장에 들리지 않고 계속 달려도 약 60년이 걸립니다. 이렇게 먼 거리가 우리 눈에 보이지 않는 중력으로 연결됩니다. 중력의 신비함은 지구와 태양이 각자 독립적으로 활동하면서도 연결이 된다는 점입니다. 그리스도와 신자들의 연합도 이와 같습니다. 신자들은 독립적으로 활동하는데, 하나님은 예수 그리스도를 머리로 하여 모든 신자들을 성령으로 연합시키십니다. 하나님은 이런 형태로 신자들과 협력하시며 신자들을 보존하시고 영화롭게 하십니다.

따라서 하나님의 무조건적 선택 교리는 단순히 하나님께서 사람들의 행위를 조건으로 미리 보시지 않고 아무 조건 없이 은혜로 선택하셨다는 의미에만 그치지 않습니다. 그리스도가 획득한 구원이 택하신 자들에게 틀림없이 적용되도록 구원의 모든 과정까지 주관하신다는 것을 포함합니다. 이것까지 받아들이지 않으면 그것은 여전히 신인 협력의 구원론을 말하는 것이고, 여전히 항론파의 냄새가 나는 것입니다.

> 미리 정하신 그들을 또한 부르시고 부르신 그들을 또한 의롭다 하시고 의롭다 하신
>
> 그들을 또한 영화롭게 하셨느니라(롬 8:30).

로마서 8:30은 위의 내용을 확인해 줍니다. 하나님은 선택하신 자들을 부르시고, 부르신 자들을 그대로 알아서 하라고 놓아 두시지 않고 의롭다 하십니다. 의롭다 하신 자들을 또한 알아서 생활하라고 하시지 않고 영화롭게 하십니다. 선택하신 자들의 구원을 완성하시기까지 하나님은 쉬지 않고 일하십니다. 하나님은 우리 구원의 모든 과정에 같이하셔서 반드시 완성하십니다. 하나님은 당신의 뜻대로 부르심을 입은 자들에게는 모든 것이 합력하여 선을 이루게 하십니다. 이러니 선택하시고 완성하시는 하나님을 우리가 믿는다면 우리는 어떠한 상황에서도 포기하

거나 좌절하지 않고, 어렵고 비참한 상황마저도 우리 구원의 완성에 사용됨을 믿으며 위로와 확신을 얻을 수 있습니다.

하나님께서 이렇게 일하시지 않고, 선택하신 자들에게 구원의 완성을 모두 맡기는 것은 그들의 자유 의지를 존중하시는 것처럼 보이지만, 불가능한 일을 맡기며 자유롭게 완성하라고 하는 무책임한 행위이고 살인과 마찬가지입니다. 하나님은 우리를 로봇처럼 대우하시지 않고 우리의 자유를 존중하시면서도 하나님의 뜻을 이루시는 전능한 분이십니다. 우리가 스스로 하나님의 부르심에 응답하고, 우리가 죄를 깨달아 회개하고, 우리 스스로 예수님을 믿고, 성화의 과정을 밟아 가는 것 같지만 그 근본에는 하나님께서 계십니다. 하나님은 근본 원인으로서 우리를 제2 원인으로 삼으시며 당신의 뜻을 끝내 이루십니다.

하나님은 우리에게 구원을 주실 때 단지 그리스도의 대속의 죽음만 주시는 것이 아니라 그것의 가치를 우리가 알고 깨달아 누리도록 하십니다. 그리스도께서 우리의 구원을 획득하시기 위해 십자가에 죽으시고, 성령님께서 그 구원이 우리에게 적용되게 하십니다. 이것까지 인정할 때 우리는 비로소 우리의 구원은 하나님의 전적 은혜와 오직 은혜로 말미암은 것이라고 말할 수 있습니다.

예지 예정은 하나님을 종속 변수로 만든다

하나님께서 그리스도를 믿을 자들을, 그리고 그 믿음과 믿음의 순종을 지속적으로 끝까지 견인할 자들을 선택하셨다는 항론파의 주장은 사람의 전적 부패라는 교리에도 어긋날 뿐만 아니라, 하나님께서 무슨 일을 결정하실 때 그 첫 기원과 원인을 사람들에게 돌리는 큰 잘못도 범하는 것입니다. 에베소서 1:11은 "모든 일을 그의 뜻의 결정대로 일하시는 이의 계획을 따라 우리가 예정을 입어 그 안에서 기업이 되었으니"라고 말합니다.

그런즉 하나님께서 하고자 하시는 자를 긍휼히 여기시고 하고자 하시는 자를 완악
하게 하시느니라 혹 네가 내게 말하기를 그러면 하나님이 어찌하여 허물하시느냐
누가 그 뜻을 대적하느냐 하리니 이 사람아! 네가 누구이기에 감히 하나님께 반문
하느냐? 지음을 받은 물건이 지은 자에게 어찌 나를 이같이 만들었느냐 말하겠느
냐? 토기장이가 진흙 한 덩이로 하나는 귀히 쓸 그릇을, 하나는 천히 쓸 그릇을 만
들 권한이 없느냐?(롬 9:18-21).

하나님께서 야곱과 에서가 태어나기도 전에 야곱은 사랑하시고 에서
는 미워하셨습니다. 하나님은 바로에게 "내가 이 일을 위하여 너를 세웠
으니 곧 너로 말미암아 내 능력을 보이고 내 이름이 온 땅에 전파되게 하
려 함이라"고 말씀하셨습니다. 그런데 하나님께서 이렇게 정하셨다면 이
것을 대적할 수 있겠습니까? 이에 대하여 성경은 로마서 9:20-21로 대
답합니다. 사람의 분수를 알라는 것입니다. 진흙에 지나지 않는 자가 토
기장이에게 감 내놔라 배 내놔라 하지 말라는 것입니다. 이 말씀처럼 사
람을 겸손하게 하는 말씀도 많지 않습니다. 사람은 존재하고 있다는 것
만 해도 얼마나 큰 은혜와 능력을 하나님께 빚지고 있는지 모릅니다. 하
나님과 사람 사이에 존재하는 무한한 차이를 사람의 합리성과 무모한 자
존감으로 뛰어넘으려고 해서는 안 됩니다. 하나님으로부터 절대성을 빼
앗는 것은 하나님을 피조물의 수준으로 끌어내리는 것으로 이보다 더 큰
죄도 없을 것입니다. 항론파는 자신들의 합리성을 만족하기 위하여 하나
님을 사람이 이해할 수 있는 수준으로 끌어내렸고, 이 면에서 신성 모독
을 범했습니다.

하나님은 모든 일을 당신의 지혜와 지식에 따라 결정하시지, 피조물

의 영향을 받으시지 않습니다. 어떤 피조물이 하나님의 지혜를 넘어서겠습니까? 하나님의 뜻에 따라 모든 것이 창조되고 작동되는 것처럼, 모든 피조물은 하나님의 뜻에 따라 운행됩니다.

> 깊도다 하나님의 지혜와 지식의 풍성함이여, 그의 판단은 헤아리지 못할 것이며 그의 길은 찾지 못할 것이로다 누가 주의 마음을 알았느냐 누가 그의 모사가 되었느냐 누가 주께 먼저 드려서 갚으심을 받겠느냐 이는 만물이 주에게서 나오고 주로 말미암고 주에게로 돌아감이라 그에게 영광이 세세에 있을지어다 아멘(롬 11:33-36).

만물이 주에게서 나오고, 주로 말미암고, 주에게로 돌아갑니다. 하나님은 태초에 천지를 창조하셨습니다. 하늘의 궁창에 광명체를 만드시고 운행을 정하셨습니다. 모든 식물과 새와 가축과 짐승을 창조하셨습니다. 맨 마지막으로 하나님의 형상대로 사람을 창조하셨습니다. 이 모든 창조를 대강 하신 것이 아니라, 매우 잘하셨습니다. 하나님께서 보시기에 심히 좋을 정도로 잘 창조하셨습니다. 하나님은 당신의 지혜와 지식으로 이 모든 질서와 운행을 정하셨지 절대로 피조물의 지식과 반응에 따라 정하시지 않았습니다. 하나님의 지혜와 지식이 깊고 풍성한데, 어떤 피조물이 그것을 헤아리겠습니까? 하나님의 형상으로 지음을 받은 사람일지라도 하나님의 길을 전혀 찾지 못하고, 주의 마음을 알 수가 없습니다. 그 누구도 조금이라도 주께 먼저 드린 자가 없습니다. 주로부터 돌려받을 것을 가진 자가 아무도 없습니다.

욥은 하루아침에 갑자기 모든 재산을 날렸고, 건강도 잃었습니다. 욥의 친구들은 욥이 죄를 지었기 때문에 그에 대한 벌로 그렇게 되었다고 욥을 정죄하였습니다. 욥은 이에 맞서 자신이 이런 큰 벌을 받을 만큼 큰 죄를 지은 것이 아니라며 맞섰습니다. 욥과 친구들은 자신들이 관찰할 수 있는 범주 내에서 욥에게 발생한 일을 해석하며 그 원인을 파악하고 자 했습니다. 그런데 욥기 1장과 2장을 보면 욥과 친구들이 도저히 관찰할 수 없는 영역이 나옵니다. 바로 하나님과 사탄의 대화입니다. 욥과 친구들은 이 부분을 모른 채 자신들의 관찰 영역에서 서로 옳다고 싸워 댄 것입니다. 하나님은 이들의 대화들을 지켜 보신 후에 사람들이 어찌 하나님의 일을 헤아릴 수 있겠냐며 꾸짖으셨고, 하나님께서 하시는 위대하고 큰일을 욥기 38-41장에서 여러모로 말씀하셨습니다.

내가 땅의 기초를 놓을 때에 네가 어디 있었느냐 네가 깨달아 알았거든 말할지니라 누가 그것의 도량법을 정하였는지, 누가 그 줄을 그것의 위에 띄웠는지 네가 아느냐 그것의 주추는 무엇 위에 세웠으며 그 모퉁잇돌을 누가 놓았느냐(욥 38:4-6).

광명이 어느 길로 뻗치며 동풍이 어느 길로 땅에 흩어지느냐 누가 홍수를 위하여 물길을 터 주었으며 우레와 번개 길을 내어 주었느냐 누가 사람 없는 땅에, 사람 없는 광야에 비를 내리며 황무하고 황폐한 토지를 흡족하게 하여 연한 풀이 돋아나게 하였느냐(욥 38:24-27).

매가 떠올라서 날개를 펼쳐 남쪽으로 향하는 것이 어찌 네 지혜로 말미암음이냐 독수리가 공중에 떠서 높은 곳에 보금자리를 만드는 것이 어찌 네 명령을 따름이냐(욥 39:26-27).

너는 대장부처럼 허리를 묶고 내가 네게 묻겠으니 내게 대답할지니라 네가 내 공의를 부인하려느냐 네 의를 세우려고 나를 악하다 하겠느냐 네가 하나님처럼 능력이 있느냐 하나님처럼 천둥 소리를 내겠느냐(욥 40:7-9).

누가 먼저 내게 주고 나로 하여금 갚게 하겠느냐 온 천하에 있는 것이 다 내 것이니

라(욥 41:11).

욥기 38-41장에 있는 말씀들은 사람들이 알고 있는 것이 얼마나 보잘 것없는 것인지를 잘 말해 줍니다. 사람들은 자신들이 알고 있는 것이 얼마나 부분적인지를 깨달아야만 합니다. 하나님께서 매와 독수리에게 지혜를 주시지 않으면 나는 것과 보금자리를 만드는 것도 불가능하듯이, 하나님께서 사람에게 지혜를 주시지 않으면 사람이 알 수 있는 것이 하나도 없습니다. 사람 자신의 지혜로는 하나님께서 만드신 우주 만물의 신묘막측(神妙莫測)한 법칙을 알 수가 없고, 안다고 할지라도 단지 작동되는 것의 반복되는 법칙을 관측하여 이용하는 수준에 지나지 않습니다. 사람은 늘 "자신이 아는 범주 내에서", 그리고 "자신이 관찰한 범주 내에서" 판단을 내린다고 겸손하게 표현해야 합니다. 마치 다 아는 양 굴어서는 안 됩니다. 사람이 아는 것은 너무나 작은 것에 지나지 않습니다.

하나님은 욥기 41:11에서 "누가 먼저 내게 주고 나로 하여금 갚게 하겠느냐?"라고 말씀하십니다. 욥기 38-40장의 내용을 읽노라면 그 어떤 피조물도 하나님께 무엇을 주었다고 도저히 말할 수 없습니다. 하나님께서 얼마나 크신 창조자와 섭리자이신 줄을 느끼고, 사람은 하나님께 전적으로 생명과 호흡과 능력을 빚지고 있음을 느낄 수 있습니다. 온 천하에 있는 것이 다 하나님의 것임을 온전히 인정하게 됩니다. 우리는 이성으로 이해가 되지 않는다고 하여 현재 벌어진 일을 거부할 수 없고, 성경이 말하는 내용을 반박할 수 없습니다. 우리의 아둔함과 한계를 인정하며 현재 벌어진 일의 의미와 목적을 알 때까지 기다려야 하고, 성경의 내용을 그대로 받아들여야 합니다. 우리의 뜻에 하나님의 뜻이 기록된 성경을 맞추면 안 되고, 성경에 우리의 뜻을 맞추어야 합니다. 우리의 합리적인

이해를 위하여 하나님을 피조물의 영향을 받는 수동적인 존재로 만들어서는 안 됩니다. 항론파의 예지 예정은 선택의 합리적인 공평성을 위하여 하나님을 피조물의 영향을 받는 수동적인 존재로 만들어 버립니다.

하나님의 유기(Divine Reprobation)

지금까지 하나님의 선택을 살펴보았는데 이제부터 하나님의 유기를 살펴보겠습니다. 하나님의 선택과 유기를 다루는 도르트 신경 제1장은 제14항까지 하나님의 선택을 말하고, 제15항에서 하나님의 유기를 다음처럼 말합니다.

제1장 제15항 유기의 작정-일부는 선택되지 않고 간과되는 유기의 작정 성경이 우리의 이 선택이 영원하고 값없는 은혜임을 가장 크게 밝히고 우리에게 드러내는 것은, 하나님의 영원한 선택에서 모든 사람들이 선택되는 것은 아니고, 일부는 선택되지 않거나 간과된다고 증거할 때이다. 하나님은 가장 자유롭고, 가장 공의롭고, 흠잡을 데 없고, 변하지 않는 선한 기쁨에 따라, 그들의 죄가 그들을 몰아넣었던 공통된 비참함 속에 그들을 두시기로, 그리고 구원하는 믿음과 회개의 은혜를 주시지 않기로, 대신에 불신만이 아니라 다른 모든 죄들 때문에 그들의 길과 공의로운 심판 아래 두셔서, 자신의 공의의 선포를 위해 영원히 정죄하시고 벌하시기로 작정하셨다. 이것이 유기의 작정인데, 이것은 절대로 하나님을 죄의 조성자로 만들지 않고 (이것은 신성 모독으로 생각되고), 대신에 하나님을 두렵고, 흠잡을 데 없고, 공의로운 심판자와 보응자로 만든다.

하나님의 선택이 영원하고 값없는 은혜라는 것은 하나님의 유기를 통해 더 잘 드러납니다. 하나님은 모든 사람들을 자녀로 택하시지 않고 일부만을 택하셨습니다. 그 나머지는 간과하셨습니다. 이렇게 일부를 택하시는 이유와 근거가 사람에게는 없습니다. 사람에게는 택함을 받을 만한 선한 조건이 전혀 없습니다. 하나님께서 오직 사랑과 은혜로 특정한 사람들을 선택하셨습니다. 나머지에게는 그런 사랑과 은혜가 임하지 않았습니다. 그러니 하나님께서 택하신 자들에게 주신 사랑과 은혜가 얼마나 특별한 것이고 귀중한 것인지를 알 수 있습니다.

택함을 받지 않은 자들은 왜 택함을 받지 못했을까요? 이것은 하나님의 가장 자유롭고, 가장 공의롭고, 흠잡을 데 없고, 변하지 않는 선한 기쁨에 따른 것입니다. 하나님은 아담의 죄로 말미암아 영원한 저주와 죽음에 처한 이들 중 일부를 택하시고, 나머지는 그 속에 그대로 두시기로 작정하셨습니다. 이 작정이 우리 피조물 눈에는 불합리하고, 주사위 놀음 같아 보이지만, 이 결정은 첫째로 하나님께서 다른 어떤 존재에게도 영향을 받지 않고 자유롭게 내리신 것입니다. 둘째로 사람의 죄에 대하여 징계를 가하는 가장 공의로운 결정입니다. 셋째로 이 결정은 흠잡을 데가 전혀 없는 공평하고 지혜로운 것입니다. 넷째로 상황에 따라 변할 수 있는 가변적인 결정이 아니라 완벽한 결정이기에 변하지 않습니다.

하나님의 유기와 관련하여 사람들은 하나님께서 선택하시지 않았기 때문에 유기된 자들은 구원을 받지 못하는 것이므로 하나님은 죄의 조성자가 되는 것 아니냐며 의문을 갖습니다. 하지만 유기된 자들은 자신들의 죄 때문에 영원한 저주와 죽음에 처하는 것이지, 절대로 하나님께서 그들로 죄를 짓게 하신 것이 아닙니다. 하나님의 유기와 관련하여 우리가 명심해야 할 것은 유기된 자들은 자신들의 죄 때문에 간과된 것이지, 하나님께서 유기의 작정을 하셨기 때문에 그들이 죄를 지은 것은 아니라는 점입니다. 이렇게 생각하는 것은 신성 모독입니다.

하나님의 유기 때문에 사람들은 하나님께서 자비하실 뿐만 아니라 공의로우신 분임을 알게 됩니다. 하나님은 두려우신 심판자와 보응자임을 깨닫게 됩니다. 하나님은 사람들이 지은 죄에 대하여 사망으로 심판하시고 보응하십니다. 하나님은 자비로우시지만, 동시에 공의로우시기 때문에 이렇게 사람들의 죄에 대하여 심판과 보응을 하십니다. 하나님의 공의로우신 속성이 하나님의 유기를 통하여 크게 드러나는 것입니다.

여호와께서 말라기를 통하여 이스라엘에게 말씀하신 경고라 여호와께서 이르시되 내가 너희를 사랑하였노라 하나 너희는 이르기를 주께서 어떻게 우리를 사랑하셨나이까 하는도다 나 여호와가 말하노라 에서는 야곱의 형이 아니냐 그러나 내가 야곱을 사랑하였고 에서는 미워하였으며 그의 산들을 황폐하게 하였고 그의 산업을 광야의 이리들에게 넘겼느니라(말 1:1-3).

하나님께서 말라기 선지자를 통하여 이스라엘에게 경고하셨습니다. 이스라엘 백성은 하나님께서 베푸신 큰 은혜를 모르고, 자신들의 현재의 어려움 탓에 주께서 자신들을 사랑하시는 것이 아니라고 생각했습니다. 이에 대하여 하나님은 그들을 크게 사랑하신 증거로 야곱을 사랑하셨고, 에서는 미워하셨던 것을 드셨습니다. 일반적으로는 장자가 아버지의 유산을 이어받는데, 하나님은 에서가 아니라 야곱을 아브라함과 이삭의 상속자로 삼으셨습니다. 하나님의 선택을 받았다는 것은 이렇게 큰 은혜이고, 에서가 간과된 것 때문에 야곱이 받은 선택의 은혜는 얼마나 큰지 크게 드러납니다. 선택을 받는 것보다 더 큰 은혜가 없습니다.

도르트 신경은 하나님의 선택만이 아니라 유기도 말합니다. 이렇게 선택과 유기 두 가지를 모두 언급하는 예정을 이중 예정이라고 부릅니다. 이중 예정은 절대 예정이라고도 불리는데, 이것은 조건 예정과 대조됩니다. 정리하면 항론파는 조건 예정과 조건적 선택을 말하고, 도르트 신경은 절대 예정과 이중 예정과 무조건적 선택을 말합니다.

무조건적 선택에 관한 일반적 오해

도르트 신경은 서문, 다섯 개의 교리, 그리고 결론으로 이루어져 있습니다. A4용지 3장의 분량으로 이루어진 결론은 절반의 분량에 걸쳐서 예정 교리에 관한 오해와 설명을 기술하고 있습니다. 400년 전에 존재했던 예정 교리에 관한 오해들은 아래와 같습니다.

가. 예정과 그와 연관된 것들에 관한 모든 개혁 교회의 교리들은 고유한 특성과 성향 탓에 모든 경건과 종교성에서 사람들의 마음을 벗어나게 한다.

나. 이것은 육신과 사탄의 아편이고 사탄의 성채이다. 사탄은 이곳에서 모든 이들을 기다리며 매복하여 있다가, 매우 많은 이들을 손상시키고, 절망과 거짓 안전감의 화살로 다수를 치명적으로 뚫어 버린다.

다. 이것은 하나님을 죄의 조성자, 불의한 자, 폭군, 위선자로 만드는 것이고, 새로워진 스토아주의, 마니교, 자유주의, 터키신앙(모하메드교)에 지나지 않는다.

라. 이것은 사람들을 육적인 안전감으로 이끈다. 왜냐하면 이것은 사람들로 하여금 피택자가 어떻게 살든 그들의 구원은 손상받지 않아서 가장 잔인한 죄를 저질러도 안전하다고 믿게 만드는 반면, 유기자들이 성도의 모든 행위를 진심으로 수행해도 그들의 구원에 유용하지 않다고 사람들을 설득하기 때문이다.

마. 이 교리는 하나님께서 단순하게 순전히 임의의 뜻으로, 죄를 전혀 고려하시거나 바라보시지 않고, 세상의 큰 부분을 영원한 저주로 예정하시고 창조하셨다

는 것이다.

바. 같은 방식으로, 선택은 믿음과 선행의 근원과 원인이고, 유기는 불신과 불경건의 원인이 된다.

사. 신자들의 죄 없는 많은 자녀들이 엄마의 가슴으로부터 낚아채여, 지옥으로 강압적으로 던져진다. 그래서 세례나 그들의 세례 때에 교회가 한 기도가 아무 도움이 되지 않는다.

사람의 조건을 보지 않고 오직 하나님의 사랑과 은혜로 선택하셨다는 예정 교리에 관한 오해들은 위에 나열된 것들에 대부분 포함됩니다. 위의 오해들을 정리하면 아래와 같습니다.

모든 경건과 종교성에서 사람들의 마음을 벗어나게 하고 육적인 안전감으로 이끈다

예정 교리 때문에 모든 경건과 종교성에서 벗어나는 자가 있다면 그는 예정 교리를 잘못 이해한 자입니다. 하나님의 은혜로 예수님을 통해 구원받는다는 것을 아는 자는 자기 자신이 얼마나 부패했는지를 압니다. 자신의 행위나 노력이 아니라 전적인 하나님의 은혜로 구원받았음을 압니다. 그리고 구원받은 상태가 얼마나 달콤하고 좋은지를 압니다. 여전히 남아 있는 부패성 때문에 죄의 유혹에 넘어지기는 하지만, 거룩함과 경건의 의미와 가치와 유익을 알고 추구합니다. 매번 100%의 완벽함에는 실패하지만, 거룩함과 경건 그 자체를 싫어하지 않고, 즐기고 누리며 추구합니다. 진실로 구원을 받은 자는 예정 교리 때문에 절대로 모든 경건과 종교성에서 벗어나지 않습니다. 오히려 자신에게 구원받을 조건이 전혀 없는데도 하나님의 전적인 은혜로 구원받음을 알고 감사하며 기뻐하고 찬양하며, 이 상태에 머물기 위하여 더욱 노력합니다.

성경에는 육적인 안전감이나 나태함에 빠졌다 큰 죄를 저지른 예들이 나옵니다. 다윗은 밧세바와 간음하고 이를 숨기려고 밧세바의 남편 우리아를 맹렬한 전쟁터에 보내 죽였습니다. 이 죄로 말미암아 다윗과 밧세바 사이에서 태어난 아들이 죽었고, 압살롬이 아버지 다윗을 반역하고 아버지의 첩들과 관계를 맺었습니다. 하나님은 택하신 자들의 육적인 안전감과 나태함을 징계하시며, 택하신 자들이 경건 자체를 즐거워하도록 성장시켜 가십니다. 하나님은 거룩하십니다. 하나님은 택하신 자들이 아무렇게 살다가 최종적으로 구원받기를 원하시지 않고, 거룩함 자체를 즐거워하고 추구하기를 바라십니다. 경건과 종교성을 벗어나 육적인 안전감에 빠지는 것은 예정 교리 때문이 아니라, 구원의 의미를 제대로 알지 못하기 때문입니다.[12]

하나님을 죄의 조성자, 불의한 자, 폭군, 위선자로 만든다

모든 사람들이 아담 안에서 죄를 지어 모두 죄인이고, 전적으로 부패한 자들입니다. 하나님은 자신들의 죄로 말미암아 죽어 마땅한 이들 중에서 오직 사랑으로 일부를 택하셔서 하나님의 자녀로 삼으셨습니다. 하나님께는 이렇게 하셔야 할 책임이나 이유가 없습니다. 오직 사랑으로 하신 것입니다. 그런데 모두를 선택하시지 않았다고 하나님을 비난할 수가 없습니다.

사업가 오스카 쉰들러(Oskar Schindler, 1908-1974)는 나치가 점령한 폴란드에서 자신의 막대한 재산을 사용해 약 1,200명의 유대인들을 구했습니다. 그런 그에게 남은 재산까지 모두 사용해 더 많은 유대인들을 나치의 수용소에서 구해 내야지, 왜 1,200명밖에 구하지 못했느냐고 꾸짖을 수 없습니다. 하나님은 선한 행위를 하면서 예수 그리스도를 믿으려는 자들의 마음을 완악하게 하여 그들로 악한 행위를 일삼으며 그리스도를 거부하도록 하시지 않았습니다. 이미 악한 행위를 일삼고 예수 그리스도를 거부하는 죄인들 중에서 일부를 선택하신 것입니다.

출애굽기에는 하나님께서 바로의 마음을 완악하게 하셨다는 구절들이 나옵니다(출 4:21, 7:3, 9:12, 10:20, 27, 11:10, 14:4, 8). 이 구절들을 잘못 이해하면 바로는 매우 착한 사람으로서 이스라엘 백성을 선하게 대하고 종교와 정치와 신분의 자유를 주려는 이로 착각할 수 있습니다. 하지만 성경에 나오다시피 바로는 악한 사람으로서 이스라엘 백성을 종으로 가혹하게 부렸던 자입니다. 바로는 이미 완악한 자인데 하나님께서 그의 완악함을 때때로 사용하셔서 당신의 사역을 더 드러나게 하십니다.

> 애굽인과 바로가 그들의 마음을 완악하게 한 것같이 어찌하여 너희가 너희의 마음
> 을 완악하게 하겠느냐 그가 그들 중에서 재앙을 내린 후에 그들이 백성을 가게 하
> 므로 백성이 떠나지 아니하였느냐(삼상 6:6).

사무엘은 이스라엘 백성에게 애굽인과 바로가 그들의 마음을 완악하게 했다고 말합니다. 하나님께서 착한 그들의 마음을 완악하게 하셔서 이들이 완악한 것이 아니라 이들은 본디 완악한 자들입니다. 이들은 하나님께서 재앙을 내리시지 않더라도 이스라엘 백성을 스스로 보낼 자들이 절대로 아닙니다. 사무엘은 이스라엘 백성에게 이들처럼 마음을 완악하게 하지 말라고 권면하고 있습니다.

택함을 받지 못한 자들이 완악한 것은 택함을 받지 못하였기 때문에 완악한 것이 아니라, 본디 완악한 자들이 하나님의 은혜를 받지 못하여 그 완악함에 머문 것뿐입니다. 이것을 아는 참된 신자들은 자신들도 하나님의 은혜가 없었다면 그들처럼 완악한 자들이 될 것을 알고서 크게 겸손해지고 감사해합니다. 참된 신자들은 자신들도 하나님의 은혜가 없

다면 이성 없는 짐승처럼 완악하고 미련한 행위를 하다 죽을 것임을 너무나 잘 알기 때문에 하나님께 모든 감사와 찬양과 영광을 돌릴 뿐입니다. 예정 교리는 절대로 하나님을 죄의 조성자나 불의한 자나 폭군이나 위선자로 만들지 않고, 자비와 공의의 하나님으로 만듭니다.

누가 택함을 받고 누가 버림을 받을까요? 이와 관련하여 로마서 9장은 하나님께서 하고자 하시는 자를 긍휼히 여기시고, 하고자 하시는 자를 완악하게 하신다고 말합니다. 하나님께서 택한 대상과 버린 대상과 관련하여 지음을 받은 피조물은 지으신 창조자에게 "어찌 나를 이같이 만들었느냐?"라고 반문할 수 없습니다. 토기장이가 진흙 한 덩이로 하나는 귀히 쓸 그릇을, 하나는 천히 쓸 그릇을 만들 권한이 없겠습니까? 만일 하나님께서 그의 진노를 보이시고 그의 능력을 알게 하고자 하사 멸하기로 준비된 진노의 그릇을 오래 참으심으로 관용하시고 또한 영광 받기로 예비하신 바 긍휼의 그릇에 대하여 그 영광의 풍성함을 알게 하고자 하셨을지라도 무슨 말을 할 수 있겠습니까(롬 9:21-23)? 피조물에 지나지 않는 우리는, 즉 하나님으로 말미암아 존재를 갖게 된 우리는 하나님께서 누구를 택하시고 누구를 버리시는지에 대해서 반문해서는 안 됩니다. 하나님의 주권과 우리의 피조물 됨을 철저히 인정해야 합니다. 하나님께서 이렇게 하신 데는 분명 깊은 뜻이 있는데, 아둔한 피조물인 우리는 헤아리지 못합니다. 우리는 하나님의 지혜와 지식의 풍성함이 깊고, 하나님의 판단은 헤아리지 못하고, 그분의 길은 찾지 못할 것이라고 철저히 인정하며 하나님을 힐난하는 대신에 높이 찬양해야 합니다.

세상의 큰 부분을 영원한 저주로 예정하시고 창조하셨다

바로 앞에서 다룬 것처럼 하나님은 세상의 큰 부분을 영원한 저주로 예정하시고 창조하시지 않았습니다. 땅에서 가시덤불과 엉겅퀴가 나고, 모든 사람들이 흙이니 흙으로 돌아가야 하는 저주를 받은 것은 아담의 죄 때문입니다. 하나님께서 일부러, 악의적으로, 폭군처럼 모든 사람들을 죽음으로 내모신 것이 아니라, 아담과 함께 모든 사람들이 죄를 지어 스스로 저주를 자초하였습니다. 하나님은 이렇게 스스로 저주를 자초한 인류 중에서 일부를 사랑으로 구원하셨습니다. 자신의 독생자를 십자가에 내어 주시면서까지 사랑하신 것입니다. 하나님께는 이렇게 하셔야 할 의무나 책임이 없습니다. 하나님의 속성이 사랑이 아니라면 하나님은 큰 은혜를 받은 인류가 그 사랑을 차 버리며 죄를 지었을 때에 모두 죽이셨을 것입니다. 그런데 하나님은 사랑이 무한하신지라 모두 죽어 마땅한 이들 중에서 일부를 사랑하셨습니다.

하나님은 죄로 가득 찬 노아 당시의 사람들을 용서하지 아니하시고 오직 의를 전파하는 노아와 그 일곱 식구를 보존하시고 나머지는 홍수로 죽이셨습니다. 노아 가족 8명이 하나님의 사랑의 은혜에 따라 살림을 받았습니다. 나머지는 용서하시지 않았는데 이것 때문에 하나님을 죄의 조성자나 불의한 자나 폭군이나 위선자라고 할 수 없고, 세상의 큰 부분을 영원한 저주로 예정하셨다고 말할 수 없습니다. 하나님은 인류 중에서 일부를 사랑으로 택하셨고, 나머지는 그들의 죄에 따라 버리신 것뿐입니다.

그런데 이 논의에서 보다 주목할 핵심은 아담이 죄를 지은 것이 그 자신으로 인한 것인지의 여부입니다. 그 자신의 결정과 의지로 죄를 지은 것이라면 하나님은 아담의 죄를 예지하지 못하신 수수방관하는 무력한 하나님이 됩니다. 반대로 아담의 죄에 하나님께서 관련되어 계시다면 하나님께서 죄의 조성자가 되어 버립니다. 하지만 성경은 하나님께서 죄의 조성자도 아니시고, 아담의 죄를 수수방관한 무기력자도 아니시라고 말합니다. 즉 하나님은 죄의 조성자가 아니시지만, 죄의 기원과 발생과 관련해서도 주권적으로 하신다는 것입니다. 사람은 이 두 개를 조화롭게 해석하기 힘들지만, 성경이 이 두 개를 모두 말하므로, 우리는 이 두 개를 억지로 조화 있게 해석하기보다 인간의 한계를 인정하며, 이 두 개를 동시에 말하고, 믿음으로 넉넉하게 받아들여야 합니다.

반항론파의 특징은 바로 여기에 있습니다. 성경에 있는 내용을 그대로 말합니다. 성경이 말하는 만큼 말하고, 멈추는 곳에서 멈춥니다. 사람의 이성에 어긋나고, 합리적으로 이해하기 힘들다고 하여 모순되어 보이는 내용들을 합리적으로 연결시키지 않고, 사람의 이성의 한계를 인정하며 그대로 말합니다. 비록 이성으로는 받아들이기 힘들지라도 무한하시고 영원하시고 불변하신 하나님의 속성을 생각하면 믿음으로 기꺼이 받아들이게 됩니다. 반항론파가 된다는 것은 하나님의 지혜가 크시다는 것과 사람의 지혜와 지식과 이성은 매우 한정적이라는 것을 전적으로 인정하는 것이고, "오직 성경"에 근거하여 판단하는 것입니다.

선택은 믿음과 선행의 근원과 원인이고, 유기는 불신과 불경건의 원인이다

"선택은 믿음과 선행의 근원과 원인"이라는 주장은 맞습니다. 모든 사람들은 아담 안에서 죄를 지어 전적으로 부패하였기 때문에, 절대로 스스로 믿을 수 없고 선행을 할 수 없습니다. 하나님께서 선택하신 자들만이 믿을 수 있고 선행을 할 수 있으므로 선택이 믿음과 선행의 근원과 원인입니다. 항론파는 사람들이 전적으로 부패하였다는 것을 받아들이지 않고, 사람들이 스스로 믿을 수 있고 선행을 할 수 있다고 믿기 때문에, 선택이 믿음과 선행의 근원인 것을 받아들이지 않습니다. 이렇게 되면 사람은 로봇에 지나지 않다는 것이고, 선택을 받아 행하는 믿음과 선행은 의미가 없다는 것입니다. 하나님의 능력에 따른 것이지, 사람 스스로 한 것이 아니기 때문에 사람에게 아무 의미가 없다는 것입니다.

하지만 이러한 주장은 사람이 처음 창조될 때에 무에서 창조되었음을 간과하는 것입니다. 사람이 무에서 하나님의 형상으로 창조되었는데, 이러한 사실 자체에 의미가 없다고 주장하는 것과 같습니다. 하나님의 형상으로 창조된 아담이 에덴 동산을 다스리고 동물들에게 이름을 지어 주었는데, 하나님께서 아담을 하나님의 형상으로 지으셨기 때문에 아담이 이렇게 행한 것에 지나지 않다고 주장하는 꼴입니다. 우리는 사람을 하나님의 형상으로 지어 주신 하나님께 감사와 찬양을 드려야지, 왜 그렇게 지으셨느냐고 따져서는 안 됩니다.

하나님께서 사람을 창조하신 것을 이해한다면, 하나님께서 전적으로 부패하여 죽은 자와 같은 사람들을 구원하신 새 창조도 이해할 수 있습니다. 죽은 자를 구원하시는 일은 창조나 부활보다 더 작거나 열등하지 않습니다. 창조 때 사람에게 자유 의지를 주시어 주체성을 갖게 하신 하나님은 택하신 자들을 중생하실 때도 그들에게 의지의 주체성을 주셨습니다. 택하신 자들의 믿음과 선행은 하나님으로 말미암아 행해지고 움직여질 뿐만 아니라, 하나님에 의하여 인도되기에 의지 자체가 행한다고 말할 수 있고, 그러기에 사람에게 큰 의미와 가치가 있습니다.

"유기는 불신과 불경건의 원인"이라는 주장은 틀립니다. 이미 앞에서 거듭하여 살펴본 것처럼 하나님께서 이들을 유기하셨기 때문에 이들이 불신하고 불경건을 행한 것이 아니라, 이들은 이미 불신하고 불경건을 행했습니다. 하나님은 이들에게 은혜를 주시지 않은 것뿐입니다. 하나님께서 선택하신 자들에게 은혜를 주시고, 유기하신 자들에게 그 똑같은 은혜를 주시지 않았다고 하여 하나님을 비난해서는 안 됩니다. 오히려 택하신 자들에게 은혜를 주신 것을 찬양해야 합니다. 유기는 불신과 불경건의 원인이 아니라, 유기는 불신과 불경건에 대한 공정한 심판입니다.

어려서 죽은 자는 지옥에 떨어진다

예정 교리는 어려서 죽은 자를 지옥에 억지로 떨어뜨리지 않고, 오히려 천국으로 인도합니다. 항론파의 주장에 따르면 하나님은 믿을 자를 선택하십니다. 그런데 태어나서 두세 살이 안 되어 죽은 유아는 예수님을 인격적으로 고백할 수 없고, 선행도 적극적으로 실천할 수 없습니다. 특히 태어나서 한 달 안에 죽는 유아가 어떻게 예수님에 대한 신앙을 고백할 수 있고, 선행을 펼칠 수가 있겠습니까? 이런 유아들은 항론파가 주장하는 선택의 근거라는 논리에 따르면 모두 택함을 받지 못하고 지옥에 떨어집니다.

그런데 하나님께서 믿음이나 선행을 미리 보시지 않고 오직 사랑으로 택하신다는 예정 교리에 따르면 태어난 지 한 달 만에 죽는 유아도 천국에 갈 수 있습니다. 하나님께서 사랑으로 그를 택하신 것에 구원이 달려 있기 때문입니다. 무조건적 선택이라는 예정 교리야말로 어려서 죽은 유아를 천국으로 인도하는 교리입니다. 또 이 교리는 정상 지능을 갖지 못한 장애인의 구원 문제도 말할 수 있고, 늙어서 치매에 걸려 예수님에 대한 신앙을 고백하지 못하거나 부인하는 어르신들에 대한 구원 문제도 해결책을 줍니다. 사람들의 고백과 선행에 좌우되는 선택은 얼마나 불안정한지 모릅니다. 사람의 변덕스러움만큼이나 불안한 것입니다. 우리는 사람의 선택 여부를 불안정한 사람에게 두면 안 되고, 성경에 따라 하나님의 크신 사랑과 오래 참으심과 신실하심에 두어야 합니다.

무조건적 선택 교리의 현실적 의미

무조건적 선택의 교리는 우리의 현실 생활에서 어떤 통찰을 줄까요?

우리가 하나님의 사랑을 무조건적으로 받은 귀한 존재라는 확신을 심어 줍니다. 나의 행위와 의지로 말미암아 하나님의 자녀가 된 것이 아니라, 하나님의 전적인 사랑으로 자녀가 되었으므로, 나 자신이 나를 수용하고 사랑하게 됩니다. 나 자신이 얼마나 귀한 존재인지를 알고 받아들이게 됩니다. 이것에 근거하여 우리 자신도 타인을 조건 없이 사랑해야 함을 알게 됩니다. 부부 간에, 부모와 자식 간에 갈등이 있을 수 있는데, 이때 누가 잘 했느냐를 따지기보다 조건 없이 오래 참으며 사랑해야 함을 깨닫는 것입니다. 이런 자세를 가지면 자기 자신을 부인하며 타인을 보다 수용할 수 있습니다.

현재는 인권이 강조되는 시대입니다. 그런데 사람의 가치가 중요한 것을 일반 학문과 문화는 제대로 규명할 수가 없고, 오직 성경만이 올바로 규명합니다. 사람만이 하나님의 형상으로 지음을 받았기 때문에 사람은 다른 피조물보다 더 가치가 있습니다. 나그네를 대접해야 하는 큰 이유도 그가 하나님의 형상을 지닌 존재이기 때문입니다. 장애인과 노인도 하나님의 형상으로 지음을 받은 존재이기 때문에 가치가 있습니다. 효용과 경제적 능력이란 관점에서 사람을 보면 어린이와 노인과 장애인은 가치가 떨어집니다. 그런데 하나님께서 택하신 자들을 아무 이유 없이 오직 사랑으로 택하셔서 당신의 자녀로 삼으셨다는 무조건적 선택 교리는 신자들에게 무한한 가치와 영광을 부여합니다. 믿음이 조금 약해도, 선행을 조금밖에 못하더라도 하나님의 사랑의 선택으로 말미암아 자녀가 된 것이므로, 그 자체로 귀한 존재입니다. 자기 자신의 현재의 모습에 상관없이 자신이 자기를 하나님의 귀한 자녀로 수용할 수 있고, 타인도 이렇게 받아들일 수 있습니다.

저는 27살에 거듭났습니다. 중학교 때까지 교회를 다녔지만, 예수님이 믿어지지 않아 10년간 교회를 떠났다가 27살에 거듭났습니다. 똑같은 성경인데 27살 때 다시 보니 믿어졌고, 중학교 때 들은 설교의 의미가 깨달아졌습니다. 제가 27살에 이렇게 변화된 이유는 오직 하나님의 능력과 은혜입니다. 저는 제 자신의 경험을 통하여 아무리 강팍한 자일지라도 하나님의 은혜가 임하면 그 마음이 살처럼 부드러워지고 주님을 영접함을 믿습니다. 하나님의 은혜가 임하면 중동 국가에서도 예수님을 믿는 자들이 발생합니다. 이처럼 선택 교리는 전도의 필요성과 가치를 알려 줍니다. 선택 교리를 믿는 자일수록 하나님의 능력과 은혜가 임하기를 바라며 적극적으로 전도할 수 있습니다. 오늘 믿지 않는 강팍한 자가 하나님의 은혜와 능력을 통하여 내일 갑자기 믿을 수 있기 때문에 모든 사람들에 대하여 포기하지 않고 계속하여 복음을 전할 수 있습니다.

무조건적 선택 교리는 우리가 힘든 상황에 처할 때도 크게 위로가 됩니다. 건강이나 재산이나 사람 때문에 힘들 때, 큰 죄를 지어 낙담과 부끄러움에 빠질 때, 믿음 자체가 약해지며 흔들릴 때에 "누가 능히 하나님께서 택하신 자들을 고발하리요 의롭다 하신 이는 하나님이시니 누가 정죄하리요 죽으실 뿐 아니라 다시 살아나신 이는 그리스도 예수시니 그는 하나님 우편에 계신 자요 우리를 위하여 간구하시는 자시니라 누가 우리를 그리스도의 사랑에서 끊으리요 환난이나 곤고나 박해나 기근이나 적신이나 위험이나 칼이랴?"(롬 8:33-35)라는 말씀은 크게 위로가 됩니다.

우리를 아무 이유 없이 사랑하신 하나님은 현재의 우리 행위와 조건 때문이 아니라, 오직 하나님의 사랑과 신실함 때문에 우리를 끝까지 사랑하시고 지키십니다. 이것보다 우리에게 더 큰 위로와 구원에 대한 확신을 주는 것이 없습니다. "내가 확신하노니 사망이나 생명이나 천사들이나 권세자들이나 현재 일이나 장래 일이나 능력이나 높음이나 깊음이나 다른 어떤 피조물이라도 우리를 우리 주 그리스도 예수 안에 있는 하나님의 사랑에서 끊을 수 없으리라"(롬 8:38-39)는 말씀에서 우리는 하나님의 사랑이야말로 우리를 모든 위험과 존재로부터 우리를 지키심을 압니다. 그리고 그 사랑은 우리를 조건 없이 선택하심에서 가장 크게 드러납니다. 선택 교리는 하나님의 사랑이 가장 큰 것과 변하지 않음을 가장 크게 드러냅니다.

선택 교리는 '인간론적으로' 사고하는 것이 아니라, '신론적으로' 사고하는 것입니다. 내가 예수님을 믿어서 구원받았다는 관점을 넘어서서, 이런 구원이 어떻게 가능한지까지 생각합니다. 성경에 나타난 하나님의 생각에까지 이르는 것이고, 모든 현상의 원인을 하나님에게서 찾아 하나님께 모든 영광을 돌리는 것입니다. 선택 교리를 생각하는 이들일수록 성(聖)과 속(俗)이라는 이분법에 머물지 않고, 모든 만물에서 하나님의 영원하신 능력과 신성을 찾아 발견하고 누립니다. 예수님의 십자가의 죽음을 통해 구원을 받음으로써 영적 허무감을 극복할 뿐만 아니라, 그 구원의 시종을 하나님의 성품에서 찾아 세계관과 가치관의 안정까지 누립니다. 사물의 기원과 목적을 생각하는 성도들은 선택 교리에까지 나갈 수밖에 없고, 거기서 평안을 누립니다.

하나님의 영원하신 사랑의 선택에서 구원의 기원을 찾았다면, 우리가 선택받았음을 어떻게 알 수 있을까요? 우리가 하나님의 영원한 선택을 받는지를 머리로 아무리 살펴도 알 수가 없습니다. 왜냐하면 우리는 영원한 존재가 아니어서 하나님께서 영원히 하신 일을 알 수가 없기 때문입니다. 영원이란 먼 과거나 먼 미래가 아닙니다. 시간과 공간은 모든 만물이 있게 하는 틀로서 원래부터 존재하던 것이 절대로 아닙니다. 하나님께서 모든 만물을 만드실 때에 만물이 거하는 장과 틀로서 시간과 공간을 만드셨습니다. 시간과 공간도 피조물입니다.

하나님은 시간을 만드셨기 때문에 하나님께서는 하루가 천 년 같고, 천 년이 하루 같습니다. 하나님께 과거와 현재와 미래가 같습니다. 하나님은 이 모든 것들을 통제하시고 하나님께는 시간이 흘러야만 아는 일이 없습니다. 만약 그런 하나님이라면 시간의 통제를 받는 존재이시지, 시간으로부터 자유로운 창조자가 아니십니다. 이에 비하여 사람은 시간 속에 존재하고, 시간의 통제를 받습니다. 이런 시간 속에 거하는 존재가 어떻게 영원에 거하시는 하나님의 생각과 결정을 알 수가 있겠습니까?

그러므로 시간과 공간에 거하며 시간과 공간의 통제를 받는 사람은 자신의 선택 여부를 영원에 기웃거리며 헤아려서는 안 됩니다. 사람은 한 길 사람 속도 모르는 존재인데 하물며 하나님의 생각을 어떻게 알겠습니까? 사람은 하나님도, 영원도 모르는 시간 속의 존재에 지나지 않습니다.

제1장 제12항 선택의 확신―호기심의 탐구가 아니라 선택의 열매의 관찰을 통해 주어지는 선택의 확신 구원에 이르는 피택자들의 영원하고 불변한 선택과 관련하여 그들은 그분의 때에 다양한 단계와 여러 방법으로 확신을 얻게 된다. 이것은 하나님의 감춰지고 깊은 일들을 호기심으로 캔다고 주어지지 않고, 하나님의 말씀에 기록된 선택의 틀림없는 열매들을, 즉 그리스도에 대한 참된 믿음, 하나님의 자녀다운 경외감, 죄에 대한 하나님의 뜻대로의 근심, 의에 주리고 목마른 것 등을 자기 자신 속에서 영적인 기쁨과 거룩한 즐거움으로 관찰함으로써 주어진다.

도르트 신경 제1장 제12항은 우리가 선택을 받았는지 확신을 얻을 수 있는데, 하나님의 감춰지고 깊은 일들을 호기심으로 캔다고 되는 일은 아니라고 말합니다. 하나님의 감춰지고 깊은 일들은 시간 속에 감추어진 것이 아니라 영원 속에 감추어졌기 때문이고, 유한한 사람의 생각 속에 감추어진 것이 아니라 무한하신 하나님의 생각 속에 감추어졌기 때문입니다. 우리는 그리스도에 대한 참된 믿음, 하나님의 자녀다운 경외감, 죄에 대한 하나님의 뜻대로의 근심, 의에 주리고 목마른 것 등이 우리에게 있는지 여부로 우리의 선택 여부를 살펴야 합니다. 이것들은 모두 하나님의 말씀에 기록된 것으로 선택의 틀림없는 열매들에 속합니다.

지금 현재 우리에게 그리스도에 대한 참된 믿음이 있다면 그 믿음을 주신 하나님은 끝까지 우리를 견인하실 것임을 우리는 확신해야 합니다. 하나님을 아버지로 받아들여 자녀다운 경외감이 우리에게 있다면 우리는 선택받은 자임에 틀림없습니다. 죄를 짓고 부끄러워하며 회개하는 마음을 갖는다면 그리고 하나님의 의를 추구하고 간절히 원한다면 우리가 하나님의 선택을 받은 결과와 현상임을 확신해도 됩니다. 따라서 선택 교리는 신자들로 하여금 그리스도에 대한 참된 믿음, 하나님의 자녀다운 경외감, 죄에 대한 하나님의 뜻대로의 근심, 의에 주리고 목마른 것 등을 더욱 추구하게 합니다. 참된 신자는 현재의 열매에 충실함으로써 영원한 선택을 확신하고 즐거워합니다.

제2장 신적 선택과 유기에 관한 토론 문제

1. 항론파는 "하나님은 그의 아들 그리스도 예수 안에서 영원하며 불변한 작정에 따라, 세상의 창립 이전에, 타락함으로 죄 속에 있는 인류로부터, 그리스도 안에 있는 자들을 그리스도로 말미암아 그리고 그리스도를 통하여 구원하시기로 정하셨다. 이들은 성령의 은혜를 통하여 그분의 아들을 믿을 자들이고, 동일한 은혜를 통하여 바로 그 믿음과 믿음의 순종을 지속적으로 끝까지 견인할 자들이다"라고 주장하는데, 어떤 부분이 틀렸습니까?

2. "아들을 믿는 자에게는 영생이 있고 아들에게 순종하지 아니하는 자는 영생을 보지 못하고"(요 3:36)라는 말씀은 사람이 스스로 믿을 수 있다는 가능성을 말합니까? 아니면 영생을 얻을 수 있는 방법에 관한 단순 기술입니까?

3. 믿음은 선택의 조건이 아니라, 선택의 결과라고 생각합니까? 즉 사람은 스스로 믿을 수 있습니까? 없습니까?

4. 루이스 벌코프는 믿음을 "외적 증거나 논리적 증명에 의존하지 않고, 즉각적이고 직접적인 통찰력에 의존하는 명확한 지식이다"라고 정의했는데, 사람 스스로 "즉각적이고 직접적인 통찰력"을 가질 수 있습니까?

5. 하나님께서 순전히 은혜로 특정한 수의 사람들을 구원으로 선택하셨다고 생각합니까? 아니면 우리의 노력으로 신자가 된 것입니까? 롬 9:10-16, 엡 1:4-6, 딤후 1:9을 통해 살펴봅시다.

6. 항론파의 예지 예정은 사람을 부분 부패로 보는 것과 연관이 있습니까? 마찬가지로 반항론파의 절대 예정은 사람을 전적 부패로 보는 것과 연관이 있습니까?

7. 예지 예정은 하나님을 종속 변수로 만듭니까? 하나님께 모든 것을 결정하실 권한이 있습니까? 롬 9:10-21을 통해 살펴봅시다.

8. 성경이 유기를 말할 때에 우리의 선택이 영원하고 값없는 은혜임을 가장 크게 밝힙니까? 말 1:1-3을 통해 살펴봅시다. 또 유기의 작정은 절대로 하나님을 죄의 조성자로 만들지 않고 오히려 하나님을 두렵고, 흠잡을 데 없고, 공의로운 심판자와 보응자로 만듭니까?

9. 예정 교리는 모든 경건과 종교성에서 사람들의 마음을 벗어나게 하고 육적인 안전감으로 이끕니까?

10. 예정 교리는 어려서 죽은 자를 지옥에 떨어뜨립니까? 아니면 오히려 구원의 근거를 마련합니까?

10. 무조건적 선택 교리는 오늘 믿지 않는 강퍅한 자가 내일 믿을 수 있기 때문에 모든 사람들을 전도하도록 이끕니까? 또 어려움에 처했을 때에 큰 위로가 됩니까?

11. 신자는 자신이 선택받았다는 확신을 얻을 수 있는데, 구원에 대한 확신은 우리에게 어떤 유익을 줍니까? 그리고 이 확신은 호기심으로 캐는 것이 아니라, 어떻게 얻을 수 있습니까?

제한 속죄
Limited
Atonement
완전정복

항론파의 주장과 그 틀린 점

항론파의 제2조항 따라서 세상의 구주이신 예수 그리스도는 모든 사람들과 각 사람을 위하여 죽으셨고, 십자가의 죽음으로 모두를 위해 구속과 죄의 용서를 얻으셨다. 그러나 요한복음 3:16과 요한일서 2:2의 말씀처럼 믿는 자들을 제외하고는 그 어느 누구도 죄의 용서를 실제로 공유하지 못한다. "하나님이 세상을 이처럼 사랑하사 독생자를 주셨으니 이는 그를 믿는 자마다 멸망하지 않고 영생을 얻게 하려 하심이라"(요 3:16). "그는 우리 죄를 위한 화목 제물이니 우리만 위할 뿐 아니요 온 세상의 죄를 위하심이라"(요일 2:2).

항론파는 그리스도의 죽음과 이로 말미암은 사람의 구속에 관하여 위와 같이 기술하였습니다. 위의 주장 어디가 잘못되었을까요? 앞선 항처럼 틀린 점을 찾기가 쉽지 않습니다. 오히려 예수 그리스도의 십자가의 죽음으로 모두를 위한 구속과 죄의 용서가 이루어진 것에 은혜를 받을 것입니다. 제2조항의 잘못된 점은 그리스도께서 "모든 사람들과 각 사람"을 위하여 죽으셨다고 말한 점입니다. 이 대답에 많은 독자들이 의아

해할 것입니다. 그리스도께서 모든 사람들과 각 사람을 위하여 죽으셨지, 그렇다면 누굴 위하여 죽으셨단 말입니까? 정확한 답은 "모든 사람들과 각 사람"이 아니라 "택하신 자들"입니다.

이런 대답을 들으면 처음에는 항론파가 옳아 보입니다. 그리스도는 사랑이 넘치시므로 모든 사람들을 위하여 죽으신 것으로 보이지, 한정된 자들만을 위해서 죽으신 것으로 보이지 않기 때문입니다. 그런데 이것은 첫 느낌만 그런 것이고, 실제의 내용을 살펴보면 전혀 달라집니다. 항론파는 사람들의 부분 부패를 믿기 때문에, 사람들이 스스로 믿을 수 있고 선행을 할 수 있다고 여깁니다. 따라서 예수님은 모든 사람들을 위하여 죽으셨고, 모든 사람들과 각 사람은 스스로 믿음과 선행을 통해 그리스도의 죽음의 효력을 쟁취해야 합니다.

예수님께서 모든 사람들을 위하여 죽으셨다는 항론파의 보편 속죄는 빛 좋은 개살구에 지나지 않습니다. 전적으로 부패한 사람들이 어떻게 스스로 믿을 수 있고 선행을 할 수 있단 말입니까? 항론파의 주장은 예수님은 모든 사람을 위하여 죽으시며 구원을 획득하셨으니, 이제부터 사람들이 알아서 그 구원을 자신의 것으로 삼으라는 의미입니다. 이 얼마나 무책임한 발언입니까?

항론파는 위의 제2조항에서 자신들의 주장을 지지하는 성경 구절로 요한복음 3:16을 들고 있습니다. 이들은 "이는 그를 믿는 자마다 멸망하지 않고"라는 구절이 사람들이 믿을 수 있다는 가능성을 나타낸다고 봅니다. 예수님께서 사람들이 믿을 수 있다고 생각하였기 때문에 믿는 자마다 영생을 얻게 하려 하심이라고 말씀하셨다고 해석합니다. 하지만 "믿는 자마다 멸망하지 않고"라는 구절은 절대로 사람들이 스스로 믿을 수 있다는 가능성을 나타내는 표현이 아니라 믿는 자들이 멸망하지 않는다는 사실에 대한 표현입니다.

예수님은 "음욕을 품고 여자를 보는 자마다 마음에 이미 간음하였느니라"(마 5:28)고 말씀하셨습니다. 그런데 신자들 중에 마음의 생각까지도 통제하는 사람이 어디에 있습니까? 없습니다. 예수님의 이 말씀은 신자들이 마음에 음욕을 품지 않을 수 있다는 가능성을 말한 것이 아니라, 신자들이 간음과 관련하여 추구해야 하는 자세와 상태가 무엇인지 사실을 말해 줍니다. 신자들이 할 수 있다는 가능성이 아니라, 신자들이 추구해야 하는 당위성으로서 신자들이 가져야 할 거룩함의 실제 수준에 대한 표현입니다.

따라서 요한복음 3:16은 절대로 사람들이 예수님을 믿을 수 있다고 말하지 않고, 하나님께서 사람들에게 믿음을 주셔서 멸망하지 않고 영생을 얻게하심을 말합니다. 요한복음 3장은 전후 구절 어디에서도 사람이 믿어야 한다는 것에 관하여 언급하지 않고, 은혜로 받는 구원을 말합니다. 사람들이 구원을 받는 것은 은혜인데, 이 은혜의 구원이 믿음을 통해서 이루어진다고 말합니다. 믿음까지도 하나님의 은혜라고 말하는 것이지, 사람들이 믿을 수 있다고 절대 말하지 않습니다.

"믿는 자마다"라는 구절에 관한 해석이 항론파와 반항론파 사이에서 이렇게 큰 차이가 납니다. 이 차이는 단순히 교리 차이가 아니라 궁극적으로 성경 해석의 차이입니다. 이 구절이 정확하게 무엇을 뜻하는지는 무조건적 선택을 다룬 바로 앞 장에서 "믿음은 선택의 조건이 아니라, 결과이다"라는 소제목 하에서 에베소서 2:1-8을 통해서 살펴보았으니, 이 부분을 참고하기 바랍니다.

• •

주장 하나님 아버지는 그의 아들을 십자가의 죽음으로 작정하셨는데, 어떤 이들을 지명(指名)하여 구원하시는, 확정되고 결정적인 계획 없이 작정하셨다. 그래서 설령 획득된 구속이 개인에게 한 번도 실제로 적용되지 않을지라도, 그리스도의 죽음이 획득한 것은 그 필요성과 유용성과 가치에 있어 손상되지 않을 수 있고, 전적으로 완벽하고 완전하고 온전하게 지속될 수 있다(제2장 제1절).

••

항론파는 위의 주장에서 보는 것저럼 하나님 아버지께서 작정하실 때에 예수님으로 말미암아 획득된 구속이 실제로 한 명에게도 적용되지 않을지라도, 그 획득된 구속이 각 개인의 결정에 따라 획득되게 하셨다고 주장합니다. 구원이 전적으로 사람의 자유 의지에 달려 있는 것입니다. 모든 사람들이 자신들의 자유 의지로 예수님을 믿어 구원받는 조건들을 수행할 수도 있고, 모두가 수행하지 못할 수도 있습니다. 실제로 항론파는 도르트 신경 제2장 제3절에서 이런 주장을 합니다. "이 조건들의 보장은 사람의 자유 의지에 달려 있어서, 누구도 그 조건들을 수행하지 못할 수도 있고, 모두가 그 조건들을 수행할 수도 있다." 그래서 항론파의 보편 속죄는 처음에는 매우 넓은 문처럼 보이지만, 전적으로 부패한 사람들이 수행할 수 없는 구원의 조건을 제시하는 것이므로 아무도 통과하지 못하는 문이 됩니다.

도르트 신경의 진술: 보편 속죄가 아니라 제한 속죄

도르트 신경이 제한 속죄를 말하는 것은 절대로 예수 그리스도의 사랑이 작다는 의미도 아니고, 예수 그리스도께서 흘리신 피의 가치와 효용이 떨어진다는 의미도 아닙니다. 제2장 제3항은 "하나님의 아들의 이 죽음은 죄를 위한 유일하고 가장 완전한 희생과 보상으로, 무한한 가치와 값이 있어, 전 세상의 죄를 속죄하기에 넘칠 만큼 충분하다"고 말합니다. 도르트 총회 총대들은 그리스도의 피 한 방울로도 전 세상의 죄를 속죄하기에 충분하다고 보았습니다. 그럼에도 제한 속죄를 말하는 것은 하나님께서 모두를 택하시지 않고 일부를 택하셨다는 성경 기록 때문이고, 택하신 자들에게 그리스도께서 획득하신 구원이 틀림없이 적용된다는 사실을 말하기 위해서입니다.

제한 속죄 교리는 그리스도의 십자가 죽음으로 획득된 구원이 성령님을 통하여 피택자들에게 틀림없이 적용된다는 의미입니다. 하나님 아버지와 예수 그리스도와 성령님은 택하시는 일과 구원의 획득과 구원의 적용이라는 구원의 모든 과정에 개입하셔서 택하신 자들에게 구원을 분명하게 주신다는 것입니다. 하나님은 택하신 자들로 하여금 알아서 그들의 힘으로 구원을 쟁취하라고 하시지 않고, 성령님을 통하여 구원이 틀림없이 적용되게 하십니다.

제한 속죄 교리는 사람들이 전적으로 부패하여 절대로 스스로 믿을 수 없다는 것을 전제합니다. 도르트 신경은 제2장에서 제한 속죄를 총 9개 항으로 말합니다. 제1항은 하나님의 공의는 우리의 죄에 대하여 영원히 징계될 것을 요구한다고 말합니다. 제2항은 우리는 그 징계를 스스로 만족시킬 수 없고, 하나님의 진노로부터 우리를 해방시킬 수 없기 때문에 하나님의 독생자께서 우리를 대신하여 십자가에서 죄와 저주를 감당하셨다고 말합니다. 그런데 이러할지라도, 우리가 이 사실을 모른다면 그리스도의 대속의 죽음이 우리에게 소용이 없습니다. 우리는 하나님의 진노로부터 우리를 스스로 해방시킬 수 없을 정도로 부패하고 무능합니다. 그래서 하나님은 우리가 그리스도의 대속의 죽음의 가치를 알고 그 공로를 받아들일 수 있도록 성령님을 통하여 역사하십니다. 하나님은 그리스도를 통한 구원의 획득만이 아니라 성령님을 통한 구원의 획득도 영원히 작정하십니다.

하나님께서 우리를 구원으로 부르실 때에 우리가 응답하는 것(효력 있는 부르심), 우리가 예수님을 믿는 것(믿음), 우리가 의롭다고 여겨지는 것(칭의), 우리가 하나님의 거룩하심으로 자라가는 것(성화), 우리가 하나님의 사랑 안에 끝까지 보존되는 것(견인), 부활하여 영화로운 자가 되는 것(영화) 등이 모두 우리 자신의 의지와 행위로 되는 것이 아니라, 하나님 아버지의 선택과 예수 그리스도의 대속의 죽음과 성령 하나님의 적용에 달려 있습니다.

전적으로 부패한 사람들이 하나님께서 부르실 때에 응답할 수 있습니까? 철없는 자녀들이 부모가 참으로 좋은 것을 제공하며 받아 누리라고 할 때 얼마나 그 가치를 모르고 거부하는지 모릅니다. 이렇게 조금 지혜가 있으면 분별할 수 있는 것도 거부하는 것이 사람인데, 영적인 것은 얼마나 더 거절하는지 모릅니다. 하나님께서 영적으로 예비하신 모든 것을 사람은 눈으로 보지 못하고 귀로 듣지 못하며 마음으로 생각하지도 못합니다. 오직 하나님께서 성령으로 이것을 사람들에게 보이실 때에만 받아들입니다. 그러므로 하나님께서 성령을 통하여 우리가 부르심에 응답하고 예수님을 믿게 하시는 것은 우리에게 얼마나 안심과 위로가 되는지 모릅니다. 우리의 능력으로 해야 한다면 반드시 실패할 일을 성령님께서 우리를 대신하여 이루어 주시니 얼마나 안심과 위로가 되는지 모릅니다.

우리는 칭의와 성화와 견인과 영화와 관련해서도 마찬가지로 말할 수 있습니다. 이 모든 것들을 우리의 힘으로 이루어야 한다면 우리 중 누구도 완수할 수 없습니다. 오직 하나님의 전적 은혜가 성령님을 통하여 주어질 때에만 가능합니다. 성경에 참으로 많은 율법이 나옵니다. 이 모든 율법을 완수하여 의로움을 받을 자가 없고, 이 모든 율법을 죽을 때까지 계속 지킬 자가 아무도 없습니다. 이 모든 일을 우리의 힘으로 지켜야 한다고 생각하면 한숨만 나오고 자포자기에 이르게 됩니다. 그런데 하나님께서 전적으로 도우셔서 성령님을 통하여 우리 대신에 완수해 주신다면 이보다 더 큰 위로와 격려와 안심이 어디에 있겠습니까?

제한 속죄 교리는 하나님께서 일부를 택하실 때에 그들이 구원에 이르는 모든 수단도 은혜로 함께 정하신다는 것을 의미합니다. 하나님은 택하신 자들의 구원에 필요한 모든 것을 예비하시고 적용하시지, 절대로 우리의 구원에 필요한 일부의 일만 하시고 나머지는 사람들에게 맡기시지 않습니다. 전적으로 부패한 사람들은 구원에 필요한 조그마한 일도 할 수가 없기 때문입니다. "제한 속죄" 교리는 "제한"에 강조점이 있지 않고, "속죄"에 강조점이 있습니다. 하나님의 주권과 사랑으로 모든 사람들이 아니라 일부를 택하신 하나님은 그 일부의 속죄가 반드시 이루어지게 하십니다. 제한 속죄는 절대로 그리스도의 옹졸함을 말하지 않고, 구원의 모든 것을 준비하신 하나님의 지혜와 신실함을 말하고, 우리에게 용기와 희망과 안심과 위로를 줍니다.

구원의 획득과 적용에 관한 항론파의 주장

구원의 획득: 모든 사람들을 위해 그리스도께서 죽으심으로 획득

구원의 적용: 각 사람이 자신의 믿음과 노력으로 자신에게 적용

➡ ① 한 사람도 자신에게 구원을 적용시키지 못할 수 있다. 실제로 한 명도 적용시키지 못 한다.

② 구원 획득자들의 숫자 ≥ 구원 적용자들의 숫자

③ 보편 속죄: 불안전하고 불확실한 속죄, 조건 속죄

구원의 획득과 적용에 관한 도르트 신경의 주장

구원의 획득: 피택자들을 위해 그리스도께서 죽으심으로 획득

구원의 적용: 하나님께서 성령을 통해 각 사람에게 적용

➡ ① 피택자들이 그대로 구원의 적용을 받는다.

② 구원 획득자들의 숫자 = 구원 적용자들의 숫자

③ 제한 속죄: 안전하고 확실한 속죄, 절대 속죄

제한 속죄에 관한 일반적 오해

제한 속죄에 관한 대표적 오해는 그리스도께서 자비롭게 모든 사람들과 각 사람을 위하여 죽으시지, 왜 쩨쩨하게 일부만을 위해서 죽으셨는가입니다. 이미 살펴보았듯 그리스도께서 일부를 위해서 죽으신 것은 그리스도의 쩨쩨함이나 옹졸함이 아니라, 그리스도의 신실함과 책임성입니다. 택하신 자들에 대해서는 한 명도 놓치시지 않고 모두 하나님의 최종 구원에 이르게 하신다는 의미입니다. 그러므로 "제한 속죄"에서 우리는 제한이 아니라 속죄에 방점(傍點)을 두어야 합니다.

제한 속죄에 관한 또 다른 큰 오해는 성경에 예수님께서 모두를 위해 죽으셨다는 표현이 있으므로 보편 속죄가 옳다는 것입니다. 성경에는 그리스도께서 "세상"과 "모든 사람"을 위해서 죽으셨다는 구절들이 있기는 하지만, "세상"이나 "모든 사람"의 의미가 "이 땅에 존재했고, 존재하고, 존재할 모든 각 개인들"은 아닙니다. 이렇게 생각하는 것이 바로 제한 속죄에 관한 오해로 이어집니다. 아래에서 보는 것처럼 이 단어들은 성경에서 다양한 의미를 갖습니다. "세상"이나 "모든 사람"이란 단어가 문맥과 상관없이 무조건적으로 그리스도께서 인류에 속한 모든 개인들 각자를 위해서 죽으셨다는 의미로 연결되지 않습니다. 단어는 늘 전후문맥을 통하여 정확한 의미가 파악되므로, "세상"과 "모든 사람"이란 단어들이

성경에 있다고 하여 보편 속죄가 옳다고 주장하면 안 됩니다.

세상 – 어느 특정한 지역이나 특정 지역의 사람들을 의미

눅 2:1   그때에 가이사 아구스도가 영을 내려 천하로 다 호적하라 하였으니

요 7:4   스스로 나타나기를 구하면서 묻혀서 일하는 사람이 없나니 이 일을 행하려 하거든 자신을 세상에 나타내소서 하니

요 12:9   바리새인들이 서로 말하되 볼지어다 너희 하는 일이 쓸데 없다 보라 온 세상이 그를 따르는도다 하니라

요 14:22   가룟인 아닌 유다가 이르되 주여 어찌하여 자기를 우리에게는 나타내시고 세상에는 아니하려 하시나이까

행 11:28   그 중에 아가보라 하는 한 사람이 일어나 성령으로 말하되 천하에 큰 흉년이 들리라 하더니 글라우디오 때에 그렇게 되니라

행 24:5   우리가 보니 이 사람은 전염병 같은 자라 천하에 흩어진 유대인을 다 소요하게 하는 자요 나사렛 이단의 우두머리라

롬 1:8   먼저 내가 예수 그리스도로 말미암아 너희 모든 사람에 관하여 내 하나님께 감사함은 너희 믿음이 온 세상에 전파됨이로다

롬 11:12   그들의 넘어짐이 세상의 풍성함이 되며 그들의 실패가 이방인의 풍성함이 되거든 하물며 그들의 충만함이리요

롬 11:15   그들을 버리는 것이 세상의 화목이 되거든 그 받아들이는 것이 죽은 자 가운데서 살아나는 것이 아니면 무엇이리요

세상 – 신약 시대에 확장된 복음을 듣게 된 전 민족을 의미

마 24:14 이 천국 복음이 모든 민족에게 증언되기 위하여 온 세상에 전파되리니 그제야 끝이 오리라

막 16:15 또 이르시되 너희는 온 천하에 다니며 만민에게 복음을 전파하라

요 1:29 이튿날 요한이 예수께서 자기에게 나아오심을 보고 이르되 보라 세상 죄를 지고 가는 하나님의 어린 양이로다

요 6:33 하나님의 떡은 하늘에서 내려 세상에 생명을 주는 것이니라

롬 1:5 그로 말미암아 우리가 은혜와 사도의 직분을 받아 그의 이름을 위하여 모든 이방인 중에서 믿어 순종하게 하나니[13]

고후 5:19 곧 하나님께서 그리스도 안에 계시사 세상을 자기와 화목하게 하시며 그들의 죄를 그들에게 돌리지 아니하시고 화목하게 하는 말씀을 우리에게 부탁하셨느니라

요일 2:2 그는 우리 죄를 위한 화목 제물이니 우리만 위할 뿐 아니요 온 세상의 죄를 위하심이라

세상 – 하나님의 자녀들로 이루어진 세상이나 교회를 의미

요 6:51 나는 하늘에서 내려온 살아 있는 떡이니 사람이 이 떡을 먹으면 영생하리라 내가 줄 떡은 곧 세상의 생명을 위한 내 살이니라 하시니라

롬 4:13 아브라함이나 그 후손에게 세상의 상속자가 되리라고 하신 언약은 율법으로 말미암은 것이 아니요 오직 믿음의 의로 말미암은 것이니라

롬 11:12 그들의 넘어짐이 세상의 풍성함이 되며 그들의 실패가 이방인의 풍성함이 되거든 하물며 그들의 충만함이리요

| 롬 11:15 | 그들을 버리는 것이 세상의 화목이 되거든 그 받아들이는 것이 죽은 자 가운데서 살아나는 것이 아니면 무엇이리요 |

모든 사람 – ("아담 안에 있는 사람들"이 아니라) "그리스도 안에 있는 모든 사람들"이라는 의미

롬 5:18	그런즉 한 범죄로 많은 사람이 정죄에 이른 것같이 한 의로운 행위로 말미암아 많은 사람이 의롭다 하심을 받아 생명에 이르렀느니라[14]
고전 15:22	아담 안에서 모든 사람이 죽은 것같이 그리스도 안에서 모든 사람이 삶을 얻으리라
고후 5:14	그리스도의 사랑이 우리를 강권하시는도다 우리가 생각하건대 한 사람이 모든 사람을 대신하여 죽었은즉 모든 사람이 죽은 것이라
히 2:9	오직 우리가 천사들보다 잠시 동안 못하게 하심을 입은 자 곧 죽음의 고난 받으심으로 말미암아 영광과 존귀로 관을 쓰신 예수를 보니 이를 행하심은 하나님의 은혜로 말미암아 모든 사람을 위하여 죽음을 맛보려 하심이라

모든 사람 – "이방인, 남녀, 빈부의 차이를 넘어선 모든 부류의 사람들"이라는 의미

딤전 2:4	하나님은 모든 사람이 구원을 받으며 진리를 아는 데에 이르기를 원하시느니라
딛 2:11	모든 사람에게 구원을 주시는 하나님의 은혜가 나타나
벧후 3:9	주의 약속은 어떤 이들이 더디다고 생각하는 것같이 더딘 것이 아니라 오직 주께서는 너희를 대하여 오래 참으사 아

무도 멸망하지 아니하고 다 회개하기에 이르기를 원하시
느니라

제한 속죄 교리의 현실적 의미

제한 속죄 교리는 거듭 말하지만 그리스도의 사랑과 능력에 "제한"이
있다는 것이 아니라, 그리스도의 "속죄"가 반드시 적용된다는 것에 방점
이 있습니다. 하나님께서 택하신 자들을 끝까지 지키고 보살피셔서 그들
에게 그리스도의 속죄가 반드시 적용되게 하십니다. 이것은 모든 사람
들이 전적으로 부패하여 그들 자신의 힘으로는 절대로 예수님을 믿을 수
없고 선행을 할 수 없다는 것을 전제합니다. 사람들에게 무엇을 하라고
명령하는 성경의 율법들은 사람들이 이 율법을 지킬 수 있다는 가능성을
말하지 않고, 하나님의 형상대로 지음을 받은 자는 이런 율법의 삶을 살
아야 한다는 당위성을 말합니다. 그러므로 성경의 율법들과 요구들을 볼
때마다 참된 신자들은 자신들의 전적 무능력을 생각하며 성령님을 더욱
의지합니다. 제한 속죄는 사람들의 능력에 대한 기대를 제한하고, 속죄
의 효력이 택함을 받은 자들에게 반드시 적용되게 하시는 성령님에 대한
기대와 의지를 무한하게 합니다.

제한 속죄 교리는 사람들의 영원한 구원에 하나님 아버지와 예수 그리
스도만이 아니라 성령 하나님도 관여하시고 일하심을 풍성하게 드러냅
니다. 성부 하나님은 모든 부패한 사람들 중에서 아무 이유 없이 오직 사
랑과 은혜로 일부의 사람들을 택하시고, 예수 그리스도는 그 택하신 사
람들을 위해서 그들의 죄를 짊어지고 십자가에서 피 흘려 죽으심으로 그
들의 죄를 없이 하시고, 성령 하나님은 그 택하신 자들이 이 사실을 알고

받아들여 십자가의 대속의 효과가 적용되게 하십니다.

제한 속죄 교리는 앞으로 살펴볼 "성도의 견인" 교리와 밀접히 연결됩니다. 하나님은 택하신 자들을 향한 사랑을 절대로 포기하지 아니하시고, 그들의 약함과 악함에도 불구하고 오래 참으시며 하나님의 자녀로 길러 가시고 최종적 순간까지 지키십니다. 우리는 제한 속죄 교리에서 예수님은 왜 모두를 위해 죽으시지 않고 일부를 위해 죽으셨나를 부정적으로 생각하면 안 되고, 삼위일체 하나님은 바로 나와 같은 택하신 자들을 끝까지 지키신다는 것을 생각해야 합니다. 예수 그리스도의 피는 단한 방울이라도 헛되이 사용되지 않습니다. 내가 죄의 유혹에 빠져 심한죄를 지을 때도, 성경이 하나님의 말씀인지 의심이 들 때도, 예수 그리스도가 유일한 구주시라는 확신이 다소 흔들릴 때도 삼위일체 하나님은 나의 손을 붙들고 계십니다. 우리가 완전한 속죄를 받는 것은 결코 우리 자신의 의지나 능력이 아니라, 하나님의 사랑과 능력때문입니다. 이것이 비참한 현실에서 우리를 얼마나 위로하는지 모르고, 우리의 구원에 대한확신을 얼마나 갖게 하는지 모릅니다.

아이가 태어나 성인 구실을 하기까지 얼마나 많은 돌봄이 필요한지 모릅니다. 그 돌봄에는 아이를 예뻐하는 부모의 마음과 정성과 사랑이 제일 중요합니다. 동시에 먹이고 입히고 재우는 데 필요한 물질도 중요합니다. 부모가 정성과 사랑과 물질로 자녀를 기르기 때문에 자녀들이 성인으로 자라 가는 것이지, 절대로 자녀의 의지와 행위로 성인이 되는 것이 아닙니다. 갓난아이에게 부모가 젖을 주지 않으면 어떻게 갓난아이가 생존할 수 있겠습니까?

제한 속죄 교리는 바로 우리가 갓난아이보다 더 약하고 악한 존재인데, 하나님의 사랑과 예수 그리스도의 죽음과 성령님의 돌보심으로 우리가 완전한 속죄를 받아 하나님의 영원한 자녀가 됨을 말해 줍니다. 그러므로 우리는 이 땅에서 우리의 약하고 악한 모습을 볼 때마다 하나님의 신실하신 사랑을 생각해야 합니다. 그 사랑으로 우리는 택함을 받고 보존되어 하나님의 영원한 자녀가 되는 것입니다. 우리는 별수 없는 약하고 악한 존재이고, 하나님은 사랑 때문에 별수 없이 우리를 끝까지 지키시고 돌보십니다.

제3장 제한 속죄에 관한 토론 문제

1. 항론파는 "세상의 구주이신 예수 그리스도는 모든 사람들과 각 사람을 위하여 죽으셨다"라고 하여 그리스도의 풍성한 사랑을 나타내는데, 왜 틀렸습니까?

2. 도르트 신경 제2장 제3항은 그리스도께서 흘리신 피 한 방울로도 모든 사람들의 죄를 속할 정도로 무한한 가치와 값이 있다고 보는데, 도르트 신경은 왜 제한 속죄를 주장합니까? 제한 속죄 교리는 사람이 전적 부패하였다는 교리와 연관이 있습니까?

3. 제한 속죄 교리는 그리스도의 사랑과 능력에 "제한"이 있다는 것입니까? 아니면 그리스도의 "속죄"가 반드시 적용된다는 것을 강조합니까? 또 우리에 대한 기대는 제한하고, 삼위 하나님에 대한 기대와 의지는 무한해야 함을 나타냅니까?

4. 다음 빈칸을 채우시오.

① 구원의 획득과 적용에 관한 항론파의 주장

구원의 획득: 모든 _____들을 위해 그리스도께서 죽으심으로 획득

구원의 적용: 각 사람이 _____의 믿음과 노력으로 _____에게 적용

구원 획득자들의 숫자 ___ 구원 적용자들의 숫자

② 구원의 획득과 적용에 대한 도르트 신경의 주장

구원의 획득: _____들을 위해 그리스도께서 죽으심으로 획득

구원의 적용: 하나님께서 _____을 통해 각 사람에게 적용

구원의 획득자들의 숫자 ___ 구원의 적용자들의 숫자

5. 도르트 신경은 성경에 그리스도께서 "세상"과 "모든 사람"을 위해서 죽으셨다는 구절들이 있음에도 왜 제한 속죄를 주장합니까?

6. 제한 속죄 교리는 우리는 별수 없이 약하고 악한 존재인데 삼위 하나님께서 사랑 때문에 별수 없이 우리를 끝까지 지키시고 돌보심을 나타냅니까? 이것보다 더 강한 위로와 구원의 확신이 우리에게 있습니까?

Chapter
04

저항할 수
없는 은혜
Irresistible Grace
완전정복

항론파의 주장과 그 틀린 점

항론파의 제4조항 하나님의 이 은혜가 모든 선한 것의 시작이고, 연속이며, 완성이므로 심지어 중생자는 앞선, 돕는, 깨우는, 뒤따르는, 그리고 협력하는 은혜가 없이는 스스로 선을 생각하거나 의지하거나 행할 수 없고, 악으로의 유혹을 견딜 수 없다. 그래서 생각할 수 있는 모든 선한 일이나 행위는 그리스도 안에서 하나님의 은혜로 돌려야 한다. 그러나 이 은혜의 작동 방식을 살펴보면, 그것은 불가항력적이지 않은데, 사도행전 7장과 많은 다른 부분에서 많은 이들이 성령을 저항한 것으로 기록된 것을 볼 때 그러하다.

항론파는 사람의 회개와 그 방식에 관하여 위와 같이 기술하였습니다. 위의 주장 어디가 잘못되었을까요? 앞선 조항들처럼 오히려 감동을 받지, 틀린 점을 찾기가 쉽지 않습니다. 제4조항은 거의 맞는데 결정적으로 한 부분이 잘못되었습니다. 그것은 바로 "불가항력적이지 않은데"라는 부분입니다. 항론파는 하나님께서 사람들에게 은혜를 주실 때 사람들이 이 은혜를 거부할 수 있다고 보았습니다. 그 예로 사도행전 7장과 많은 다른 부분이 사람들이 성령을 저항한 것을 나타낸다고 보았습니다.

제한 속죄 대신에 보편 속죄가 처음 들을 때는 하나님의 넉넉함과 후덕함을 나타내는 듯하여 좋아 보이지만, 실상은 제한 속죄가 더 좋은 것이듯, 저항할 수 없는 은혜보다 저항할 수 있는 은혜가 사람의 독립성과 자주성을 나타내는 듯하여 더 좋아 보입니다. 항론파가 가항력(可抗力)적 은혜를 말하는 것은 사람의 부패 정도를 부분적으로 보기 때문입니다. 부분 부패한 사람은 스스로 분별과 판단을 할 수 있어서 하나님의 은혜를 받을지 말지를 결정할 수 있습니다. 이들이 가항력적 은혜라고 주장하는 것은 좋은 의미에서 사람에게 선한 독립성과 자주성이 있다고 말하는 것이 아니라, 사람의 부패 정도를 부분적으로 보아 사람의 능력을 과다하게 책정하는 것이고, 상대적으로 하나님의 은혜의 능력을 과소평가하여 구원이 사람의 의지와 결정에 좌우되게 했습니다.

도르트 신경은 "사람의 부패, 하나님께로의 회개 그리고 그 방식"(Human Corruption, Conversion to God, and the Way It Occurs)이란 제목의 제3장에서 셋째와 넷째 교리를 동시에 다룹니다. 이에 대한 항론파의 견해는 제3장 제1절에서 볼 수 있습니다. "원죄는 그 자체로 전 인류를 정죄하거나 현세에서 그리고 영원한 벌을 주기에 충분하지 않다." 원죄 자체를 인정하지 않고, 따라서 원죄가 후손에게 그대로 전달된다는 것을 부인합니다. 즉 전적 부패를 인정하지 않습니다. 제2절은 "선함, 거룩함, 공의와 같은 영적 은사들과 좋은 성향과 덕은 타락 시에 의지로부터 분리될 수 없다"고 말하고, 제3절은 의지는 그 자체로 결코 부패하지 않아서 자기 앞에 놓인 어떤 선한 것을 스스로 원하고 선택할 수 있고, 또는 원하지 않고 선택하지 않을 수 있다고 말합니다. 항론파는 이렇게 사람이 전적으로 부패하지 않았다고 보기 때문에 가항력적 은혜를 주장합니다. 이것은 사람에게 있지도 않은 의지의 자립성과 독립성과 주체성을 주장하는 것입니다.

도르트 신경의 진술:
가항력적 은혜가 아니라 불가항력적 은혜

불가항력적 은혜를 말하는 도르트 신경의 제3장은 제1항부터 무엇을 말할까요? 전적 부패를 말합니다. 왜냐하면 사람은 전적으로 부패하여 스스로 예수님을 믿을 수 없고 선행을 할 수 없기 때문에, 허물과 죄로 죽은 마음을 살릴 수 있는 것은 오직 하나님의 은혜뿐이라는 논리를 전개하기 위해서입니다. 불가항력적 은혜는 사람을 로봇으로 여겨 사람의 의지와 자유를 무시한 채 사람의 의지와 마음을 변화시킨다는 의미가 아니라, 사람의 지정의(知情意)는 모두 부패하여 하나님의 은혜가 아니고는 그 부패한 지정의를 변화시킬 수 없다는 의미입니다. 즉 사람은 기본적으로 하나님의 은혜를 저항하는 존재인데, 하나님께서 은혜로 사람을 변화시키셔서 그 은혜를 받아들이게 하십니다. 이에 반하여 항론파는 사람이 기본적으로 하나님의 은혜를 저항하는 존재가 아니라고 봅니다.

제2항은 타락한 사람은 자신과 같은 부패한 자녀를 낳는데, 부패는 모방이 아니라 해악한 본성의 전달을 통해 퍼져 나갔다고 말합니다. 제3항은 그래서 모든 사람들은 죄 속에서 잉태되고, 진노의 자녀들로 태어나며, 악에 기울어져 있어서, 성령의 중생의 은혜 없이는, 하나님께 돌아가거나 부패한 본성을 고치려는 것을 원하지도 않고 할 수도 없다고 말합니다. 제4항은 타락 후의 사람들에게 약간 남아 있는 본성의 빛은 너무나 약하여 사람들은 이것을 사용하여 회심할 수 없다고 말하고, 제5항은 모세를 통해 유대인들에게 전해진 십계명을 통해서도 구원하는 은혜를 얻을 수 없다고 말합니다.

도르트 신경은 이렇게 사람은 전적 부패하여 본성의 빛이나 율법으로 구원받는 은혜를 얻을 수 없다고 말한 후에, 제6항부터 본성의 빛도 율법도 할 수 없는 것을 하나님은 성령의 권능으로 말씀이나 화해의 사역을 통하여 성취하신다고 말합니다. 제10항은 회심의 원인은 사람에게 있지 않고 하나님께 있다고 말한 후에 그 과정을 "하나님은 자기 백성을 영원(永遠)에서 그리스도 안에서 선택하셨고, 그래서 그들을 시간 속에서 효력 있게 부르시고, 그들에게 믿음과 회개를 주시고, 흑암의 권세에 버려진 자들을 그의 아들의 나라로 옮기신다"고 말합니다.

제11항은 이 과정을 더 상세히 설명합니다. "하나님은 그들의 마음을 성령을 통해 권능 있게 조명하셔서, 그들이 바르게 하나님의 영의 일들을 이해하고 분별하도록 하게 하실 뿐만 아니라, …… 사람의 매우 깊은 곳을 관통하시고, 닫힌 마음을 여시며, 강퍅한 마음을 부드럽게 하시고, 할례 받지 않은 마음에 할례 하시며, 의지에 새로운 자질을 불어넣으시고, 죽은 의지를 살아 있게, 악한 의지를 선하게, 원하지 않던 의지를 원하게, 강퍅한 의지를 부드럽게 하시며, 의지를 이끌고 강하게 하셔서, 좋은 나무처럼 선행의 열매를 맺는 것이 가능하게 하신다."

전적으로 부패한 사람일지라도 하나님의 선택을 받은 자들은 성령님을 통해 그 마음이 조명되어 영적인 일들을 분별하게 되고, 아무리 강퍅한 마음일지라도 부드럽게 되며, 죽은 의지가 살아나고, 악한 의지가 선하게 됩니다. 하나님께서 택하신 자들의 마음에 성령님을 통해 은혜를 주실 때에 그 어떠한 것도 막지 못한다는 의미입니다. 죽은 의지가 어떻게 하나님의 능력의 은혜를 저항할 수 있겠습니까? 불가항력적 은혜 교리는 하나님의 은혜 이외에 그 어떠한 것도 죽은 의지를 살리지 못한다는 의미입니다.

제12항은 이러한 일이 "사람들이 중생할 것인지 아닌지, 회심할 것인지 아닌지의 여부가 사람들의 능력에 달려 있는 방식으로 이루어지지 않는다"고 말하여 가항력적 은혜를 분명하게 부정합니다. 제12항은 이어서

죽은 의지를 다시 살리는 일은 중생과 새 창조와 부활에 속하는 엄청난 능력의 일로 전적으로 초월적이고, 가장 강력하고, 가장 경이롭다고 말합니다. 하나님께서 이런 놀라운 방식으로 택하신 자들에게 역사하시면 그들은 모두 확실히, 틀림없이, 효력 있게 중생되고, 실제로 믿게 된다고 결론짓습니다.

불가항력적 은혜 교리는 사람이 로봇처럼 수동적이고 피동적임을 말하지 않고, 하나님은 예수 그리스도를 통해 대속의 구원을 준비하실 뿐만 아니라, 그 대속의 구원이 선택하신 각 사람에게 적용되도록 그 어둡고 죽은 마음을 은혜로 회복시키심을 말합니다. 사람의 능력과 의지로 안 되지만, 하나님의 은혜로는 된다는 것을 의미합니다. 하나님은 구원의 시작부터 끝까지 모든 과정을 은혜로 이끄십니다.

불가항력적 은혜에 관한 일반적 오해

불가항력적 은혜라는 명칭 때문에 하나님께서 사람의 의지를 나무나 돌처럼 여기서서 억지와 강제로 그 의지를 난폭하게 꺾어 변화시키신다는 오해가 발생하기도 합니다. 가항력적 은혜라고 해야 사람의 독립성과 자주성이 보장되는 듯해 좋아 보이지만, 이것은 사람을 부분 부패로 보는 데서 오는 무책임한 주장입니다.

도르트 신경 제3장 제16항은 하나님께서 사람의 의지를 살리실 때에 사람을 나무나 돌처럼 여기시지 않는다고 말합니다. 사람의 지정의의 특성을 그대로 인정하시고 사용하셔서, 사람의 의지를 영적으로 살리시고, 치료하시고, 강력하게 설득하십니다. 불가항력적 은혜라는 명칭이 사용되었다고 하여, 사람은 저쪽으로 강하게 가려고 하는데, 하나님께서 은혜라는 강한 바람을 통해 그 사람을 이쪽으로 억지로 난폭하게 돌리신다는 것을 의미하지는 않습니다. 그 어떠한 바람과 압력으로도 꿈쩍 않는 죽은 사람의 의지를 은혜로 움직이시는데, 영적으로 살리시고, 치료하시고, 설득하시며 이끄신다는 것입니다. 인격적 대우와 설득으로 이끄시지, 나무나 돌처럼 아무 감각 없는 의지를 새로운 의지로 교체하시지 않습니다. 하나님께서 은혜로 의지를 인격적으로 대하시며 설득하실 때 하나님은 한 명도 실패 없이 모두 확실히, 틀림없이, 효력 있게 성공하십니다.

불가항력적 은혜라는 명칭 때문에 하나님께서 사람들의 의지를 변화시키실 때에 아무 수단도 사용하시지 않고 어느 순간 갑자기 사람들의 마음을 바꾸시는 것이라고 오해할 수 있습니다. 제3장 제17항은 하나님께서 이 일을 하실 때에 수단들을 사용하시는데, 바로 복음(말씀)을 사용하신다고 말합니다. 복음의 선포를 통해 택하신 자들로 무엇이 진리인지를 듣게 하시고, 그때 그들의 마음을 부드럽게 하셔서 믿게 하십니다. 자동차의 방전된 배터리나 펑크 난 타이어를 교체하듯, 하나님께서 죽은 마음을 뜯어내시고 새 마음을 이식하시지 않습니다. 죽은 마음 자체를 변화시키시는데 복음의 선포와 가르침을 통해, 그리고 복음이 눈에 보이는 형태로 나타난 성례를 통해 변화시키십니다.

따라서 불가항력적 은혜 교리를 믿을수록 성령의 신비주의에 빠지지 않고, 말씀과 성례라는 은혜의 수단에 집중합니다. 성령의 능력의 신비를 인정하되 신비주의에 빠지지 않고, 말씀과 성례라는 객관적 은혜의 수단을 중요하게 여깁니다. 성령께서 때때로 초월적으로 이적을 통하여 일하시지만, 대부분 우리에게 주신 일반적 능력과 수단을 사용하셔서 일하십니다. 말씀과 성례를 사용하셔서 우리에게 진리가 무엇인지 알려주시고 진리에서 자라도록 하십니다.

불가항력적 은혜는 결코 사람들을 강제적으로 난폭하게, 그들의 동의와 설득됨 없이 그들의 의지를 없애 버리고, 바깥에서 새로운 의지를 가져오지 않습니다. 다시 말하지만 불가항력적 은혜 교리는 첫째로 사람의 전적 부패를 전제하고, 둘째로 그 전적 부패된 의지를 바꿀 수단이 사람과 피조물에게는 전혀 없음을 말하며, 셋째로 오직 하나님의 능력의 은혜만이 전적 부패된 의지를 변화시킬 수 있는데, 이때 하나님께서 성령님을 통하여 택하신 자들에게 은혜를 주시면 실패 없이, 틀림없이 그 의지가 변화된다는 것입니다. 죽은 의지는 하나님의 능력의 은혜를 거부하지 못합니다. 가항력적 은혜를 주장하는 이들은 성령의 역사 대신에 자신의 능력을 믿는 자들이고, 궁극적으로 성령의 존재와 필요성을 경시하거나 부인하는 자들입니다.

항론파는 제4조항 말미에서 "그러나 이 은혜의 작동의 방식을 살펴보면, 그것은 불가항력적이지 않은데, 사도행전 7장과 많은 다른 부분에서 많은 이들이 성령을 저항한 것으로 기록된 것을 볼 때 그러하다"고 말합니다. 사도행전 7장은 "목이 곧고 마음과 귀에 할례를 받지 못한 사람들아 너희도 너희 조상과 같이 항상 성령을 거스르는도다 너희 조상들이 선지자들 중의 누구를 박해하지 아니하였느냐?"(51-52절)라고 말합니다. 구약의 이스라엘 백성이 성령을 거스르고 하나님께서 보내신 선지자들을 박해한 것은 사실입니다. 하지만 그들이 결코 하나님께서 주시는 은혜를 그들 자신의 판단과 힘으로 거부할 능력이 있다는 의미에서 성령을 저항한 것은 아닙니다. 그들은 하나님께서 은혜로 그들에게 제시한 하나님의 말씀의 가치를 모르고 차버렸습니다. 하나님의 은혜가 얼마나 귀한 것인지를 모르고 강퍅하게 거부한 것입니다. 이들이 이렇게 한 것은 하나님의 은혜와 말씀의 가치를 몰랐기 때문이지, 이들에게 하나님의 은혜를 거부할 능력이 있었기 때문이 아닙니다.

성경에는 성령을 거부하고 저항한 예들이 많이 나옵니다. 선지자들에게 숱한 책망을 들은 이스라엘 백성이 대표적입니다. 사울 왕도 처음에는 겸손히 왕직을 수행하였지만 나중에는 하나님의 말씀을 어겼습니다. 가룟 유다도 처음에는 예수님을 따랐지만 나중에는 은 삼십을 받고 예수님을 팔았습니다. 바울은 후메내오와 알렉산더가 믿음과 착한 양심을 버렸다고 말합니다. 이렇게 열거된 이들은 하나님께서 주시는 은혜의 가치를 모르고 거부한 자이지, 하나님께서 그 은혜를 작동하실 때에 그 작동의 능력을 거부하는 능력을 가진 자가 아닙니다.

하나님은 사랑으로 아무 이유 없이 택하신 자들에게 때가 되면 저항할 수 없는 은혜를 주셔서 모두 그 은혜를 받아들이며 하나님의 자녀가 되게 하십니다. 우리는 성경에 나오는 성령을 거부하는 예들이나 우리 주변에서 신앙생활을 잘하다 떠나는 자들을 보면서, 그들이 성령을 통한 하나님의 은혜를 거부할 수 있는 능력을 가졌다고 생각해서는 안 됩니다. 그들은 하나님의 은혜의 가치를 모르고 그 귀한 은혜를 그들의 고집과 미련함으로 차버린 불쌍한 자들이지, 하나님의 은혜를 거부하는 뛰어난 능력으로 은혜를 저항한 것이 아닙니다.

불가항력적 은혜 교리의 현실적 의미

저는 성인이 되고 27살이 되어서야 예수님을 믿었습니다. 중학교 이후 10년 동안 하나님을 떠나 있다 27살에야 예수님이 믿어졌습니다. 말그대로 어느날 예수님이 점점 믿어졌습니다. 저는 중학교 이후 기독교에 비판적이었고, 다른 종교들에서 진리를 찾아 헤맸습니다. 성경의 내용은 신화와 유대인들의 민족 종교로 비춰졌을 뿐, 진리로 다가오지 않았는데, 어느 날부터 마음이 점점 부드러워지며 예수님을 받아들이게 되었습니다. 하나님의 불가항력적 은혜 앞에 저의 돌과 같은 마음이 부드러워진 것입니다. 저는 이런 경험을 통해 아무리 돌처럼 강퍅한 마음일지라도 하나님의 은혜가 임하면 살처럼 부드러워짐을 확신합니다.

지혜 있는 자가 어디 있느냐 선비가 어디 있느냐 이 세대에 변론가가 어디 있느냐 하나님께서 이 세상의 지혜를 미련하게 하신 것이 아니냐 하나님의 지혜에 있어서는 이 세상이 자기 지혜로 하나님을 알지 못하므로 하나님께서 전도의 미련한 것으로 믿는 자들을 구원하시기를 기뻐하셨도다 유대인은 표적을 구하고 헬라인은 지혜를 찾으나 우리는 십자가에 못 박힌 그리스도를 전하니 유대인에게는 거리끼는 것이요 이방인에게는 미련한 것이로되 오직 부르심을 받은 자들에게는 유대인이나 헬라인이나 그리스도는 하나님의 능력이요 하나님의 지혜니라(고전 1:20-24).

우리가 어떻게 전도할 수 있습니까? 우리의 능력이나 논리로 전도가 되지 않습니다. 십자가의 도가 멸망하는 자들에게는 미련하게 보입니다. 그들에게는 영적인 것을 분별할 눈이 없습니다. 영적 진리를 분별하지 못한다는 점에서 불신자들은 선비도 변론가도 아닙니다. 미련한 자들일 뿐입니다. 이 세상은 자기 지혜로 하나님을 알지 못합니다. 오직 전도라는 미련한 수단을 통해서만 하나님을 알 기회를 접하게 되고, 그것도 하나님의 은혜가 성령을 통하여 임할 때에 전도의 내용을 받아들이게 됩니다. 불신자들에게는 거리끼고 미련하게 보이는 복음을 하나님의 은혜가 임할 때에 그 마음은 저항하지 못하고 받아들이게 됩니다.

불가항력적 은혜 교리는 이렇게 우리에게 전도할 용기와 근거를 줍니다. 아무리 강퍅한 마음을 가진 자라도, 아무리 기독교를 핍박해도, 하나님의 은혜가 임하면 그는 저항하지 못하고 무릎을 꿇게 되어 있습니다.

우리는 사람의 지혜가 가르친 말로 전도하지 아니하고, 오직 성령께서 가르치신 것으로 합니다. 영적인 일은 영적인 것으로 분별하기 때문입니다(고후 2:13). 우리는 사람의 지혜로 설득하지 않고 하나님의 은혜의 능력을 믿으며 전도할 수 있습니다.

또 불가항력적 은혜 교리는 온갖 종류의 힘든 사람들을 포기하지 않게 합니다. 그들에게도 하나님의 은혜가 임하면 우리의 강퍅함과 미련함이 녹아내리듯 그들도 녹아내려져 변화될 것이기 때문입니다. 하나님의 은혜는 그 어떤 바위도 뚫고 그 어떤 쇠도 녹입니다. 사람의 힘으로 미련하고 고집 센 자를 변화시켜야 한다면 우리는 포기해야 합니다. 인생을 살수록 사람을 변화시키는 일, 설득시키는 일이 얼마나 어려운지를 느낍니다. 그런데 하나님의 은혜가 임하면 어떤 사람도 저항하지 못하고 변화되기에, 우리는 누구에게나 전도할 수 있고, 그들의 변화를 기대하며 기다릴 수 있습니다. 오늘 믿지 않는 강퍅한 자가 내일 부드럽게 믿을 수 있습니다.

또한 이 교리는 전도를 하거나 설득할 때에 사람의 합리적 이성과 사람들이 오랜 기간에 걸쳐 연구한 학문과 논리를 모두 사용하여도 하나님의 은혜가 없으면 전도되지 않고 설득되지 않음을 알려 줍니다. 그래서 어떤 사람을 전도하거나 설득할 때에 하나님의 은혜를 구하는 기도를 먼저 하게 되고, 복음을 담대히 선포하며, 성경의 내용을 그대로 전하게 됩니다. "내 말과 내 전도함이 설득력 있는 지혜의 말로 하지 아니하고 다만 성령의 나타나심과 능력으로 하여 너희 믿음이 사람의 지혜에 있지 아니하고 다만 하나님의 능력에 있게 하려 하였노라"(고후 2:4-5)는 바울의 말은 바로 우리의 말입니다. 설득력 있는 지혜의 말보다 성령의 능력을 믿으며 담대히 복음을 전하는 것이 더 중요합니다.

제4장 저항할 수 없는 은혜에 관한 토론 문제

1. 항론파가 가항력적 은혜를 말하는 것은 항론파의 부분 부패와 연관이 있습니까?

2. 하나님의 피택자들은 성령님을 통해 그 마음이 조명되어 영적인 일들을 분별하게 되고, 아무리 강퍅한 마음일지라도 부드럽게 되며, 죽은 의지가 살아나고, 악한 의지가 선하게 됩니까?

3. 불가항력적 은혜로 말미암은 중생은 창조나 죽은 자들의 부활보다 더 작지 않을 정도로 초월적이고 경이로운 일입니까?

4. 불가항력적 은혜로 변화된 의지는 하나님으로 말미암아 움직일 뿐만 아니라 동시에 의지 자체가 행한다고 말할 수 있습니까? 사람 자신이 받은 은혜를 통하여 믿고 회개한다고 말할 수 있습니까?

5. 불가항력적 은혜라는 명칭은 하나님께서 아무 수단도 사용하시지 않고 어느 순간 갑자기 사람들의 마음을 바꾸신다는 오해를 주는데 반박해 봅시다. 말씀과 성례가 불가항력적 은혜가 사용되는 수단이라고 말할 수 있습니까?

6. 사울 왕, 가룟 유다, 후메내오와 알렉산더 등은 은혜의 가치를 모르고 거부한 자들입니까? 아니면 은혜를 저항하는 능력을 가진 능력자들입니까?

7. 성인이 되어서 기독교인이 되었다면 회심의 경험을 나누어 봅시다. 아무리 강퍅한 자라도 하나님의 은혜로 거듭날 수 있습니까? 이것은 우리에게 모든 사람들에게 전도할 동기와 용기를 줍니까?

8. 우리는 전도할 때 합리적 이성과 학문과 논리보다 하나님의 은혜를 의지해야 합니까? 고후 2:4-5을 나누어 봅시다.

성도의 견인
The Perseverance
of the Saints
완전정복

항론파의 주장과 그 틀린 점

항론파의 제5조항   참된 믿음으로 그리스도께 연합되고, 생명을 주시는 성령의 소유자가 된 이들은 사탄과 죄와 세상과 자신의 정욕에 맞서 싸우고 승리할 수 있는 권세를 풍성하게 갖고 있다. (우리는 신중하기를 바라는데) 이것은 늘 성령의 돕는 은혜로 말미암은 것이다. 그리고 예수 그리스도는 자신의 영을 통해 모든 유혹으로부터 그들을 돕고, 그들에게 손을 펴시고, (오직 그들이 싸움을 준비하고, 그의 도움을 갈망하고, 게으르지 않을 때만), 같은 이들을 지탱하시고 확증하셔서, 사탄의 어떠한 책략이나 권세로 말미암아 타락하지 않게 하시고, 그리스도의 말씀 요한복음 10:28에 따라 그리스도의 손에서 뽑히지 않게 하신다. "그들을 내 손에서 빼앗을 자가 없느니라." 그러나 그들이 태만으로 말미암아 그리스도 안에 있는 자신들의 생명의 첫 원리를 다시 잃어버릴 수 있는지, 다시 현재의 세상을 포옹할 수 있는지, 그들에게 한번 전달된 거룩한 교리로부터 돌아설 수 있는지, 선한 양심을 잃을 수 있는지, 은혜를 무시할 수 있는지 여부는 성경에 따라 매우 면밀하게 결정되어야 하고, 그 이후에야 우리는 이것을 우리 마음으로 충분히 확신하며 가르칠 수 있다.

성도의 견인(堅忍)이란 성도가 믿음을 가진 이후에 여러 유혹과 핍박 속에서도 참고 견디며 끝까지 그 믿음을 유지한다는 것입니다. 항론파는 성도의 견인에 관하여 위와 같이 기술하였습니다. 위의 주장 어디가 잘 못되었을까요? 신자들이 사탄과 죄와 자신의 정욕에 맞서 싸우고 승리를 가져올 수 있는 권세를 풍성하게 준비하고 있고, 이것은 늘 성령의 돕는 은혜로 말미암은 것이라는 구절을 보면 감동이 되기도 합니다. 예수님께서 자신의 영을 통해 모든 유혹으로부터 그들을 돕고, 그들에게 손을 펴시고, 그들을 지탱하시고, 확증하셔서, 사탄의 어떠한 책략이나 권세로 말미암아 타락하지 않게 하신다는 내용은 우리의 마음을 크게 위로해 줍니다. 그런데 항론파는 여기에서 그치지 않고, 그들이 태만으로 자신들의 생명의 첫 원리를 다시 잃어버릴 수 있는지, 다시 현재의 세상을 포용할 수 있는지, 은혜를 무시할 수 있는지 여부는 성경에 따라 매우 면밀하게 결정되어야 한다는 내용을 덧붙였습니다.

마지막에 있는 "은혜를 무시할 수 있는지 여부"는 바로 앞 장에서 살펴본 불가항력적 은혜 교리를 연상시킵니다. 칼뱅주의 5대 교리는 서로 연결되어 있는데, 불가항력적 은혜와 성도의 견인도 매우 밀접합니다. 하나님께서 미련하고 강퍅한 사람이 무엇이 선한 것이고 유익한 것인지 모른 채 막무가내로 하나님의 은혜를 거절할 때도 하나님은 신비하고 놀라운 방식으로 그의 깊은 곳을 관통하시고, 닫힌 마음을 여십니다. 강퍅하고 할례 받지 않은 마음을 살처럼 부드럽게 만드시고, 악하고 죽은 의지를 선하고 살아 있게 만드십니다. 하나님께서 은혜로 이 일을 하실 때에 사람은 자신도 모르는 가운데 그 마음과 의지가 변화되어 저항할 수 없습니다.

이렇게 불가항력적 은혜를 주시는 하나님은 이러한 변화와 새 창조의 일을 하시다 도중에 그만두시지 않고, 끝까지 수행하십니다. 성도의 견인 교리는 불가항력적 은혜 교리를 영원이란 시점에서 본 것이라고 할 수 있습니다. 불가항력적 은혜 교리를 부정하면 당연히 성도의 견인 교리도 부정하게 됩니다. 항론파는 불가항력적 은혜 교리를 부정하는 같은 논리로 성도의 견인 교리도 부정하는데, 참된 신자들의 견인은 선택의 결과도 아니고, 하나님의 선물도 아니라고 주장하면서, 확정적인 선택과 칭의 전에 사람이 자유 의지로 수행하는 것이라고(도르트 신경 제4장 제1절) 봅니다. 항론파는 불가항력적 은혜와 성도의 견인을 사람의 자유 의지가 잘 작동한다는 관점에서 봅니다. 사람의 부패 상태를 부분적이라고 보기 때문에 자유 의지가 스스로 은혜의 수용 여부와 견인 여부를 결정한다고 봅니다. 제4장 제2절도 "견인할 것인지, 말 것인지의 여부는 늘 자유 의지에 달려 있다"라고 결론짓습니다. 항론파는 성도의 견인에 관하여 총 9개로 자신들의 견해를 아래처럼 주장했는데 모두 사람들이 자유 의지로 구원의 지속 여부를 결정할 수 있고, 실제로 이런 일이 드물지 않게 벌어진다고 봅니다.

주장 참된 신자들과 중생자들은 의롭게 하는 믿음으로부터 그리고 마찬가지로 은혜와 구원으로부터 완전히 최종적으로 떨어질 수 있을 뿐만 아니라, 실제로 드물지 않게 이것들로부터 떨어지고, 영원히 잃어버린 바 된다(제4장 제3절).

주장 참된 신자들과 중생자들은 사망에 이르는 죄를 그리고 성령에 대항하여 죄를 지을 수 있다(제4장 제4절).

주장 누구도 미래의 견인에 대한 확신을 특별한 계시 없이는 이 생애에서 가질 수 없다(제4장 제5절).

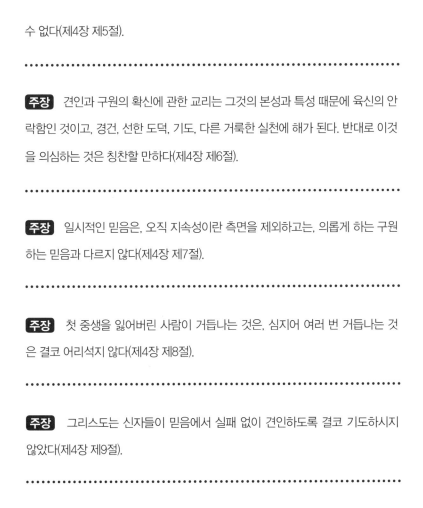

주장 견인과 구원의 확신에 관한 교리는 그것의 본성과 특성 때문에 육신의 안락함인 것이고, 경건, 선한 도덕, 기도, 다른 거룩한 실천에 해가 된다. 반대로 이것을 의심하는 것은 칭찬할 만하다(제4장 제6절).

주장 일시적인 믿음은, 오직 지속성이란 측면을 제외하고는, 의롭게 하는 구원하는 믿음과 다르지 않다(제4장 제7절).

주장 첫 중생을 잃어버린 사람이 거듭나는 것은, 심지어 여러 번 거듭나는 것은 결코 어리석지 않다(제4장 제8절).

주장 그리스도는 신자들이 믿음에서 실패 없이 견인하도록 결코 기도하지 않았다(제4장 제9절).

제7절에 나오는 일시적인 믿음은 마태복음 13장과 마가복음 4장과 누가복음 8장의 씨 뿌리는 비유에서 돌밭에 뿌려진 씨앗에 해당합니다. 흙이 얕은 돌밭에 떨어진 씨앗은 흙이 깊지 아니하므로 곧 싹이 나오나 해가 돋은 후에 타서 뿌리가 없으므로 마릅니다. 그런 것처럼 말씀을 듣고 즉시 기쁨으로 받으나 그 속에 뿌리가 없어 잠시 견디다가 말씀으로 말미암아 환난이 일어날 때 곧 넘어져 열매가 없는 자들이 있습니다. 항론파는 이런 일시적인 믿음도 참된 믿음이라고 봅니다. 차이점이 있다면

지속성뿐입니다. 하지만 우리는 이런 믿음은 구원에 이르는 믿음이 아니므로 말 그대로 일시적인 거짓 믿음이라고 봅니다. 가까운 원인과 결과라는 사람의 관점에서는 참된 믿음으로 보일지 모르지만, 먼 원인과 결과라는 하나님의 관점에서는 거짓 믿음에 지나지 않습니다.

항론파는 일시적인 믿음을 지속성이란 측면을 제외하면 참된 믿음이라고 보기 때문에 제8절에서 믿음에서 떨어진 자가 다시 거듭나는 것을, 심지어 여러 번 거듭나는 것을 이상하게 보지 않습니다. 사람은 자유 의지로 이런 선택과 결단을 인생을 사는 동안 여러 번 한다고 봅니다. 그런데 이것은 사람의 관점이라는 가까운 원인이란 측면에서 사람의 고백과 결단에 따라 순간순간 판단하는 것입니다. 베드로는 우리가 썩어질 씨가 아니라 썩지 아니할 씨로 거듭났다고 말합니다. 베드로는 예수님을 세 번 부인한 후에, 돌이켜 형제를 굳게 하는 일을 했습니다. 신자는 베드로처럼 죄의 유혹에 넘어져 죄를 짓지만, 다시 하나님의 은혜를 통해 죄에서 돌아옵니다.

신자에게 생명에 이르는 회개는 단 한 번이지만, 남아 있는 부패성 때문에 죄에 빠졌다가 하나님의 은혜로 회개한다는 면에서 회개는 반복적입니다. 베드로는 가룟 유다와 달리 회개하여 사도의 사명을 잘 감당하였는데, 이것이 베드로 개인의 능력이 아니라, 하나님의 은혜와 능력입니다. 예수님은 베드로에게 "시몬아, 시몬아, 보라 사탄이 너희를 밀 까부르듯 하려고 요구하였으나 그러나 내가 너를 위하여 네 믿음이 떨어지지 않기를 기도하였노니 너는 돌이킨 후에 네 형제를 굳게 하라"(눅 22:31-32)고 말씀하셨습니다. 예수님의 이 기도로 말미암아 베드로는 죄에서 돌아왔지, 베드로 자신의 결단과 의지가 아닙니다. 이 예만 보아도 "그리스도는 신자들이 믿음에서 실패 없이 견인하도록 결코 기도하시지 않았다"라는 제9절의 항론파 주장은 틀렸습니다.

예수님은 에베소 교회에 "너를 책망할 것이 있나니 너의 처음 사랑을 버렸느니라 그러므로 어디서 떨어졌는지를 생각하고 회개하여 처음 행위를 가지라"(계 2:4-5)고 말씀하셨습니다. 여기서의 회개도 구원에 이르는 회개를 의미하는 것이 아니라, 구원을 받은 상태 하에서 지은 죄로부터 돌아서라는 것입니다. 한 번 구원으로 중생된 자는 그 구원을 잃어버리지는 않지만, 죄의 유혹에 빠져 죄를 짓습니다. 하지만 중생된 자이기에 그 죄의 유혹에서 벗어나 다시 하나님께로 돌아오는데, 썩지 아니하는 씨로 중생되었기 때문입니다. 신자가 중생되는 것과 그 중생에 끝까지 머무는 것은 신자를 향한 하나님의 사랑과 전능하신 능력에 있습니다. 그런데 이것을 개인의 능력으로 돌려 개인의 구원이 변동적인 사람의 판단과 의지에 달려 있고, 수시로 구원 여부가 변동한다고 주장하는 것은 옳지 않습니다. 이것은 우리가 절대로 놓칠 수 없는 영원한 구원을 가변적인 사람의 의지와 능력에 돌리는 너무나 위험한 도박에 지나지 않습니다. 사람들이 자신의 내면 상태에 따라 믿고 회개하는 것은 절대로 참된 믿음과 회개가 아니고, 그저 변덕스러운 심리 상태에 지나지 않습니다. 회사에서 직원을 선발할 때도 안정된 심리 상태를 고려하는데, 하물며 우리의 영원한 구원이 걸린 문제를 변덕스러운 사람의 심리 상태에 맡기겠습니까? 성경이나 현실은 이 모두를 부정하고 있습니다.

도르트 신경의 진술:
성도의 행위에 따른 조건적 견인이 아닌
하나님의 사랑에 따른 절대적 견인

성도의 견인 교리는 예수 그리스도를 주로 고백하는 구원받은 성도가 이 구원의 상태에 끝까지 머물 수 있는지를 다룹니다. 따라서 성도의 견인을 다루는 도르트 신경 제4장은 제1항에서 구원받은 신자의 상태가 어떠한지를 다루는데, "이 생애에서는 죄의 몸과 육신에서 전적으로 구원하시지는 않는다"라고 말합니다. 즉 구원을 받은 성도들일지라도 매일 연약함의 죄를 짓고, 심지어 성도들의 최선의 행위에도 흠이 붙어있습니다(제4장 제2항). 이렇게 죄와 흠 속에 사는 성도들이 하나님의 은혜에 계속해서 서 있을 수가 있을까요? 제4장 제3항은 견인 교리에 대한 정의(定義)적 진술로서 다음처럼 말합니다.

> **제4장 제3항** 회심되어진 자들은 이 남아 있는 내재하는 죄 때문에, 그리고 또한 세상과 사탄의 유혹 때문에 그들 자신의 힘에 맡겨진다면 이 은혜에 계속해서 서 있을 수 없다. 그러나 하나님은 신실하셔서, 한 번 주어진 은혜 속에서 그들을 자비롭게 확증하시고, 내내 끝까지 강력하게 보존하신다.

성도의 견인 교리는 구원받은 성도들이 내재하는 죄로 말미암아 죄를 짓는다는 것을 전제합니다. 이 생애에서는 죄의 몸과 육신에서 완전히 벗어나지 못해 죄를 짓는다는 것을 전제합니다. 제4항은 성도들이 "끔찍한 죄에 빠져들어갈 수 있을 뿐만 아니라, 때때로 하나님의 공의로운 허락에 따라 실제로 죄에 빠져들어가기도 하는데, 다윗과 베드로와 다른 성도들의 비통한 타락이 이것을 보여준다"라고 말합니다. 제5항은 이러한 죄가 하나님을 몹시 해치고, 죽음의 죄를 초래하며, 성령을 근심하게 하고, 때때로 은혜의 감각을 한동안 잃어버리게 한다고 말합니다.

성도의 견인 교리의 핵심은 죄 때문에 잃어버린 은혜의 감각이 한동안만 지속되는지 아니면 영원히 지속되는지 여부입니다. 성도가 죄를 짓되 회복 가능한 범주에서 짓느냐, 아니면 회복 불가능할 정도로 짓느냐의 여부입니다. 이와 관련하여 제6항은 하나님께서 성도들의 심각한 타락에도 불구하고 성령을 완전히 거두시지 않고, 이 정도로 떨어지는 것을 허락하시지 않는다고 말합니다. "사망에 이르는 죄나 성령을 대항하는 죄를 짓지 않게 하시고, 자신들을 영원한 파멸로 집어던져 당신에게 완전히 버림 받게 하시지 않는다"고 말합니다. 즉 죄를 짓지만, 사망에 이르거나 성령을 대항하는 죄를 지어 회복될 수 없는 지경에까지 이르지는 않습니다. 성도들이 영원한 파멸로 떨어지는 죄를 짓지 않게 되는데, 이것은 성도들 자신의 힘 때문이 아니라, 하나님의 신실하신 성품 때문입니다.

저항할 수 없는 은혜나 성도의 견인에서 중요한 것은 하나님께서 택하신 자들에 대하여 갖는 무조건적인 사랑과 그 사랑을 끝까지 유지하시는 신실하심입니다. 사람들 중에서 어떤 자들이 은혜를 받아 회개하고 중생하며 그 은혜에 끝까지 머무는지와 관련하여 성경은 하나님의 무조건적인 선택과 신실하신 사랑의 돌보심에 원인이 있다고 말합니다. 가변적인 사람들의 결단과 의지가 아니라, 불변하시고 신실하신 하나님의 선택과 사랑에 있습니다.

칼뱅주의 5대 교리는 사람의 구원을 가까운 원인과 결과라는 틀 속에서 사람의 뜻과 의지와 행위의 관점에 따라 보아서는 안 되고, 먼 원인과 결과라는 틀 속에서 하나님의 뜻과 의지와 사랑의 관점에 따라 보아야 한다고 말합니다. 예수 그리스도께서 십자가에서 대속의 죽음을 죽으실 뿐만 아니라, 성령 하나님께서 그 구속의 효력을 성부께서 택하신 자들에게 틀림없이 발휘되도록 적용하신다고 말합니다. 이래서 각 개인의 구원이 가능한 것이지, 절대로 각 개인이 예수 그리스도를 믿겠다고 고백해서, 그리고 그 고백에 자신의 힘으로 끝까지 머물러서 가능한 것이 아닙니다. 각 개인이 이런 고백을 하고 머물렀다면, 이것은 바로 하나님의 전적 은혜로 말미암았다고 먼 원인의 관점에서 성경에 근거하여 말합니다.

성도들이 심각한 타락에도 불구하고 하나님의 은혜에서 완전히 떠나지 않는 이유가 무엇일까요? 하나님께서 죽지 않는 자신의 씨를 그들 안에서 보존하시기 때문입니다. 하나님은 한 번 택하신 자에 대한 사랑을 버리시지 않는데, 그것이 자신의 씨를 보존하시는 것으로 나타나고, 말씀과 성령을 통하여 그들로 하여금 회개하도록 이끄시는 것으로 나타납니다. 자신의 죄를 부끄러워하며 탄식하고, 죄 용서를 하나님께 진심으로 구하며, 하나님과의 교제에 머물려 하고, 실제로 회복하시는 하나님의 은혜를 다시 느끼며 하나님께 감사와 찬양을 드립니다.

밧세바와 간음한 후 이를 숨기려고 그녀의 남편 우리아를 죽인 다윗에게 선지자 나단이 나타나 잘못을 지적하고 하나님의 벌을 선포했을 때에 다윗은 "내가 여호와께 죄를 범하였노라"(삼하 12:13)고 깨끗하게 자신의 잘못을 인정했습니다. 그 벌로 밧세바와의 사이에서 낳은 아이가 심히 앓게 되었을 때에 다윗은 그 아이를 위하여 금식하고 밤새도록 땅에 엎드리며 하나님께 간구했습니다. 그런데 사울은 전쟁터에서 사무엘이 정한 기한에 오지 않자 하나님의 말씀을 어기고 번제를 직접 드렸습니다. 사무엘이 이를 책망하였는데, 그는 자신의 잘못을 인정하지 않고, 어쩔 수 없이 그렇게 했다고 변명했습니다. 또 사울이 아말렉과의 전쟁에서 하나님의 말씀을 어기고 양과 소의 가장 좋은 것을 살려 주었을 때에, 사무엘이 크게 책망하였는데, 이번에도 사울은 깊이 회개하지 않고, 백성의 장로들과 이스라엘 앞에서 자신을 높여 줄 것을 간청했습니다.

이런 비교는 베드로와 가룟 유다 사이에서도 볼 수 있습니다. 베드로는 예수님을 3번씩이나 부인했지만 이후 회개하고 돌아와 사도의 사역을 훌륭하게 수행하였고, 베드로전서와 후서를 쓰기까지 했습니다. 이에 반하여 가룟 유다는 예수님을 은 삼십에 팔았는데, 이후 목을 매어 죽었습니다. 베드로나 유다나 예수님을 똑같이 배신하였는데, 베드로는 회개하고 돌아와 하나님의 사역에 크게 쓰임을 받았고, 유다는 자살로 생을 마감했습니다. 이런 다윗과 사울, 그리고 베드로와 유다의 차이가 무엇으로 말미암은 것입니까? 다윗과 베드로를 당신의 자녀로 택하신 하나님께서 이들의 내재하는 죄로 말미암은 심각한 범죄에도 불구하고 그들을 끝까지 사랑으로 붙드셨기 때문에 이들은 회개하고 돌아왔습니다. 하지만 사울과 유다에게는 하나님의 이러한 은혜가 주어지지 않아, 그들의 내재하는 죄 속에 머물다 비참하게 죽었습니다.

궁극적으로 하나님의 은혜의 유무가 이런 차이를 만들어 내었습니다. 하나님의 은혜가 우리에게 머물지 않으면 우리 모두는 언제든 사울과 유다처럼 됩니다. 중력이 없어지거나 왜곡되면 우주가 일그러지며 모든 존재물의 형체와 기능이 파괴되듯, 하나님의 은혜가 우리에게서 떨어지는 순간에 우리는 하나님의 형상의 기능을 잃어버리고 짐승처럼 변해 갑니다. 성도의 견인 교리는 사람이 얼마나 약하고 악한 존재인지를 말하고, 이 땅의 모든 존재물과 환경은 하나님의 은혜에 전적으로 의존함을 말합니다. 성도가 견인할 수 있는 것은 절대로 사람의 힘 때문이 아니라, 하나님의 은혜와 힘 때문입니다. 제8항은 "하나님의 계획은 변할 수 없고, 약속은 실패할 수 없으며, 목적에 따른 부르심은 철회될 수 없고, 그리스도의 공로와 중보와 보존은 무효로 포기될 수 없으며, 성령의 인침은 무효화되거나 파기될 수 없기 때문이다"라고 말하여 성도의 견인은 삼위 하나님의 은혜이고 사역임을 잘 나타냅니다.

성도의 견인에 관한 일반적 오해

성도들은 내재하는 죄와 세상과 사탄의 유혹 때문에 그들 자신의 힘으로는 하나님의 은혜에 계속해서 서 있을 수 없지만, 신실하신 하나님께서 그들을 자비롭게 확증하시고, 내내 강력하게 보존하시므로 성도의 견인이 이루어집니다. 그런데 하나님의 무조건적인 선택과 신실하신 보존에 근거하는 성도의 견인은 한 번 해병은 영원한 해병이듯이, 한 번 성도가 된 자는 어떠한 죄와 행위에도 상관없이 성도가 된다는 오해를 불러일으켰습니다. 즉 경건 생활을 게을리할 뿐만 아니라 심각한 죄까지 지으며 막무가내의 삶을 살아도 인생 말년에 회개하고 돌아와 영원한 구원을 받는다는 오해를 불러일으킨 것입니다. 이렇게 오해하는 이들은 성도의 견인 교리가 육신의 안락함을 조성하고 경건과 거룩한 실천에 해가 된다고 생각했습니다.

앞에서도 살펴보았듯 참된 믿음을 가진 성도는 내재하는 죄 때문에 비록 죄의 유혹을 받고 한때 죄에 빠지기는 하지만, 죄 자체를 사랑하지는 않습니다. 죄의 유혹에 못 이겨 죄를 짓지만 조금 시간이 흘러 정신을 차리면 하나님께 너무 죄송하고 부끄러워 고개를 들지 못합니다. 참된 믿음을 가진 성도는 경건과 거룩 자체를 사랑하고 죄를 미워합니다. 경건한 생활 자체를 추구합니다. 참된 성도가 죄책감 없이 육신의 안락함에 오랫 동안 빠진다는 주장은 성립되지 않습니다. 간혹 죄에 빠질 수는 있지만, 죄 자체를 사랑하거나 육신의 안락함을 즐기지 않습니다.

사도 요한은 다음과 같이 말했습니다. "사랑하는 자들아 우리가 지금은 하나님의 자녀라 장래에 어떻게 될지는 아직 나타나지 아니하였으나 그가 나타나시면 우리가 그와 같을 줄을 아는 것은 그의 참모습 그대로 볼 것이기 때문이니 주를 향하여 이 소망을 가진 자마다 그의 깨끗하심과 같이 자기를 깨끗하게 하느니라"(요일 3:2-3). 참된 성도들은 내주하시는 성령의 일하심으로 말미암아 온 몸과 영혼이 거룩함을 좋아하고 지향하기 때문에 경건을 향하여 열심을 낼 수밖에 없는 존재입니다. 육신의 안락함에 때로 유혹을 받지만, 기본적으로 하나님의 거룩함을 추구합니다. 이러한 성도들에게 성도의 견인 교리는 큰 위로가 되고 자신의 구원에 대한 확신을 갖게 하여, 위로와 평안과 기쁨과 감사 속에서 경건을 더욱 실천하게 하지, 절대로 육신의 안락함에 빠지게 하지 않습니다. 이에 대하여 도르트 신경 제4장 제12항은 다음과 같이 잘 정리하고 있습니다. "이 견인의 확신은 참된 신자들을 거만하게 하고 육신적으로 안일하게 하는 것은 결코 아니고, 반대로 겸손, 아이 같은 공경, 참된 경건, 모든 싸움에서의 인내, 열정 어린 기도, 십자가를 견실하게 지고 진실을 견실하게 고백함, 하나님 안에서의 견고한 기쁨의 참된 원천이 된다. 그리고 이런 유익을 생각해 보는 것은 진지하고 꾸준하게 감사하는 데, 그리고 선한 일들을 실천하는 데 자극이 된다. 이것은 성경의 증거들과 성도들의 예들에서 명백히 볼 수 있다."

또 부모가 그리스도인이라 유아 세례를 받은 자나 청년회나 남·여 전도회에서 임원으로 열심히 교회 봉사를 한 자는 중간에 신앙을 버려도 다시 믿게 된다는 속설도 오해에 속합니다. 예수님 당시에 이스라엘 백성은 자신들이 아브라함의 자손이라는 확신을 가졌습니다. 예수님께서 유대인들에게 "너희가 내 말에 거하면 참으로 내 제자가 되고 진리를 알지니 진리가 너희를 자유롭게 하리라"고 말씀하시자 그들은 "우리가 아브라함의 자손이라 남의 종이 된 적이 없거늘 어찌하여 우리가 자유롭게 되리라 하느냐?"(요 8:31-33)라고 반문했습니다. 유대인들은 아브라함의 혈통을 따라 나면 자동적으로 아브라함의 자손이 된다고 여겼습니다. 예수님은 이들에게 "너희가 아브라함의 자손이면 아브라함이 행한 일들을 할 것이거늘 지금 하나님께 들은 진리를 너희에게 말한 사람인 나를 죽이려 하는도다 아브라함은 이렇게 하지 아니하였느니라"(요 8:39-40)고 말씀하셨습니다. 즉 아브라함의 물리적 혈통이 중요하지 않고, 아브라함과 같은 믿음과 행함이 중요하다고 가르치셨습니다. 이렇듯 유아 세례를 받은 것과 한때 열심히 교회 봉사를 한 것은 중요하지 않고, 예수 그리스도에 대한 참된 신앙 고백이 중요합니다.

그렇다면 자신이 최종적으로 구원을 받은 자라는 확신은 어떻게 주어질까요? 이와 관련해서는 우리가 불가항력적 은혜에 관한 오해를 살펴볼 때 다룬 것과 같습니다. 하나님께서 우리에게 어느 날 갑자기 나타나셔서 너희는 구원받은 나의 자녀라고 말씀해 주시지 않습니다. 성경에서도 아주 특별한 경우가 아니면 이런 형태로 성도의 견인에 대한 확신을 받은 자가 몇 안 됩니다. 하나님은 말씀과 성례라는 일반적인 은혜의 수단을 사용하셔서 확신을 심어 주십니다. 즉 교회 내에서 이루어지는 설교와 성경 공부, 그리고 성례를 통하여 우리가 구원받은 자라는 확신을 주십니다.

따라서 성도의 견인 교리를 말하면 할수록 설교와 성경 공부와 성례를 강조하게 되지 신비주의의 방법을 강조하지 않습니다. 하나님은 죄에 넘어지고 일어서는 견인 과정을 통하여 신자들이 하나님 앞에서 겸손하고, 십자가에 못 박히신 그리스도께 피신하며, 탄원의 성령과 경건의 거룩한 실천을 통하여 육신을 점점 더 죽이고, 완벽이란 목표를 향하여 탄식하도록(도르트 신경 제4장 제2항) 이끄십니다. 이 과정에서 말씀과 성례와 기도는 아무리 강조해도 지나치지 않습니다.

도르트 신경 제4장 제10항은 "이 확신은 어떤 은밀한 계시로부터 말씀을 넘어서, 말씀 밖에서 만들어지는 것이 아니라"고 명백하게 말합니다. 신비주의 방법을 부정합니다. 대신 계시된 하나님의 말씀과 성령의 증거와 거룩한 실천의 추구를 통해 만들어진다고 말합니다. 그리고 제4장 제14항은 하나님께서 복음의 선포, 들음, 읽음, 묵상, 권고, 위협, 약속을 통하여 그리고 성례의 사용을 통하여 성도의 견인의 일을 보존하시고, 지속하시며, 완성하신다고 말합니다. 우리는 견인에 대한 확신을 가지려면 더욱 말씀과 성례에 힘써야 하지, 은밀한 계시를 기다려서는 안 됩니다. 이것은 감나무 밑에 누워서 감 떨어지기를 기다리는 것보다 더 무모합니다.

성도의 견인에 관한 대표적인 오해는 성도의 견인이 하나님의 신실하신 선택과 사랑에 있다면 사람은 자주성과 독립성이 없는 로봇과 같고, 그 삶은 이미 어떻게 진행될 것인지 운명처럼 굳어졌다고 보는 것입니다. 이것은 제2장 하나님의 무조건적 선택에서 살펴보았으므로 여기서는 생략합니다.

성도의 견인 교리의 현실적 의미

성도들은 내재하는 죄와 세상과 사탄의 유혹 때문에 자신들의 힘으로는 하나님의 은혜에 계속해서 서 있을 수 없지만, 신실하신 하나님께서 그들을 자비롭게 확증하시고, 끝까지 보존하신다는 성도의 견인 교리는 성도들에게 많은 위로와 격려를 줍니다. 특히 성도들은 다윗처럼 간음과 살인교사라는 심각한 죄를 지었을 때에도 하나님께서 은혜를 거두시지 않을 것이라는 확신을 갖게 됩니다. 다윗은 이런 느낌과 확신이 있었기 때문에 자신의 죄를 깨끗하게 인정하고 하나님께 회개의 기도를 드렸습니다. 만약에 가룟 유다에게 이러한 느낌과 확신이 있었다면 그는 자살 대신에 회개를 선택하고 예수님께로 돌아갔을 것입니다.

성도의 견인 교리는 자기 자신만이 아니라 타인의 죄와 방황에 대해서도 오래 참으며 격려하고 권면하게 합니다. 심각한 죄를 지은 성도일지라도 그가 하나님의 택하신 자라면 그는 다윗과 베드로처럼 회개하고 돌아올 것이기 때문에, 그 안에서 내주하시며 일하실 성령 하나님을 바라보게 됩니다. 그에게 말씀으로 훈계하고 권면하는 노력을 하면서 하나님의 은혜가 임하길 간절히 기도하게 됩니다.

성도의 견인 교리는 성도들이 죄를 짓지 않는다고 말하는 것이 아니라, 죄를 짓지만 하나님의 은혜로 회개하며 하나님께 나아간다고 말합니다. 바다를 항해하는 큰 여객선은 파도가 치고 강한 바람이 불면 흔들거리고, 배 안의 사람들은 넘어지고 토하기도 합니다. 하지만 배 밖으로 떨어지지 않습니다. 배가 파선되거나 전복되는 비율은 높지 않습니다. 파선과 전복의 비율이 크다면 누가 여객선을 이용하겠습니까? 그렇다고 하여 배가 전혀 침몰하지 않는 것은 아닙니다.

하지만 하나님의 구원 방주에 탄 성도들에게는 절대로 파선이나 전복이 없습니다. 어떤 강력한 세상과 사탄의 유혹일지라도 하나님의 구원 방주는 거뜬하게 막아 냅니다. 노아의 방주를 생각하여 보십시오. 40일 동안 낮과 밤에 걸쳐 비가 내렸는데 그 파도와 바람이 얼마나 강했겠습니까? 배를 탄 8명도 때때로 강한 파도와 바람에 넘어졌겠지만, 그들은 모두 무사히 홍수를 견뎌 내고 안전하게 배에서 내릴 수 있었습니다. 성도들은 세상과 사탄의 유혹이라는 파도와 강풍에 노출되어 있지만, 우리 눈에 보이지 않는 하나님의 방주 속에 있기 때문에 간혹 넘어지고 심각하게 쓰러질지라도 하나님은 안전하게 그 배를 목적지까지 항해하십니다. 성도들은 죄의 유혹과 맞서 싸우며 하나님 앞에서 겸손해지고, 우리와 똑같은 죄의 유혹을 받으시되 죄를 짓지 아니한 예수님의 위로와 격려를 성령을 통하여 받습니다. 이런 과정을 통하여 성도들은 육신을 점점 더 죽이고 거룩함으로 점점 더 성장합니다.

사람은 별수 없는 존재입니다. 내재하는 죄 때문에 죄를 짓기 마련입니다. 신앙생활을 오래 했음에도 불구하고, 그리고 자신의 신분이 목사와 장로와 집사와 권사인데도 불구하고 여전히 심각한 죄를 짓는다면 얼마나 실망이 크겠습니까? 때로 자포자기의 심정이 들 것이고, 하나님은 과연 살아 계신 것인지, 내주하시는 성령님은 자신을 도우시는지 의심이 들 것입니다. 이런 때에 성도의 견인 교리는 우리에게 용기와 확신을 줍니다. 우리의 인격과 행위와 노력이 아니라 하나님의 신실하심으로 구원을 얻는 것이기에 우리의 악함과 약함에도 우리가 하나님의 은혜 속에 보존될 것이라는 확신을 줍니다. 이로써 우리는 다시금 용기를 내어 완벽이란 목표를 향하여 전진하게 됩니다.

신자의 공로나 능력이 아니라 삼위 하나님의 자비로 말미암아 신자들이 끝까지 보존됨을 도르트 신경 제4장 제8항은 이렇게 깔끔하게 정리합니다. "그들 자신의 공로나 능력이 아니라 하나님의 값없는 자비로 말미암아 그들은 믿음과 은혜에서 완전히 떨어지지 않고, 타락에 최종적으로 머물거나 멸망하지 않는 것이다. 그들 자신에 대해서는 이런 것이 쉽게 발생할 수 있을 뿐만 아니라, 확실히 발생한다. 그러나 하나님에 대해서는 전적으로 발생할 수 없다. 왜냐하면 그분의 계획은 변할 수 없고, 약속은 실패할 수 없으며, 목적에 따른 부르심은 철회될 수 없고, 그리스도의 공로와 중보와 보존은 무효로 포기될 수 없으며, 성령의 인치심은 무효화되거나 파기될 수 없기 때문이다." 성도의 견인 교리는 신자들로 하여금 자신들이 아니라 삼위 하나님을 끝없이 바라보고 의지하게 합니다. 성부의 계획과 성자의 공로와 중보와 보존과 성령의 인치심이 성도의 견인을 이룹니다.

자녀들이 힘들고 외롭고 지쳐 있을 때 부모가 위로하고 도와주고 품어 준다면 자녀들은 얼마나 좋겠습니까? 이런 사랑을 경험한 자녀들은 힘들 때 자포자기하지 않고 부모에게 알리고 안기고 도움을 요청합니다. 사랑의 부모는 기쁨으로 자녀를 품으며 돕습니다. 방과 후 달려서 집의 문을 열고 들어오는 초등학생의 얼굴을 보십시오. 부모로 말미암아 그가 얼마나 행복해합니까? 자녀들은 군대나 외국에 갔을 때 부모를 생각하며 외로움과 힘든 것을 이겨 내지 않습니까? 우리의 하나님은 지상의 부모와 비교할 수 없을 정도로 사랑과 능력과 신실함이 더 크고 위대합니다. 사람은 유한하고 변덕스럽고 조건에 따라 사랑의 여부를 결정하지만, 하나님은 무한하시고 불변하시고 무조건적으로 사랑하십니다.

부모의 사랑을 경험한 자녀들은 앞으로도 부모가 자신들을 크게 사랑하고 지지할 것을 확신합니다. 어려움이 있으면 제일 먼저 부모에게 알리고 상의합니다. 기쁜 일이 있어도 부모에게 먼저 알려서 기쁨을 같이 누립니다. 자녀가 부모의 사랑을 확신하듯, 참된 성도는 하나님의 신실하신 사랑을 확신합니다. 도르트 신경 제4장 제9항은 다음과 같이 말합니다. "피택자들을 구원으로 보전하시는 것과 참된 신자들을 믿음 속에서 견인하시는 것에 대하여 신자들은 믿음의 정도에 따라 확신할 수 있고, 실제로도 확신한다. 이에 따라 그들은 자신들이 교회의 참되고 살아 있는 지체들이고, 끊임없이 지체들로 유지될 것을, 그리고 죄의 용서와 영원한 생명을 갖고 있음을 굳건하게 믿는다." 그리고 제10항은 다음과 같이 말합니다. "만약 승리의 획득에 대한 이러한 확실한 안도감과 영원한 영광에 대한 틀림없는 보증을 하나님의 피택자들이 이 세상에서 갖지 못한다면, 모든 사람들 중에서 가장 불쌍한 자일 것이다." 자신이 끝까지 견인될 것이란 확신을 갖지 않는 신자는 가장 불쌍한 자이고, 이와 반대로 견인에 대한 확신을 갖는 신자는 가장 행복한 자입니다. 부모의 사랑에 대한 확신이 우리를 자신감 있게 떳떳하게 안정된 사람으로 만들 듯,

하나님의 신실한 사랑에 대한 확신은 우리로 하여금 더욱 자신감과 평안이 있게 만들고 어떤 상황에서도 맞서 싸우게 합니다.

칼뱅주의 5대 교리는 절대로 신학자들이 학회에서 논의하는 철학적인 내용이 아닙니다. 우리의 실생활과 연결이 됩니다. 자신이 구원받았다는 확신이 없는 신자들은 자신의 열심을 통하여 확신과 안도감을 가지려고 지나친 열심을 냅니다. 그런데 자신의 열심과 행위가 아니라 하나님의 신실하신 사랑으로 택함을 받고 보존된다는 것을 안다면 신자는 자신의 열심 이전에 하나님의 열심을 봅니다. 성경은 곳곳에서 하나님의 열심을 언급합니다.

남은 자는 예루살렘에서부터 나올 것이요 피하는 자는 시온 산에서부터 나오리니 여호와의 열심이 이 일을 이루리라 하셨나이다 하니라(왕하 19:31).

그 정사와 평강의 더함이 무궁하며 또 다윗의 왕좌와 그의 나라에 군림하여 그 나라를 굳게 세우고 지금 이후로 영원히 정의와 공의로 그것을 보존하실 것이라 만군의 여호와의 열심이 이를 이루시리라(사 9:7).

이는 남은 자가 예루살렘에서 나오며 피하는 자가 시온 산에서 나올 것임이라 만군의 여호와의 열심이 이를 이루시리이다(사 37:32).

이와 같이 내 노가 다한즉 그들을 향한 분이 풀려서 내 마음이 가라앉으리라 내 분이 그들에게 다한즉 나 여호와가 열심으로 말한 줄을 그들이 알리라(겔 5:13).

그러므로 주 여호와께서 이같이 말씀하셨느니라 내가 이제 내 거룩한 이름을 위하여 열심을 내어 야곱의 사로잡힌 자를 돌아오게 하며 이스라엘 온 족속에게 사랑을 베풀지라(겔 39:25).

제자들이 성경 말씀에 주의 전을 사모하는 열심이 나를 삼키리라 한 것을 기억하더라(요 2:17).

내가 하나님의 열심으로 너희를 위하여 열심을 내노니 내가 너희를 정결한 처녀로 한 남편인 그리스도께 드리려고 중매함이로다 그러나 나는(고후 11:2).

하나님은 그 신실하심으로 지금도 하나님 자신과 우리를 위하여 열심히 일하십니다. 지구가 돌고 태양이 빛을 발휘하며, 중력은 여전히 유지되고 땅과 바다는 안정적으로 운행됩니다. 공기가 달아나지 않는 것도, 지진이 나지 않는 것도 모두 다 하나님의 신실하신 사랑 때문입니다. 우리가 아무리 열심을 낸다고 하여도 하나님께서 하시는 이런 큰일의 조금이라도 되겠습니까? 이런 큰일보다 더 큰일은 우리의 구원입니다. 우리는 우리와 관계된 구원임에도 우리의 힘으로 할 수 있는 것이 실은 하나도 없습니다. 하나님께서 크신 사랑과 지혜와 능력으로 우리에게 주시고 지키시고 이루십니다. 그 일에 우리로 참여하게 하시며 우리 자신이 하는 것으로 진행하십니다. 그 놀라운 지혜의 섭리가 얼마나 신비한지요! 성도의 견인 교리를 믿는 자는 하나님의 이런 크신 계획과 능력을 알아 모든 것을 하나님께 맡기며 하나님의 품 안에 풍덩 안기어 평안을 누립니다. 어떤 힘든 상황에서도 하나님은 자신을 지키실 것을 믿으며 이 세상이 줄 수 없는 평안을 누리며 힘차게 전진합니다. 독자 여러분도 가슴을 펴시고 고개를 들어 하늘을 보며 움츠린 마음을 여시고 힘차게 한 걸음 전진하시기 바랍니다. 자신을 보지 말고 우리 안에 내주하시며 일하시는 하나님을 보시며 우리의 영화로운 미래를 즐거워하기 바랍니다.

제5장 성도의 견인에 관한 토론 문제

1. 항론파는 제4장 제1절에서 "참된 신자들의 견인은 선택의 결과와 하나님의 선물이 아니라 사람이 자유 의지로 수행하는 것이다"라고 주장하는데, 이것은 성도의 조건적 견인은 성도의 부분 부패와 연관됨을 나타냅니까?

2. 불가항력적 은혜는 성도의 절대적 견인과 연관되고, 가항력적 은혜는 성도의 조건적 견인과 연관됩니까?

3. 성도들은 완전히 성화되지 않고 여전히 내면에 죄가 남아 있습니까? 내재하는 죄 때문에 스스로의 힘으로 계속해서 서 있을 수 없습니까?

4. 성도의 견인 교리는 성도가 죄를 짓되 회복 가능한 범주에서 짓느냐, 아니면 회복 불가능 할 정도로 짓느냐에 관한 교리라고 볼 수 있습니까?

5. 한 번 해병은 영원한 해병이듯, 한 번 성도가 된 자는 어떠한 죄와 행위에도 상관 없이 끝까지 성도가 됩니까? 요한일서 3:2-3, 요한복음 8:39-40 그리고 도르 트 신경 제4장 제12항을 통해서 살펴봅시다.

6. 신자들은 견인에 대한 확신을 어떻게 얻습니까? 도르트 신경 제4장 제10항과 제 14항을 통해 살펴봅시다.

7. 성도의 견인 교리는 우리가 다윗처럼 간음과 살인교사라는 심각한 죄를 지었을 때 우리를 어떻게 이끕니까? 또 우리가 타인의 죄와 약함과 악함에 대해서 어떻게 반응하게 합니까?

8. 우리의 구원의 시작과 끝은 우리의 신실한 의지와 열심에 달려 있습니까? 아니면 하나님의 신실하신 의지와 열심에 달려 있습니까?

전적 주권과
은혜,
전적 부패
완전정복

전적 주권과 은혜, 전적 부패 완전정복

전적인 주권과 은혜와 부패를 강조한 도르트 신경

지금까지 우리는 항론파의 잘못된 주장과 도르트 신경의 옳은 주장을 살펴보았습니다. 아래에 정리된 것처럼 도르트 신경의 5가지 교리는 항론파와 비교할 때에 하나님의 전적 주권과 은혜, 그리고 사람의 전적 부패를 강조합니다.

제1조항: 선택과 유기의 원인	① 무조건적 선택 ⟷	조건적 선택
제2조항: 그리스도의 속죄 범위	② 제한 속죄 ⟷	보편 속죄
제3조항: 믿음의 가능성	③ 전적 부패 ⟷	부분 부패
제4조항: 은혜의 거부 가능성	④ 저항할 수 없는 은혜 ⟷	저항할 수 있는 은혜
제5조항: 구원의 상실 가능성	⑤ 성도의 무조건적 견인 ⟷	성도의 조건적 견인

제1조항에서 하나님께서 사람들의 조건을 보지 않고 선택하시는 것은 사람이 전적으로 부패하여 스스로 하나님을 믿을 수 없고, 구원에 이르는 선행을 할 수 없기 때문입니다. 그리고 무에서 모든 것을 창조하시고, 섭리하시는 하나님은 모든 것의 첫 번째 원인자로서 가장 크신 지혜

로 절대 주권에 따라 택하실 자를 택하시고, 버리실 자를 버리십니다. 이런 면에서 하나님은 사람들의 조건을 보시지 않고 선택과 유기를 하십니다. 이에 비하여 항론파는 사람들이 부분 부패하여 믿을 수 있는 능력이 부분적으로 있기 때문에, 하나님께서 사람들이 믿을 것인지 아닐 것인지를 미리 보시고, 그에 따라 선택과 유기를 하신다고 봅니다. 하나님의 주권은 사람의 행동 여하에 따라 결정되지 절대로 절대적 주권을 갖지 못합니다.

제2조항에서 그리스도의 속죄 범위가 모든 사람들이 아닌 택하신 자들로 제한되는 것은 그리스도의 옹졸함과 쩨쩨함 때문이 절대로 아니라, 사람들이 전적으로 부패하여 스스로 믿을 수 없기 때문입니다. 그리스도의 속죄는 택하신 자들에게 반드시 적용됩니다. 그래서 제한 속죄는 그리스도의 사랑과 능력이 제한된다는 의미가 아니라, 하나님께서 택하신 자들에게는 반드시 속죄의 효력이 적용된다는 의미입니다. 이에 비하여 항론파는 그리스도는 모든 사람들을 위하여 속죄의 피를 흘리셨고, 부분 부패한 사람들이 스스로 그 피의 가치를 받아들이거나 거부한다고 보았습니다.

제3조항에서 믿음의 가능성이 없다는 것은 사람이 전적으로 부패하여 스스로 믿음을 가질 수 없다는 의미입니다. 반항론파는 사람에게서 어떠한 가능성도 보지 않았습니다. 사람이 종합적인 면에서 동물보다 뛰어난 인식 능력을 갖는 것은 하나님께서 사람에게 여전히 많은 은혜를 주시기 때문입니다. 사람 스스로의 능력 때문도 아니고, 아무리 사람이 동물보다 뛰어난 능력을 가질지라도 결코 하나님의 존재와 가치까지 스스로 인식하지는 못합니다. 이에 비하여 항론파는 사람들의 능력과 도덕성을 낙관적으로 부분 부패하였다고 보고, 하나님께서 은혜를 더하여 주시면 하나님의 존재와 가치를 스스로 인식하여 믿는다고 보았습니다. 하나님의

은혜도 일부 말하지만, 이보다는 사람의 가능성에 강조점을 두었습니다.

　제4조항에서 은혜의 거부 가능성이 없다는 것은 하나님의 은혜가 사람에게 기계적으로 주입되면 그 사람은 그 은혜를 거부하지 못하고 이식된 은혜는 자동적으로 실현된다는 의미가 아니라, 전적으로 부패한 사람은 하나님의 은혜의 가치를 모르기에 하나님께서 은혜를 통하여 그런 사람의 어리석음과 고집을 인격적으로 깨뜨리셔서 하나님의 자녀로 만드시고야 만다는 의미입니다. 이에 비하여 항론파는 사람들의 부패 정도를 부분적으로 보기 때문에 하나님의 은혜를 받을 것인지 말 것인지를 사람의 의지가 스스로 결정한다고 보았습니다.

　제5조항에서 구원의 상실 가능성이 없다는 것은 사람의 도덕성과 전반적 능력이 뛰어나서 죄를 짓지 않고 한 번 얻은 구원을 끝까지 유지한다는 의미가 아니라, 구원을 얻은 이후에도 남아 있는 죄성 때문에 죄를 지을 수밖에 없는 신자들을 신실하신 하나님께서 은혜로 끝까지 붙드셔서 그들이 결정적인 죄를 짓지 않게 하신다는 의미입니다. 이에 비하여 항론파는 신자를 택하신 하나님의 은혜와 의지보다 신자 자신의 개인적 결단과 행동을 우선적으로 보기 때문에 구원을 상실할 수 있다고 보았습니다.

　다섯 조항들에서 강조되는 것은 하나님의 전적인 주권과 은혜, 그리고 사람의 전적인 부패입니다. 하나님께서 전적 주권으로 택하실 자를 택하시고, 버리실 자를 버리십니다. 그러한 선택과 유기를 하실 때 사람에게서 아무 조건도 보시지 않고, 오직 하나님의 은혜와 기뻐함으로 하십니다. 예수 그리스도는 그렇게 택하신 자들을 위하여 피를 흘리시며 죽으셨습니다. 성령님은 한 명도 놓치지 않고 예수 그리스도께서 흘리신 피의 효력이 적용되게 하십니다. 전적으로 타락하여 하나님의 은혜를 기본적으로 거부하는 이들을 택하신 하나님은 그들의 저항에도 불구하고 은혜가 그들에게 작동되게 하셔서 그들의 지정의를 깨우시고 예수님을 받아들이게 하십니다. 신실하신 하나님은 그렇게 깨우신 자들이 남아 있는 죄성 때문에 범죄와 배신을 할지라도 그들을 끝까지 붙드셔서 전 인격적으로 변화되게 하시고, 한 번 받은 구원이 흔들리지 않게 하십니다.

도르트 신경과 다섯 가지 "오직"

항론파는 하나님의 부분적인 주권과 은혜, 그리고 사람의 부분적인 부패를 주장합니다. 항론파의 주장들은 모두 이 관점에서 설명됩니다. 죄를 지은 사람들을 낙관적으로 보고, 사람에게 스스로 자신의 구원 여부를 결정할 수 있는 능력이 있다고 보며, 그래야 하나님의 선택과 유기가 공정하다고 봅니다.

사람이 전적으로 부패한 것이 아니라 부분적으로 부패한 것이라고 보는 것이 사람을 존중하는 것처럼 보입니다. 하지만 중요한 것은 "사실"(fact)입니다. 사실과 다르게 보는 만큼 큰 낭패를 당합니다. 부모는 자식이 아무리 사랑스러워도 자식의 인격과 성향과 능력을 정확하게 파악하여 그에 맞게 키워야 합니다. 능력이 되지 않는 자식에게 과분한 대학 입학과 직장과 결혼을 요구하는 것은 오히려 자식을 망치는 일입니다.

우리는 사람이 전적으로 부패하였는지를 판단할 때 사람에 대한 우리의 기대와 느낌과 경험으로 판단하면 안 되고, 하나님께서 계시하여 주신 성경을 따라야 합니다. 신자가 판단을 내릴 때 최종적인 근거는 "오직 성경"입니다. 성경이 사람에 대하여 전적 부패라고 하면 우리의 경험과 판단은 틀릴 수 있음을 알고 성경의 내용에 맞추어야 합니다.

종교개혁 때 "오직"(only)으로 시작하는 다섯 가지 모토가 있었습니다.

"오직 성경, 오직 믿음, 오직 은혜, 오직 그리스도, 오직 하나님께 영광"
이 그것입니다. 다섯 개의 모토는 칼뱅주의 5대 교리와 너무나 잘 어울
립니다. 바로 앞에서 "오직 성경"을 살펴보았고, 이어서 다른 네 개의 "오
직"도 살펴보겠습니다. 전적으로 부패한 사람이 얻는 구원은 절대로 사
람의 결단과 노력에 따른 것이 아니라 하나님의 전적인 은혜입니다. 사
람의 행위로 얻을 수 없고, "오직 은혜"로만 가능합니다. 예수 그리스도
를 믿는 믿음도 은혜로 말미암은 것이지, 절대로 사람이 스스로 믿은 것
이 아닙니다. 믿음은 선택의 결과이지, 절대로 믿음의 결과가 선택이 아
닙니다. 하나님은 우리에게 구원을 주실 때 믿음을 통해서 은혜로 주십
니다. 하나님의 은혜를 얻는 수단은 "오직 믿음"으로서 신자들은 이 믿음
으로 예수 그리스도를 영접합니다.

우리의 구원은 "오직 그리스도"의 속죄를 통해서만 가능합니다. 다른
이로서는 구원을 얻을 수 없고, 천하 인간 중에 구원을 얻을 만한 다른
이름이 없습니다(행 4:12). 그리스도를 제외하고 그 어떤 자도, 그 어떤 대
상도 우리의 죄 문제를 해결할 수 없습니다. 사람은 오직 그리스도를 통
해서만 구원을 얻을 수 있습니다.

우리의 구원과 창조와 섭리 등 모든 것은 "오직 하나님의 영광"을 위
한 것입니다. 우리의 구원은 사람의 행위로 말미암은 것이 아니라, 하나
님께서 은혜로 하나님의 놀라운 차원에서 이루신 것이기에 하나님만이
홀로 영광을 받으셔야 합니다. 이렇게 하나님으로 말미암아 구원을 얻은
우리는 모든 일에서 하나님의 영광을 위하여 살아야 합니다. 특히 사람
의 전적 부패로 말미암은 하나님의 전적 은혜를 믿는 신자라면 하나님께
영광을 돌리고, 하나님의 영광을 위하여 살아야 합니다. 신자의 구원에
사람의 공로는 전혀 개입하지 못하므로, 칼뱅주의 5대 교리를 믿는 신자
라면 하나님께로부터 받은 은혜를 자신의 영광을 높이는 데 사용하면 안

됩니다. 하나님의 은혜를 아는 자라면 하나님께 받은 은혜를 그대로 하나님께 돌려 드려야 합니다. 이것이 "오직 하나님께 영광"의 의미입니다.

항론파에 대한 적절한 이해의 필요성

칼뱅주의 5대 교리를 받아들인다는 의미는 항론파가 틀렸다고 말하는 것이기는 하지만, 이것이 지나쳐 항론파는 예수 그리스도를 통한 구원을 부인한다거나 하나님의 은혜가 아니라 사람의 행위로만 구원을 받는다고 주장했다면서 그들을 지나치게 공격해서는 안 됩니다. 항론서에 있는 항론파의 주장을 아래에서 다시 살펴보기 바랍니다.

항론서 제3조항 사람은 구원하는 믿음을 자신으로부터, 그리고 자신의 자유 의지의 능력으로부터 갖지 못하는데, 사람은 배교와 죄의 상태에서는 자신으로부터, 자신에 의하여 참으로 선한 것을(그것들 중 최고는 구원하는 믿음이다) 생각할 수 없고, 원할 수도 없으며, 행할 수도 없기 때문이다. 그래서 사람은 참으로 선한 것을 올바로 이해하고, 생각하며, 의지를 가지고 행하고, 도출하기 위해서 하나님으로부터, 그리스도 안에서, 그의 성령을 통하여 다시 태어나는 것이 필요하고, 지성, 감성, 의지 그리고 모든 능력이 새롭게 되는 것이 필요하다.

항론서 제4조항 하나님의 이 은혜가 모든 선한 것의 시작이고, 연속이며, 완성이므로 심지어 중생자는 앞선, 돕는, 깨우는, 뒤따르는, 그리고 협력하는 은혜가 없이는 스스로 선을 생각하거나 의지하거나 행할 수 없고, 악으로의 유혹을 견딜 수 없다. 그래서 생각할 수 있는 모든 선한 일이나 행위는 그리스도 안에서 하나님의 은혜로 돌려야 한다.

도르트 신경 제1장 제3절 성경이 선택의 교리에서 언급하는 하나님의 선한 기쁨과 뜻은 하나님께서 다른 사람들이 아닌 어떤 이들을 선택하셨다는 것에 있지 않고, 하나님께서 (율법의 행위도 포함하여) 모든 가능한 조건들로부터, 혹은 모든 일들의 질서로부터, 그 자체로는 가치가 없는 믿음의 행위와 믿음의 불완전한 순종을 구원의 조건으로 선택하신 것에 있다. 하나님은 이것을 은혜로 말미암아 완전한 순종으로 여기기를 원하셨고, 영생의 상으로 적합하다고 보기를 원하셨다.

항론서 제3조항을 보면 항론파가 사람의 부패를 얼마나 비관적으로 보았는지 모릅니다. 그리고 항론서 제4조항을 보면 항론파가 하나님의 은혜를 얼마나 강조하는지 모릅니다. 도르트 신경 제1장 제3절에서 항론파는 사람의 믿음의 행위와 믿음의 불완전한 순종이 그 자체로는 가치가 없다고 분명히 말합니다. 그런데 하나님은 이것을 하나님의 은혜로 말미암아 완전한 순종으로 여기시고, 영생의 상으로 적합하다고 여기신다고 말합니다. 항론파가 우리만큼 사람의 전적 부패와 하나님의 전적 은혜를 말하지 않아 아쉽기는 하지만, 나름 사람의 부패와 하나님의 은혜로 말미암아 말합니다.

항론파가 사람의 부분 부패와 하나님의 부분 은혜를 강조한 것은 매우 안타깝고 유감스럽지만, 이들이 사람의 부패와 하나님의 은혜를 나름 강조한다는 것을 우리는 인정해야 합니다. 하나님의 은혜가 얼마나 큰지, 신자가 그 은혜를 조금만 깨달아도 너무나 큰 감동을 받아 하나님께 큰 감사와 영광을 돌리지 않을 수 없습니다. 하나님의 은혜를 조금이라도 맛본 자는 그 은혜를 너무나 크게 여겨 감사하는 삶과 하나님을 찬양하는 삶을 살지 않을 수 없습니다. 실제로 항론파의 주장을 받아들인 교단들은 다섯 가지 "오직"을 받아들이고 그 안에는 하나님의 은혜를 크게 깨달은 순수한 신앙을 가진 분들이 얼마나 많은지 모릅니다. 역설적으로 그들은 성도의 조건적 견인을 믿기 때문에 하나님의 구원에서 떨어지지 않기 위해 하나님의 은혜를 붙잡으며 열심히 신앙생활을 합니다. 하나님의 선택을 받는 자가 되기 위하여 더 열심히 믿고, 더 많은 선행을 합니다.

아르미니우스보다 두세 걸음 더 인본주의로 나간 것이 항론파입니다. 그리고 우리가 아르미니우스와 항론파를 비판하는 것은 첫째로 그들의 주장이 그 자체로 틀렸기 때문이고, 둘째로 그나마 이들은 부분적이기는 하지만 사람의 부패와 하나님의 은혜를 강조했고, 여기서 몇 걸음 더 인본주의로 나가면 그때는 사람의 부패를 사소한 것으로 보면서 사람이 하나님의 은혜가 없어도 구원을 받을 수 있다고 여기기 때문입니다. 그런 이들은 예수 그리스도가 하나님의 독생자이심을 믿지 않는 경향이 있고, 따라서 "오직 그리스도"를 부인합니다. 여기서 한두 걸음 더 나가면 종교 다원주의가 됩니다. "산의 정상은 하나이지만 오르는 길은 여럿이다"라는 멋지고 포용적인 모토로 타종교의 구원 가능성도 인정하는 것입니다. 아르미니우스주의는 항론파로 악화되는 경향이 있고, 항론파의 주장은 보다 더 인본주의로 흘러 종교 다원주의로 흐르는 경향이 있습니다.

도르트 신경을 받아들이는 이들도 극단으로 흐르면 하나님의 주권과 은혜만 강조하고 사람의 행위와 실천을 경시하게 됩니다. 하나님께서 다 하신다고 여겨 사람의 행위를 부질없는 것으로 치부해 버립니다. 운명주의와 숙명주의에 빠지는 것입니다. 그리고 오직 자신들만 전적으로 옳고 다른 이들은 전적으로 틀렸다고 여겨서 날카롭고 강하게 비판하고 지적합니다. 칼뱅주의 5대 교리를 다양하게 패러디하여 이런 경향을 비판하기도 하는데, 필자는 아래처럼 패러디했습니다.

① 전적 비판 (Total criticism)

② 무조건적 운명 (Unconditional fate)

③ 제한된 관용 (Limited tolerance)

④ 불가항력적 고집 (Irresistible persistence)

⑤ 우월감의 견인 (Perseverance of supremacy)

　도르트 신경의 다섯 가지 교리는 성경적으로 옳으므로 지금 이 시대에도 널리 전해지고 주장되어야 합니다. 필자도 이런 마음으로 이 책을 쓰고 있습니다. 그런데 이런 마음이 너무 강하여 아르미니우스나 항론파를 따르는 이들을 너무 적대시해서는 안 되고, 늘 비판주의의 마음으로 다른 이들을 지적해서는 안 됩니다. 비판주의는 분파주의로 흐르고, 지성을 너무 사용하는 경향이 있어 감성과 사랑이 부족하기 쉽고, 분열과 분리가 발생하기 쉽습니다. 도르트 신경을 강조하고 설교하고 공부하는 교회의 성도들은 학벌이 높고 지성적인 경향이 있습니다. 이러면 자연히 관용이 부족하고, 자신들만 옳고 우월하다는 고집에 빠져 독단주의로 흐를 수 있습니다. 예정론을 잘못 이해하여 운명주의에 빠지기도 하는데, 이런 교인들이 많은 교회는 전도와 선교와 봉사와 실천을 경시하는 경향이 있습니다.

　존 웨슬리(John Wesley, 1703-1791)와 조지 휫필드(George Whitefield, 1714-1770)는 함께 18세기 부흥 운동을 이끈 두 주역이었습니다. 그런데 둘은 예정에 대한 신학적 이해 차이로 갈라섰습니다. 웨슬리는 아르미니우스의 예정론을, 휫필드는 칼뱅의 예정론을 따랐습니다. 그럼에도 휫필드는 자신의 장례식 설교를 웨슬리에게 부탁하였습니다. 어떤 사람이 휫필드에게 천국에서 웨슬리를 만날 수 있겠느냐고 물었을 때에, 휫필드는 웨슬리를 천국에서 만나기 힘들다고 대답했습니다. 웨슬리는 하나님께 크게 칭찬을 받아 하나님의 보좌 가까이에 있고, 자신은 멀리 떨어져 있기 때문이라고 이유를 설명했습니다. 비록 예정론에 대한 이해는 달랐지만, 하나님께서 각자를 통해 일하고 계심을 인정한 것입니다.

우리도 도르트 신경의 옳음과 탁월함을 인정하되 독선과 비판과 운명과 고집과 우월감에 빠져서는 안 됩니다. 도르트 신경을 주장할수록 열심과 사랑이 풍성한 자가 되어야 하고 자신을 희생하며 오직 하나님께 영광을 돌려야 합니다. 하나님께서 택하신 자라면 아무리 강퍅한 자라도 복음을 받아들이는 줄 알고, 모든 사람들에게 열정적으로 전도할 줄 알아야 합니다. 자신이 어떤 훌륭한 일을 했을 경우에 하나님께서 그런 일을 할 수 있도록 자신에게 은혜를 주신 것으로 알아 겸손하고 하나님께만 영광을 돌려야 합니다. 자신의 전적 부패를 깊이 인정하여 죄를 짓지 않기 위해 늘 깨어 있어야 하고, 남의 잘못과 실수를 넓은 아량으로 받아들이며 변화되기를 기도해야 합니다. 다윗은 간음과 살인교사와 같은 큰 죄를 지었을 때에도 절대로 포기하지 않고 하나님의 용서와 붙들어 주심과 회복하심을 믿고 나아갔습니다. 우리도 다윗처럼 자신의 죄를 인정하며 피곤한 손과 연약한 무릎을 일으켜 세워서 저는 다리로 하여금 어그러지지 않고 고침을 받게 해야 합니다.

우리가 이렇게 할 때에 칼뱅주의 5대 교리는 빛을 발휘합니다. 튤립 교리를 받아들인 자들의 신앙생활의 자태가 이렇게 높을 때 튤립 교리는 더 많은 신자들에게 수용이 됩니다. 이러한 실천 없이 튤립 교리가 옳다고 말로만 주장하고, 다른 교단들의 가르침은 틀렸다고 날이 서서 날카롭게 지적하는 것은 덕이 되지 않습니다. 모든 것이 가하나 모든 것이 유익하지 않고, 모든 것이 가하나 모든 것이 덕을 세우는 것이 아님을 명심해야 합니다. 튤립 교리의 실천적 의미까지 숙고하며 반드시 실천으로 옮겨야 합니다.

도르트 총회가 끝난 지 400년이 흘렀습니다. 자연스럽게 도르트 신경을 받는 교단들과 받지 않는 교단들의 장단점이 400년의 세월을 통해 검증이 되었습니다. 우리는 칼뱅주의 5대 교리를 받아들이는 신자들과 교단들이 400년의 세월 속에서 어떤 면에서 장점이 되고, 어떤 면에서 단점이 되는지를 냉철하게 살펴야 합니다. 겸손하게 장점은 더욱 살리고, 단점은 고쳐 나가야 합니다. 항론파의 주장을 받아들인 신자들과 교단들도 냉철하게 살펴 그들의 장단점을 가감 없이 읽어 내어 반면교사로 삼아야 합니다.

여러분! 사람의 전적 부패와 하나님의 전적 주권과 은혜를 믿습니까? 믿는다면 하나님의 주권과 은혜에 풍덩 빠져 더욱 기뻐하고 감사하고 맡기는 삶을 살기 바랍니다. 삶의 모든 곳에서 오직 하나님께 영광을 돌리는 삶을 살기 바랍니다. 이런 삶을 통해 튤립 교리를 더욱 이해하고, 튤립 교리를 더욱 이해함으로 신앙이 깊어지고, 삶이 부요해지기를 바랍니다.

전적 주권과 은혜, 전적 부패에 관한 토론 문제

1. 도르트 신경의 다섯 가지 교리가 각각 무엇을 말하는지 간단히 말해봅시다.

2. 다섯 가지 "오직"이 무엇입니까? 다섯 가지 "오직"과 도르트 신경이 서로 연관됨을 살펴봅시다.

3. "사람은 구원하는 믿음을 자신으로부터, 그리고 자신의 자유 의지의 능력으로부터 갖지 못하는데, 사람은 배교와 죄의 상태에서는 자신으로부터, 자신에 의하여 참으로 선한 것을 (그것들 중 최고는 구원하는 믿음이다) 생각할 수 없으며, 원할 수도 없고, 행할 수도 없기 때문이다. 그래서 사람은 참으로 선한 것을 올바로 이해하고, 생각하며, 의지를 가지고 행하고, 도출하기 위해서 하나님으로부터, 그리스도 안에서, 그의 성령을 통하여 다시 태어나는 것이 필요하고, 지성, 감성, 의지 그리고 모든 능력이 새롭게 되는 것이 필요하다"라는 은혜가 넘치는 진술은 항론파가 사람의 부패를 진술한 내용입니다. 항론파는 사람이 전혀 부패하지 않았

다고 봅니까? 그래서 하나님의 은혜가 전혀 필요 없다고 봅니까? 아니면 사람의 부분 부패와 하나님의 부분 은혜를 말합니까?

4. 우리는 항론파의 주장에 아쉬운 점이 있다며 비판하는 것입니까? 아니면 그들의 주장에는 맞는 점이 전혀 없다고 전적으로 비판하는 것입니까? 아르미니우스주의와 항론파의 신학을 받아들인 이들을 우리는 어떻게 대해야 1니까?

5. 칼뱅주의 5대 교리를 잘못 받아들이면 전적 비판(Total criticism), 무조건적 운명(Unconditional fate), 제한된 관용(Limited tolerance), 불가항력적 고집(Irresistible persistence), 우월감의 견인(Perseverance of supremacy)에 빠질 수 있습니까?

6. 칼뱅주의 5대 교리를 공부한 소감을 나누어 봅시다. 하나님의 주권과 은혜, 그리고 사람의 부패에 관하여 새롭게 알게 된 사항이 있으면 나누어 봅시다.

Appendix

부록

Appendix 01 항론서 The Remonstrance 1610년

제1조항

하나님은 그의 아들 그리스도 예수 안에서 영원하며 불변한 작정에 따라, 세상의 창립 이전에, 타락함으로 죄 속에 있는 인류로부터, 그리스도 안에 있는 자들을 그리스도로 말미암아 그리고 그리스도를 통하여 구원하시기로 정하셨다. 이들은 성령의 은혜를 통하여 그분의 아들을 믿을 자들이고, 동일한 은혜를 통하여 바로 그 믿음과 믿음의 순종을 지속적으로 끝까지 견인할 자들이다. 한편, 완악하고 믿지 않는 자들을 죄와 진노 아래에 두시고, 그리스도로부터 떨어진 자들로 정죄하시기로 정하셨다. 이는 요한복음 3장 36절의 복음의 말씀을 따른 것이다. "아들을 믿는 자에게는 영생이 있고 아들에게 순종하지 아니하는 자는 영생을 보지 못하고 도리어 하나님의 진노가 그 위에 머물러 있느니라" 그리고 또한 성경의 다른 구절들을 따른 것이다.

제2조항

따라서 세상의 구주이신 예수 그리스도는 모든 사람들과 각 사람을 위하여 죽으셨고, 십자가의 죽음으로 모두를 위해 구속과 죄의 용서를 얻으셨다. 그러나 요한복음 3:16과 요한이서 2:2의 말씀처럼 믿는 자들을 제외하고는 그 어느 누구도 죄의 용서를 실제로 공유하지 못한다. "하나님이 세상을 이처럼 사랑하사 독생자를 주셨으니 이는 그를 믿는 자마다 멸망하지 않고 영생을 얻게 하려 하심이라"(요 3:16). "그는 우리 죄를 위한 화목 제물이니 우리만 위할 뿐 아니요 온 세상의 죄를 위하심이라"(요일 2:2).

제3조항

사람은 구원하는 믿음을 자신으로부터, 그리고 자신의 자유 의지의 능력으로부터 갖지 못하는데, 사람은 배교와 죄의 상태에서는 자신으로부터, 자신에 의하여 참으로 선한 것을 (그것들 중 최고는 구원하는 믿음이다) 생각할 수 없고, 원할 수도 없으며, 행할 수도 없기 때문이다. 그래서 사람은 참으로 선한 것을 올바로 이해하고, 생각하며, 의지를 가지고 행하고, 도출하기 위해서 하나님으로부터, 그리스도 안에서, 그의 성령을 통하여 다시 태어나는 것이 필요하고, 지성, 감성, 의지 그리고 모든 능력이 새롭게 되는 것이 필요하다. 이것은 요한복음 15:5에 따른 것이다. "나를 떠나서는 너희가 아무것도 할 수 없음이라"(요 15:5).

제4조항

하나님의 이 은혜가 모든 선한 것의 시작이고, 연속이며, 완성이므로 심지어 중생자는 앞선, 돕는, 깨우는, 뒤따르는, 그리고 협력하는 은혜가 없이는 스스로 선을 생각하거나 의지하거나 행할 수 없고, 악으로의 유혹을 견딜 수 없다. 그래서 생각할 수 있는 모든 선한 일이나 행위는 그리스도 안에서 하나님의 은혜로 돌려야 한다. 그러나 이 은혜의 작동 방식을 살펴보면, 그것은 불가항력적이지 않은데, 사도행전 7장과 많은 다른 부분에서 많은 이들이 성령을 저항한 것으로 기록된 것을 볼 때 그러하다.

제5조항

참된 믿음으로 그리스도께 연합되고, 생명을 주시는 성령의 소유자가 된 이들은 사탄과 죄와 세상과 자신의 정욕에 맞서 싸우고 승리할 수 있는 권세를 풍성하게 갖고 있다. (우리는 신중하기를 바라는데) 이것은 늘 성령의 돕는 은혜로 말미암은 것이다. 그리고 예수 그리스도는 자신의 영을 통해 모든 유혹으로부터 그들을 돕고, 그들에게 손을 펴시고, (오직 그들이 싸움을 준비하고, 그의 도움을 갈망하고, 게으르지 않을 때만), 같은 이들을 지탱하시고 확증하셔서, 사탄의 어떠한 책략이나 권세로 말미암아 타락하지 않게 하시고, 그리스도의 말씀 요한복음 10:28에 따라 그리스도의 손에서 뽑히지 않게 하신다. "그들을 내 손에서 빼앗을 자가 없느니라." 그러나 그들이 태만으로 말미암아 그리스도 안에 있는 자신들의 생명의 첫 원리를 다시 잃어버릴 수 있는지, 다시 현재의 세상을 포용할 수 있는지, 그들에게 한번 전달된 거룩한 교리로부터 돌아설 수 있는지, 선한 양심을 잃을 수 있는지, 은혜를 무시할 수 있는지 여부는 성경에 따라 매우 면밀하게 결정되어야 하고, 그 이후에야 우리는 이것을 우리 마음으로 충분히 확신하며 가르칠 수 있다.

1.

아담 안에서 하나님의 형상으로 창조된 모든 인류는 아담과 함께 죄로 말미암아 타락하였는데 너무나 부패하여 모든 사람들은 죄 속에서 잉태되고 태어나며, 따라서 본질상 진노의 자녀이고 허물로 죽은 자들이다. 그래서 그들 안에는 자신을 진정으로 하나님께 향하도록 돌이키게 할 힘과 그리스도를 믿을 힘이 없는데, 시체가 죽은 자들로부터 자신을 일으키는 힘보다 더 없다. 이러하기 때문에 하나님은 얼마의 사람들을 이 저주로부터 이끄시고 구해 내시는데, 하나님은 자신의 영원하고 불변하는 계획 속에서, 순전히 은혜로, 자신의 선하고 기쁜 뜻에 따라, 그리스도 안에서 구원으로 택하신다. 나머지 사람들은 자신의 공의로운 심판 속에서 간과하시고 그들의 죄 속에 그대로 두신다.

2.

그리스도를 믿고, 따라서 복음의 가치에 맞게 행하는 성인들은 하나님의 선택된 자녀들로 여겨져야만 하고, 언약의 자녀들도 그들의 행위에서 복음과 반대되는 것을 명백하게 하지 않는 한 하나님의 선택된 자녀들로 여겨져야 한다. 그러므로 믿는 부모들은 자녀들이 어려서 죽을 때에 자기 자녀의 구원을 의심할 이유가 없다.

3.

하나님은 선택하실 때 자신의 피택자들의 믿음이나 회심 여부를 그리고 그들의 은사들을 올바른 사용했는지의 여부를 선택의 근거들로 보시지 않았다. 대신 반대로 하나님은 자신의 영원하고 불변하는 계획 속에서 그들에게 믿음을 그리고 경건에 머무는 견인을 주시기로 목적하셨고 작정하셨으며, 그래서 자신의 선한 기쁨에 따라 구원으로 택하신 자들을 구원하시기로 목적하셨고 작정하셨다.

4.

이 목적을 위하여 하나님은 우선적으로 자신의 독생자 예수 그리스도를 그들에게 내놓으셨고 주셨는데, 자신의 택자들을 구원하시기 위하여 그 아들을 십자가의 죽음에 내어 주셨다. 그래서 그리스도의 고난은 하나님의 독생하신 유일무이하신 아들로서 받으시는 고난이기 때문에 모든 사람들의 죄를 속죄하기에 충분함에도 불구하고, 그 고난은 하나님의 뜻과 작정에 따라 화해와 죄의 용서의 효력을 오직 피택자들과 참된 신자에게만 미치게 한다.

5.

더 나아가 같은 목적을 위하여 주 하나님은 자신의 거룩한 복음을 선포하셨고, 성령은 외적으로는 그 같은 복음의 선포를 통하여 그리고 내적으로는 특별한 은혜를 통하여 하나님의 택자들의 마음에서 강력하게 역사하셔서, 돌 같은 마음을 제거하시고 살 같은 마음을 주심으로써 그들의 마음을 조명하시며, 그들의 의지를 변화시키고 새롭게 하신다. 이러한 방법들을 통해서만 그들은 자신을 돌이키고 믿을 수 있는 힘을 받을 뿐만 아니라, 실제로 그리고 의지적으로 회개하고 믿는다.

6.

하나님께서 구원하시기로 작정하신 자들은 그리스도를 믿도록 그리고 하나님께로 자신을 돌이키도록 한 번 조명되고, 중생되고, 새롭게 될 뿐만 아니라, 성령의 같은 능력에 따라 그들 자신의 어떠한 공헌 없이 하나님께로 돌이켜지는 그들은 같은 방식으로 계속하여 지지되고 보존된다. 그래서 그들이 살아 있는 한, 그들이 육과 영 사이의 계속적인 싸움에 빠져 있는 한, 그리고 그들이 종종 심각한 죄에 빠지는 한, 육신의 여러 나약함이 그들에게 붙어 있지만, 그럼에도 불구하고 그 같은 성령께서 이 싸움에서 승리하시는데, 하나님의 택자들이 육신의 부패로 말미암아 성화를 이루어 가시는 성령을 너무 저항하도록 허락하시지 않기 때문이다. 그래서 성령께서 언제든 그들 속에서 소멸되는 일이, 그래서 결과적으로 그들이 자신들에게 한때 주어진 참된 믿음을 그리고 그들이 한때 받았던 하나님의 자녀라는 양자의 영을 완전하게 최종적으로 잃는 일이 없다.

7.

그럼에도 불구하고 참된 신자들은 육신의 정욕을 부주의하게 추구하려는 구실을 이 가르침에서 찾지 않는데, 참된 믿음으로 그리스도에게 접붙임 된 자들이 감사의 열매를 내지 않는다는 것은 불가능하기 때문이다. 오히려 반대로 그들은 하나님께서 당신의 선한 기쁨에 따라 그들이 지향하고 행하도록 그들에게 역사하신다는 것을 확신하고 느낄수록, 그들은 두려움과 떨림으로 집요하게 자신들의 구원을 이루어 가는데, 그들은 하나님께서 오직 이 수단으로 그들로 서게 하시고 그들을 구원으로 데려가심을 알기 때문이다. 이 이유 때문에 하나님은 자신의 말씀에서 온갖 종류의 경고와 위협을 하시는데, 그들이 자신의 구원을 포기하거나 의심하지 않도록, 대신 그들이 반드시 멸망하게 되는 육신의 나약함을 주시함으로써 어린이 같은 경외감을 깨닫도록 하시기 위함이다. 주님께서 그들을 자신의 값없는 은혜 속에서 세우지 않으시면 그들은 육신의 나약함 속에서 멸망하는데, 이 은혜가 그들의 견인의 유일한 원인이고 근거이다. 그래서 하나님은 자신의 말씀에서 그들이 조심하고 기도하도록 경고하심에도 불구하고, 그들은 하나님의 도움을 바라고 부족한 것이 없는 상태를 자신들로부터 가질 수 없고, 오직 동일한 성령으로부터만 가질 수 있다. 성령께서는 특별한 은혜로 이 목적에 맞게 그들을 준비하시고, 또한 그들이 서도록 강력하게 지키신다.

항론파의 견해 The Opinions of the Remonstrants
1618년

예정의 작정

1. 하나님은 사람을 창조하시겠다는 작정 이전에 하신 것이 아니고, 앞선 순종이나 불순종을 고려하시지 않고, 자신의 선한 기쁨에 따라, 자신의 긍휼과 공의의 영광이나 자신의 절대적 능력과 통치의 영광을 드러내시기 위하여, 어떤 자들을 영생으로 택하시기로, 어떤 자들을 영생에서 버리시기로 결정하시지 않았다.

2. 각 사람의 구원과 멸망에 관한 하나님의 작정은 절대적으로 의도된 작정이 아니기 때문에 피택자들과 유기자들을 효력 있게, 필연적으로 그들의 최종적 목적지로 이끄는 그 같은 작정에 예속된 수단들은 없다.

3. 그러므로 하나님은 이 계획을 가지고서 한 사람 아담 안에서 모든 사람들을 순결의 상태로 창조하신 것도 아니고, 타락과 타락의 허용을 정하신 것도 아니며, 아담에게서 필요하고 충분한 은혜를 거두신 것도 아니고, 복음이 선포되어 사람들이 외적으로 불리도록 하시지도 않았으며, 사람들에게 성령의 은사들을 주셔서 이것을 수단으로 사람들을 생명으로 이끄시는 것도 아니고, 생명의 유익을 다른 자들로부터 제거하시는

것도 아니다. 중보자 그리스도는 선택의 실행자이실 뿐만 아니라 같은 선택의 작정의 근거이시기도 하다. 어떤 자들이 효력 있게 불리고, 칭의되고, 믿음에서 인내하고, 영화되는 이유는 그들이 영생으로 절대적으로 택하여졌기 때문이 아니다. 다른 자들이 타락 속에 머물고, 그리스도가 그들에게 주어지지 않고, 그들이 전혀 불리지 못하고, 강퍅해지고, 저주를 받는 이유는 그들이 영생으로부터 절대적으로 유기되었기 때문이 아니다.

4. 하나님은 타락 상태에 있는 대부분의 사람들이 발생한 실제의 죄와 상관없이 구원의 모든 소망에서 제외되도록 작정하시지 않았다.

5. 하나님은 그리스도가 전 세상의 죄에 대한 대속물이 되도록 작정하셨고, 그 작정에 따라서 그리스도를 믿는 자들을 칭의하시고 구원하시기로, 그리고 사람들을 위하여 믿음에 도달할 수 있는 필요하고 충분한 수단들을 당신의 지혜와 공의에 어울리는 방식으로 제공하시기로 결정하셨다. 그러나 하나님은 절대적인 작정에 따라서 중보자 그리스도를 피택자들에게만 주시기로, 효력 있는 부름을 통하여 그들에게만 믿음을 주시기로, 그들만을 칭의하시기로, 믿음 속에서 보존하시기로, 그리고 영화롭게 하시기로 결코 결정하시지 않았다.

6. 어느 누구도 앞선 절대적 작정에 따라서 영생으로부터도, 그리고 영생을 위한 적합한 수단들로부터도 거절되지 않는다. 그래서 그리스도의 공로, 부르심, 그리고 성령의 모든 은사들은 모든 자들을 위한 구원에 유익할 수 있고, 그들 자신이 이런 은사들을 남용하여 자신들을 멸망으로 돌리지 않는 한 참으로 유익하다. 어느 누구도 저주의 수단과 원인이 되

는 불신앙과 불경건과 죄로 예정되지 않는다.

7. 특정한 사람들에 대한 선택은 선택에 미리 요구되는 조건으로서 예수 그리스도에 대한 믿음과 견인을 고려하여 결정되는 것이지, 믿음과 참된 믿음의 견인을 고려하지 않고 결정되는 것이 아니다.

8. 영생으로부터의 거절은 앞선 불신앙과 불신앙의 견인을 고려하여 만들어지지, 앞선 불신앙과 불신앙의 견인을 고려하지 않는 것이 아니다.

9. 신자들의 모든 자녀는 그리스도 안에서 성화되므로, 이성의 사용 이전에 이 세상을 떠난 자녀들은 그 누구도 멸망하지 않는다. 그러나 자신의 인격으로 실제의 죄를 짓기 전인 유아 때 이 세상을 떠난 신자들의 일부 자녀들을 유기자들의 숫자에 속하는 것으로 여겨져서, 그 결과 세례의 거룩한 씻음이나 그들을 위한 교회의 기도가 그들의 구원에 어떤 방식으로든 유익하지 않게 되면 결코 안 된다.

10. 성부와 성자와 성령의 이름으로 세례를 받은 신자들의 자녀들은 유아의 상태로 살고 있을 때에 절대적 작정에 따라 유기자로 여겨지지 않는다.

그리스도의 죽음의 효력의 보편성

1. 그리스도께서 성부 하나님께 제공하셨던 구속의 값은 그 자체로 본질적으로 전 인류의 구속을 위해 충분할 뿐만 아니라 성부 하나님의 작정과 뜻과 은혜에 따라 모든 사람들과 각 사람을 위해 지불되어 왔다. 그러

므로 그 누구도 하나님의 절대적인, 선행하는 작정에 따라 그리스도의 죽음의 열매에 참여하는 것으로부터 절대적으로 제외되지는는 않는다.

2. 그리스도는 자신의 죽음의 공로로 성부 하나님을 전 인류와 화해시키셨으므로, 성부께서는 그 공로로 말미암아 자신의 의로움과 진실을 포기하시지 않고, 새로운 은혜 언약을 죄인들과 저주받아야 하는 사람들과 맺을 수 있었고 확정할 수 있었으며, 맺고 확정하기를 원하셨다.

3. 그리스도께서 모든 사람들과 각 사람을 위하여 하나님과의 화해와 죄의 사면(赦免)을 공로로 획득하셨음에도 불구하고, 그 누구도 새롭고 은혜로운 언약의 조약에 따라 믿음 이외에 다른 방법으로는 그리스도의 죽음에 따라 획득된 효력의 참된 참여자가 될 수 없다. 죄 짓는 사람들이 실제로, 참되게 그리스도를 믿기 전에는, 죄 짓는 자의 죄가 용서되지 않는다.

4. 그리스도께서 위하여 죽으신 그 사람들만이 그리스도께서 자신들을 위하여 죽으셨음을 믿을 의무가 있다. 그러나 소위 유기자라고 불리는 이들은, 즉 그리스도께서 위하여 죽으시지 않은 이들은 그렇게 믿을 의무가 없고, 그들이 그 반대의 불신앙으로 말미암아 비난받는 것이 공정하지도 않다. 그런데 그러한 사람들이 유기자라고 한다면, 그들은 그리스도께서 자신들을 위하여 죽으시지 않으셨다고 믿어야만 할 것이다.

하나님의 은혜와 사람의 회심

1. 사람은 구원하는 믿음을 자기 자신에게서도, 자신의 자유 의지의 힘으로 가질 수 없는데, 죄의 상태에서 사람은 자신으로부터도, 자신에 의해서도 어떤 선(善)(이것은 정말로 구원하는 선인데[15], 이 중 가장 뛰어난 것은 구원하는 믿음이다)을 생각할 수도, 의도(will)할 수도, 행할 수도 없기 때문이다. 그러므로 하나님에 의해서, 그리스도 안에서, 하나님의 성령을 통하여 사람이 거듭나는 것과 지성과 감정과 의지(will)와 모든 힘에 있어서 새롭게 되는 것이 필요한데, 그 결과 사람은 구원하는 선을 이해할 수 있고, 숙고할 수 있고, 의도(will)할 수 있고, 수행할 수 있다.

2. 중생(重生)자일지라도 직전 혹은 앞선, 깨우는, 뒤따르는, 협력하는 은혜를 떠나서는 선을 생각하거나 의도(will)하거나 행하는 것이 가능하지 않을 만큼, 악으로 향하는 유혹을 저항할 수 없을 만큼, 하나님의 은혜는 모든 선의 시작일 뿐만 아니라 모든 선의 진전과 완성이다. 그러므로 사람이 숙고함으로써 생각해 낼 수 있는 모든 선한 일과 행위는 하나님의 은혜로 돌려져야만 한다.

3. 그러나 우리는 믿음 자체와 갱신의 영 이전에 존재하는 것으로 구원의 획득에 적용되는 모든 열심과 관심과 근면함이 헛되고 비효력적이라는 것을, 정말로 유용하고 생산적이기보다 사람에게 오히려 해롭다는 것을 믿지 않는다. 반대로 우리는 하나님의 말씀을 듣는 것, 범한 죄를 슬퍼하는 것, 구원하는 은혜와 갱신의 영을 사모하는 것은 (사람은 이것들 중 그 어떤 것도 은혜 없이는 행할 수 없다) 해롭거나 무익하지 않을 뿐만 아니라, 오히려 믿음과 갱신의 영을 획득하는 데 가장 유용하고 가장 필요하다고 여긴다.

4. 부르심을 받기 이전에 타락한 상태의 의지는 구원에 이르는 어떠한 선을 결의할 힘과 자유가 없다. 그러므로 우리는 구원에 이르는 선뿐만 아니라 악을 결의할 자유가 모든 상태의 의지에 존재한다는 것을 부인한다.

5. 효력 있는 은혜는 사람을 회심하게 하지만, 저항할 수 없는 것은 아니다. 하나님은 말씀과 성령의 내적 활동으로 의지에 크게 영향을 미침으로써 믿는 능력과 초자연적 권능을 주시고, 실제로 사람으로 하여금 믿게 하시지만, 사람은 스스로 그 은혜를 경시할 수 있고 믿지 않을 수 있으며, 그러므로 자기 자신의 과실로 멸망할 수 있다.

6. 비록 하나님의 가장 자유로운 뜻에 따라 하나님의 은혜의 불평등이 매우 큼에도 불구하고, 성령께서는 하나님의 말씀을 듣게되는 모든 사람들과 각 사람에게 많은 은혜를 주시고, 주실 준비가 되어 있는데, 이 은혜는 각 단계에서 사람의 회심을 일으키는 데 충분하다. 그러므로 믿음과 회심을 하기에 충분한 은혜는 하나님께서 절대 선택의 작정에 따라 구원하시기로 의도(will)하셨다고 말하는 자들 모두에게만이 아니라 실제로 회심하지 않는 자들 모두에게도 부과된다.

7. 사람은 성령의 은혜로 말미암아 실제로 하는 선보다 더 많은 선을 행할 수 있고, 실제로 피하는 악보다 더 많은 악을 피할 수 있다. 사람이 행하는 선보다 더 많은 선을 행하는 것을, 그리고 피하는 악보다 더 많은 악을 피하는 것을 하나님께서 전혀 원하시지 않는다는 것을 우리는 믿지 않고, 하나님께서 그런 각각이 행해지도록 영원 전에 결정적으로 작정하셨다는 것도 믿지 않는다.

8. 하나님은 구원으로 부르시는 모든 자들을 진지하게 부르신다. 즉 진심 어리고 결코 위선적이지 않은 의도(intention)와 구원하시려는 의지(will)로 그렇게 하신다. 심지어 어떤 자들이 부르심의 은혜를 거절하기 전에도 정말로 회심된 것처럼, 하나님께서 내적으로는 부르시기를 원하시지 않는 어떤 자들을 외적으로는 부르시고 있다고 주장하는 이들이 있는데, 우리는 이들의 견해에 동의하지 않는다.

9. 비밀스러운 뜻에 따르면 하나님은 복음의 말씀과 자신의 계시된 뜻에 따라 진정으로 부르시고 초청하시는 사람들 중에서 대부분의 사람들의 회심과 구원을 원하시지 않는다는데, 하나님께는 말씀에 계시된 뜻과 몹시 모순이 되는 비밀스러운 뜻이 없다. 우리는 여기서 어떤 자들이 말하는 것처럼 하나님에게 거룩한 가장(假裝)이나 이중 인격이 있음을 인정하지 않는다.

10. 우리는 하나님께서 유기자들로 불리는 그들을 부르실 때, 그들을 더 강퍅하게 만드시기 위해, 그들이 변명하지 못하도록 하기 위해, 그들을 더 심하게 징계하시기 위해, 혹은 그들의 무능력을 드러내시기 위해 부르신다고 믿지 않는다. 그러나 그들이 회심되어야 하고, 믿어야 하며, 구원받아야 하기에 부르신다는 것도 믿지 않는다.

11. 선한 일뿐만 아니라 악한 일 모두 하나님의 작정이나 은밀한 뜻의 능력과 효력에 따라 필연적으로 일어난다는 것은 사실이 아니다. 그리고 진실로 하나님의 작정을 고려하여 죄를 짓는 사람은 죄를 지을 수 없다는 것은 사실이 아니다. 또한 하나님께서 사람들의 죄를, 그들의 정신 나가고 어리석으며 잔인한 행위를, 그리고 하나님의 이름의 신성 모독(사

람들의 혀를 신성 모독하도록 움직이신 것) 등을 결정하시고 불러일으키시기를 원하신다는 것도 사실이 아니다.

12. 우리에게 다음의 사항은 틀렸고 끔찍하다. 하나님께서 공개적으로 금지하신 죄를 사람들로 하여금 짓게 만드신다는 것, 죄를 짓는 자들은 올바르게 기록된 하나님의 뜻에 어긋나게 행동하지 않는다는 것, 공의롭지 않은 것, 즉 올바르게 기록된 하나님의 뜻에 어긋나는 것과 하나님의 규칙에 어긋나는 것이 하나님의 뜻과 조화된다는 것, 그리고 정말로 하나님의 뜻을 행하는 것이 진실로 중죄라는 것이 그것이다.

견인

1. 믿음 안에서 신자들이 견인하는 것은 하나님께서 순종이라는 조건에 구애받지 않고 정해진 각각의 사람들을 선택하셨다고 언급되는 절대적 작정의 결과가 아니다.

2. 하나님은 참된 신자들에게 은혜와 초자연적 능력을 제공하시는데, 당신의 무한한 지혜에 따라 당신이 판단하시기에 사탄, 육체, 그리고 세상의 유혹을 극복하고 견인할 수 있을 만큼 충분히 제공하신다. 신자들이 견인하지 못하는 책임이 결코 하나님께 있지 않다.

3. 참된 신자들은 참된 믿음으로부터 떨어질 수 있고, 참되고 의롭게 하는 믿음과 어울릴 수 없는 죄들 속으로 떨어질 수 있다. 이런 일은 발생할 수 있을 뿐만 아니라, 심지어 자주 발생한다.

4. 참된 신자들은 자신의 잘못으로 부끄럽고 끔찍한 행위 속으로 떨어질 수 있고, 그 행위 속에서 계속 머물고 죽을 수 있다. 그러므로 최종적으로 떨어지고 멸망할 수 있다.

5. 그럼에도 불구하고 우리는 참된 신자들이 비록 그들의 양심을 괴롭히는 심각한 죄에 종종 떨어지기도 하지만, 그 즉시 회개의 모든 소망으로부터 떨어진다는 것을 믿지 않는다. 하지만 우리는 하나님의 풍성하신 자비하심에 따라 당신의 은혜를 통해 그들을 회개로 다시 부르시는 일이 일어날 수 있다는 것을 인정한다. 사실 이것이 확실하게 그리고 의심할 여지없이 일어난다는 것에 설득될 수는 없음에도 우리는 이것이 드물지 않게 발생한다는 것을 믿는다.

6. 그러므로 우리는 공공(公共)의 문서 형태로 사람들 사이에서 돌아다니는 다음의 교리들을 경건과 선한 관습에 해롭기에 우리의 마음과 목숨을 다하여 거절한다. ⑴ 참된 신자들은 의도적으로 죄를 지을 수 없고, 오직 무지와 연약함 탓에 죄를 짓는다. ⑵ 참된 신자들은 죄를 어떤 통해서도 하나님의 은혜로부터 떨어질 수 없다. ⑶ 수천 가지의 어떤 죄, 심지어 전 세상의 모든 죄일지라도 선택을 무효로 만들 수 없다. 여기에 "모든 사람들은 모두 자신들이 구원으로 선택되었고, 이 선택으로부터 떨어질 수 없다는 것을 믿어야 한다"라는 내용이 덧붙여진다면, 우리는 사람들로 이 교리가 육적인 안일함에 문을 열어 두는 것이라고 생각하도록 만드는 것이다. ⑷ 신자들과 피택자들에게는 아무리 크고 심각한 죄일지라도 책임이 돌려지지 않고, 현재와 미래의 모든 죄가 이미 용서되었다. ⑸ 비록 참된 신자들이 파괴적인 이단과 간음과 살인과 같은 심각하고 가장 끔찍한 죄에 빠졌기 때문에 교회는 그리스도의 제정(制定)을 따라 그들과

의 외적 교제를 용인할 수 없음을, 그리고 그들이 회심하지 않는 한 그리스도의 왕국에 자리가 없음을 증언해야 하지만, 그럼에도 불구하고 그들은 완전히 최종적으로 믿음에서 떨어질 수 없다.

7. 참된 신자라면 현재에 자신의 믿음과 양심의 진실함을 확신할 수 있듯이, 그는 자신의 구원과 자신을 향한 하나님의 구원하시는 자비와 관련해서도 지금 확신할 수 있고, 확신해야만 한다. 이런 점 때문에 우리는 교황의 견해를 거절한다.

8. 참된 신자라면 미래에 자신이 깨어 있음과 기도와 다른 거룩한 실천이란 수단을 통하여 참된 믿음 안에서 견인할 수 있음을 참으로 확신할 수 있고 확신해야 하고, 또한 견인을 위한 하나님의 은혜가 결코 부족하지 않음을 확신해야만 한다. 그러나 우리는 그가 이후에 자신의 의무에 결코 태만하지 않을 것임을 어떻게 확신하는지, 그가 기독 군사 학교에서 신자에게 적합한 믿음에, 경건과 사랑의 일에 견인할 것임을 어떻게 확신하는지 알 수 없다. 우리는 이 일과 관련하여 신자가 확신할 필요가 있다고 생각하지 않는다.

제1장 첫째 교리:

신적인 선택과 유기 (Divine Election and Reprobation)

1. 도르트 신경(반항론파)의 신적 선택과 유기

제1항 죄에 빠진 인류

죄로 말미암아 영원한 저주와 죽음 아래 있게 된 인류:[16] 모든 사람들이 아담 안에서 죄를 지어 영원한 저주와 죽음의 죄책아래 있게 되었기 때문에, 하나님께서 전 인류를 죄와 저주 속에 남겨 두시기로, 그리고 죄로 말미암아 정죄하시기로 원하실지라도, 하나님은 누구에게도 불의를 행하시는 것이 아니다. 이것은 사도와 일치한다. "온 세상으로 하나님의 심판 아래에 있게 하려 함이라"(롬 3:19). "모든 사람이 죄를 범하였으매 하나님의 영광에 이르지 못하더니"(롬 3:23). 그리고 "죄의 삯은 사망이요"(롬 6:23).

제2항 구원의 마련

그런 인류에게 독생자를 믿으면 영생을 얻게 하신 하나님: 그러나 하나님의 사랑이 이렇게 나타난바 되었으니, 하나님께서 자기의 독생자를 세상에 보내셔서 그를 믿는 모든 자들마다 멸망하지 않고 영생을 얻게 하셨다(요일 4:9,[17] 요 3:16, 17).

제3항 복음 전파자의 파송

<u>인류를 믿음으로 이끄시려고 복음의 전파자를 보내시는 하나님</u>: 사람들이 믿음으로 이끌리도록, 하나님은 자비롭게 가장 기쁜 소식의 전파자들을 원하시는 사람들에게, 원하시는 때에 보내신다. 이 사역에 따라 사람들은 십자가에 못 박히신 그리스도에 대한 회개와 믿음으로 부름을 받는다. 듣지도 못한 이를 어찌 믿으리요, 전파하는 자가 없이 어찌 들으리, 보내심을 받지 아니하였으면 어찌 전파하리요(롬 10:14-15)?

제4항 구원하는 방식

<u>전하여진 복음을 믿지 않으면 진노가, 믿으면 영생이 주어짐</u>: 이 복음을 믿지 않는 자들 하나님의 진노가 그들 위에 머무른다. 그러나 이 복음을 받아들이고, 구주 예수님을 참되고 살아 있는 믿음으로 영접하는 자들은 그분을 통하여 하나님의 진노와 파멸로부터 자유롭게 되고, 그들에게는 영생이 선물로 주어진다.

제5항 불신과 믿음의 원인

<u>불신의 원인은 사람에게, 믿음의 원인은 하나님께</u>: 이러한 불신의 원인이나 책임은 다른 모든 죄들처럼 하나님께 있지 않고, 사람에게 있다. 그러나 예수 그리스도에 대한 믿음과 그분을 통한 구원은 하나님의 값없는 선물이다. 다음처럼 쓰인 것과 같다. "너희는 그 은혜에 의하여 믿음으로 말미암아 구원을 받았으니 이것은 너희에게서 난 것이 아니요 하나님의

선물이라"(엡 2:8). 마찬가지로 "너희에게 은혜를 주신 것은 다만 그리스도를 믿을 뿐 아니라"(빌 1:29).

제6항 선택과 유기의 작정

<u>일부에겐 믿음을 주시고, 일부에겐 주시지 않는 하나님의 영원한 작정:</u>
시간 속에서 어떤 이들에게는 믿음이 하나님으로부터 선물로 주어지고,
다른 이들에게는 주어지지 않는데, 이것은 하나님의 영원한 작정에 따른
것이다. 왜냐하면 하나님은 자신의 모든 일을 영원부터 아시기 때문이다
(행 15:18, 엡 1:11).[18] 이 작정에 따라, 하나님은 피택자들의 마음이 아무리
강퍅할지라도 은혜로 말미암아 부드럽게 하시고 믿음으로 기울게 하시
지만, 비피택자들은 그분의 공정한 심판에 따라 악함과 강퍅함에 내버려
두신다. 그리고 여기에서 똑같이 파멸에 이른 사람들에 대한 그분의 가
장 심오하시고 자비로우시며 동시에 공의로우신 구별이 우리에게 드러
난다. 이것이 하나님의 말씀에 계시된 선택과 유기의 작정이다. 비록 사
악하고 불순하고 변덕스러운 자들은 이 작정을 자신의 파멸로 왜곡하지
만, 이 작정은 거룩하고 독실한 영혼들에게는 말할 수 없는 위로를 가져
다 준다.

제7항 선택과 구원의 수단

<u>순전히 은혜로 피택자들을 선택하시고, 구원의 수단도 정하시는 하나
님:</u> 선택은 하나님의 불변의 목적인데, 이에 따라 하나님은 세상의 창립
이전에, 처음의 순전한 상태에서, 자신의 잘못으로 죄와 멸망으로 빠져
들어간 전 인류 종족으로부터, 그분의 뜻의 자유로운 선한 기쁨에 따라,
순전히 은혜로, 이들이 더 옳아서도 아니고 더 가치가 있어서도 아니고
다른 이들처럼 같은 비참함에 빠진 특정한 수의 사람들을, 영원 전에 모

든 피택자들의 중보자와 머리 그리고 구원의 기초로 세우신 그리스도 안에서 구원으로 선택하셨다. 하나님은 바로 그들이 구원받도록 그리스도에게 주실 것을, 자신의 말씀과 영을 통하여 교통 안으로 효력 있게 부르시고 이끄실 것을, 참된 그 믿음을 주실 것을, 칭의하실 것을, 성화하실 것을, 권능 있게 자신의 아들과의 교통 속에서 보존하실 것을, 마침내 영화하실 것을 작정하셨는데, 자신의 자비를 드러내시고, 자신의 신적인 영광스러운 은혜를 찬양하도록 하시기 위해서이다. 다음의 말씀과 같다. "곧 창세전에 그리스도 안에서 우리를 택하사 우리로 사랑 안에서 그 앞에 거룩하고 흠이 없게 하시려고 그 기쁘신 뜻대로 우리를 예정하사 예수 그리스도로 말미암아 자기의 아들들이 되게 하셨으니 이는 그가 사랑하시는 자 안에서 우리에게 거저 주시는 바 그의 은혜의 영광을 찬송하게 하려는 것이라"(엡 1:4-6). 그리고 "미리 정하신 그들을 또한 부르시고 부르신 그들을 또한 의롭다 하시고 의롭다 하신 그들을 또한 영화롭게 하셨느니라"(롬 8:30).

제8항 하나의 같은 선택

다양한 종류의 선택이 아니라 하나의 같은 선택: 이 선택에는 다양한 종류가 있지 않고, 구약과 신약 아래에서 구원될 모든 이들에 대한 하나의 그리고 동일한 선택이 있을 뿐이다. 왜냐하면 성경은 하나님의 뜻에 관한 선한 기쁨과 목적과 계획이 유일하다고 선포하기 때문이다. 이것에 따르면 하나님은 영원으로부터 우리를 은혜와 영광으로, 그리고 구원과 구원의 길로 선택하셨는데, 그 구원의 길은 우리가 구원으로 걸어가도록 미리 예비하신 것이다.

제9항 선택의 결과물

선택의 원인과 조건이 아니라 선택의 목적인 믿음과 믿음의 순종과 거룩함: 이와 같은 선택은 예지(豫知, foreseen)된 믿음, 믿음의 순종, 거룩함, 또는 어떤 다른 선한 자질(quality)이나 성향(disposition)에 근거하여 이루어지지 않았는데, 이것들은 마치 선택된 사람에게 미리 필요한 원인이나 조건이 되지 않고, 오히려 선택은 믿음과 믿음의 순종과 거룩함 등을 위하여 이루어졌다. 그러므로 선택은 구원의 모든 선한 것의 근원이고, 여기로부터 믿음, 거룩함, 그리고 구원의 다른 선물들, 최종적으로는 영생 자체가 선택의 열매와 효과로서 흘러나온다. 사도에 따르면 이와 같다. "우리를 택하사 (우리가 이러했기 때문이 아니라) 우리로 사랑 안에서 그 앞에 거룩하고 흠이 없게 하시려고"(엡 1:4).

제10항 선택의 유일한 원인

선택의 유일한 원인인 하나님의 선한 기쁨: 이 값없는 선택의 원인은 오직 하나님의 선한 기쁨인데, 이것은 하나님께서 모든 가능한 것들 중에서 사람의 어떤 자질이나 행위를 구원의 조건들로 선택하시는 것에 있지 않고, 공통으로 죄를 지은 무리 중에서 어떤 특정한 사람들을 자기 자신의 소유물로 삼으셨다는 것에 있다. 다음처럼 쓰인 것과 같다. "그 자식들이 아직 나지도 아니하고 무슨 선이나 악을 행하지 아니한 때에…리브가에게 이르시되 큰 자가 어린 자를 섬기리라 하셨나니 기록된 바 내가 야곱은 사랑하고 에서는 미워하였다 하심과 같으니라"(롬 9:11-13). 그리고 "영생을 주시기로 작정된 자는 다 믿더라"(행 13:48).

제11항 실패 없는 선택

하나님의 지혜, 불변, 전지, 전능에 따라 방해, 변경, 폐지, 종결이 없는

<u>선택</u>: 그리고 하나님 자신이 가장 지혜로우시고, 불변하시고, 전지(全知)하시고, 전능(全能)하신 것처럼, 바로 그분으로 말미암은 선택도 방해되거나 변경되거나 폐지되거나 종결되지 않는다. 피택자들은 버림 받을 수 없고, 피택자들의 숫자도 감소될 수 없다.

제12항 선택의 확신

<u>호기심의 탐구가 아니라 선택의 열매의 관찰을 통해 주어지는 선택의 확신</u>: 구원에 이르는 피택자들의 영원하고 불변한 선택과 관련하여 그들은 그분의 때에 다양한 단계와 여러 방법으로 확신을 얻게 된다. 이것은 하나님의 감춰지고 깊은 일들을 호기심으로 캔다고 주어지지 않고, 하나님의 말씀에 기록된 선택의 틀림없는 열매들을, 즉 그리스도에 대한 참된 믿음, 하나님의 자녀다운 경외감, 죄에 대한 하나님의 뜻대로의 근심, 의에 주리고 목마른 것 등을 자기 자신 속에서 영적인 기쁨과 거룩한 즐거움으로 관찰함으로써 주어진다.

제13항 선택의 확신의 유익

<u>선택의 확신에서 오는 겸손과 찬양과 정화와 사랑</u>: 이 선택을 인식하고 확신하는 것으로부터, 하나님의 자녀들은 자신들을 하나님 앞에서 겸손하게 할, 그분의 자비의 깊음을 찬양할, 자신들을 깨끗하게 할, 그리고 자신들을 먼저 매우 사랑하신 하나님을 보답하는 마음으로 열렬하게 사랑할 더 큰 동기를 매일 찾게 된다. 이것은 선택 교리와 그 교리를 묵상함이 하나님의 계명들을 더 게으르게 지키게 하고 육적인 안전감을 느끼게 한다는 것과 거리가 매우 멀다. 오히려 이런 것은 하나님의 공의로운 심판에 따라, 선택의 은혜를 경솔하게 여기거나 빈둥거리며 무례하게 잡담하면서 피택자의 길을 걷지 않으려는 자들에게 발생하곤 한다.

제14항 선택 교리의 선포

신구약과 현대에도 선포되어야 하는 선택 교리: 하나님의 선택에 대한 이 교리가 하나님의 가장 지혜로운 계획에 의해 선지자들과, 그리스도 자신과, 사도들을 통하여, 구약과 신약 하에서 동일하게 선포되었고, 이어서 거룩한 성경의 기록에 맡겨졌다. 따라서 교회를 위하여 특별히 의도된 선택 교리는 오늘날에도 하나님의 교회에서, 분별의 영으로, 독실하고 경건하게, 그의 때와 장소에서, 가장 높으신 이의 길을 호기심으로 탐구하려는 것을 버리고, 가장 거룩하신 하나님의 이름의 영광과 그분의 백성의 살아 있는 위로를 위하여 알려져야 한다.

제15항 유기의 작정

일부는 선택되지 않고 간과되는 유기의 작정: 성경이 우리의 이 선택이 영원하고 값없는 은혜임을 가장 크게 밝히고 우리에게 드러내는 것은, 하나님의 영원한 선택에서 모든 사람들이 선택되는 것은 아니고, 일부는 선택되지 않거나 간과된다고 증거할 때이다. 하나님은 가장 자유롭고, 가장 공의롭고, 흠잡을 데 없고, 변하지 않는 선한 기쁨에 따라 그들의 죄가 그들을 몰아넣었던 공통된 비참함 속에 그들을 두시기로, 그리고 구원하는 믿음과 회개의 은혜를 주시지 않기로, 대신에 불신만이 아니라 다른 모든 죄들 때문에 그들의 길과 공의로운 심판 아래 두셔서 자신의 공의의 선포를 위해 영원히 정죄하시고 벌하시기로 작정하셨다. 이것이 유기의 작정인데, 이것은 절대로 하나님을 죄의 조성자로 만들지 않고 (이것은 신성 모독으로 생각되고), 대신에 하나님을 두렵고, 흠잡을 데 없고, 공의로운 심판자와 보응자로 만든다.

제16항 유기 교리에 대한 자세

<u>유기 교리에 놀라지 않는 은혜의 수단 사용자와 두려워하는 육신의 정욕</u>
<u>자</u>: 아직 그리스도에 대한 살아 있는 믿음이나 마음의 견고한 확신, 양심
의 평화, 자녀로서 순종하는 열심, 그리스도를 통한 하나님 안에서의 영
광스러워함을 자신들 안에서 역동적으로 경험하지 못하는 이들일지라
도, 하나님은 이러한 일들을 수단들을 통하여 우리 안에서 일으키시겠다
고 약속하셨으므로, 이 수단들을 사용하는 이들은 유기의 언급에 놀라서
는 안 되고, 자신들을 유기자들로 여겨서도 안 된다. 도리어 수단들을 열
심히 계속하여 사용해야 하고, 더 풍성한 은혜의 때를 간절히 원해야 하
며, 공손하고 겸손하게 기대해야 한다. 한편 유기 교리를 더욱 두려워할
필요가 없는 이들이 있는데, 진지하게 하나님께로 회심하기를 원하고,
그분만을 기뻐하기를 원하며, 죽음의 육신으로부터 구조되기를 원하지
만, 그들이 원하는 경건과 믿음의 길에 충분히 아직 도착하지 못한 이들
이다. 왜냐하면 자비로운 하나님께서 꺼져 가는 심지를 끄지 않으시고,
상한 갈대를 꺾지 않으시겠다고 약속하셨기 때문이다. 그러나 하나님과
구원자 예수 그리스도를 무시하며, 세상의 염려와 육신의 정욕에 자신
들을 전적으로 내어 주는 자들은 하나님께로 진지하게 돌아오지 않는 한
이 교리를 마땅히 두려워하게 된다.

제17항 유아의 선택과 구원

<u>자신의 본성이 아니라 은혜 언약의 효력으로 거룩한 유아</u>: 우리는 하나
님의 뜻을 하나님의 말씀에 따라 판단해야 하는데, 그 말씀은 신자들의
자녀들이 본성 때문이 아니라, 부모들과 함께 포함된 은혜 언약의 효력
때문에 거룩하다고 증거한다. 그러므로 신실한 부모들은 하나님께서 자
신들의 자녀들을 유아 때에 이 세상으로부터 부르셨을 때에 그들의 선택

과 구원에 관하여 의심해서는 안 된다.

제18항 선택과 유기를 대하는 자

선택과 유기 교리에 대한 올바른 자세: 이 값없는 선택의 은혜와 공의로운 유기의 엄격함을 불평하는 자들에게 우리는 사도와 더불어 응답하는 바이다. "이 사람아 네가 누구이기에 감히 하나님께 반문하느냐?"(롬 9:20). 그리고 우리의 구주와 함께 응답한다. "내 것을 가지고 내 뜻대로 할 것이 아니냐?"(마 20:15). 그러므로 우리는 이 신비를 경건하게 존중하며 사도와 함께 외치는 바이다. "깊도다 하나님의 지혜와 지식의 풍성함이여, 그의 판단은 헤아리지 못할 것이며 그의 길은 찾지 못할 것이로다 누가 주의 마음을 알았느냐 누가 그의 모사가 되었느냐 누가 주께 먼저 드려서 갚으심을 받겠느냐 이는 만물이 주에게서 나오고 주로 말미암고 주에게로 돌아감이라 그에게 영광이 세세에 있을지어다 아멘"(롬 11:33-36).

2. 첫째 교리에 관한 항론파의 구체적 잘못에 대한 반항론파의 구체적 답변

제1절[19] 주장: 믿을 자들을 그리고 믿음과 믿음의 순종에 견인할 자들을 구원하시겠다는 하나님의 뜻이 구원에 이르는 온전하고 완전한 선택의 작정이고, 이 작정 이외의 것이 하나님의 말씀에는 전혀 계시되지 않는다.[20]

반박: 이것들은 순진한 자들을 속이고, 성경에 명백하게 모순되는데, 성경은 하나님께서 믿을 자를 구원하기를 원하실 뿐만 아니라, 어떤 특정한 사람들을 영원 전에 선택하셔서, 다른 이들이 아닌 그들에게 시간 속에서 그리스도에 대한 믿음과 견인을 주신다고 증거한다. 다음처럼 쓰인

것과 같다. "세상 중에서 내게 주신 사람들에게 내가 아버지의 이름을 나타내었나이다"(요 17:6). 마찬가지로 "영생을 주시기로 작정된 자는 다 믿더라"(행 13:48). 그리고 "곧 창세전에 그리스도 안에서 우리를 택하사 우리로 사랑 안에서 그 앞에 거룩하고 흠이 없게 하시려고"(엡 1:4).

제2절 주장: 영생에 이르는 하나님의 선택에는 여러 종류가 있다. "일반적이고 불확정적인 선택"과 "특정적이고 확정적인 선택"이 있고, 또한 후자에는 "불완전하고, 폐지할 수 있고, 비결정적이고, 조건적인 선택"과 "완전하고, 폐지할 수 없고, 결정적이고, 절대적인 선택"이 있다. 마찬가지로 "믿음에 이르는 선택"과 "구원에 이르는 선택"이 있어서, "구원에 이르는 결정적 선택"이 없는 "의롭게 하는 믿음에 이르는 선택"이 있을 수 있다.

반박: 이것은 성경과 상관없이 고안된 사람들의 뇌의 발명품이고, 선택에 대한 교리를 왜곡시키고, 구원의 황금 사슬을 깨뜨린다. "또 미리 정하신 그들을 또한 부르시고 부르신 그들을 또한 의롭다 하시고 의롭다 하신 그들을 또한 영화롭게 하셨느니라"(롬 8:30).

제3절 주장: 성경이 선택 교리에서 언급하는 하나님의 선한 기쁨과 뜻은 하나님께서 다른 사람들이 아닌 어떤 이들을 선택하셨다는 것에 있지 않고, 하나님께서 (율법의 행위도 포함하여) 모든 가능한 조건들로부터, 혹은 모든 일들의 질서로부터, 그 자체로는 가치가 없는 믿음의 행위와 믿음의 불완전한 순종을 구원의 조건으로 선택하신 것에 있다. 하나님은 이것을 은혜로 말미암아 완전한 순종으로 여기기를 원하셨고, 영생의 상으로 적합하다고 보기를 원하셨다.

반박: 이 해로운 잘못 때문에 하나님의 선한 기쁨과 그리스도의 공로는

무기력하게 되고, 사람들은 쓸모없는 질문들 때문에 은혜로운 칭의의 진리와 성경의 분명함으로부터 떠나가게 되며, 사도는 틀리게 여겨진다. "하나님이 우리를 구원하사 거룩하신 소명으로 부르심은 우리의 행위대로 하심이 아니요 오직 자기의 뜻과 영원 전부터 그리스도 예수 안에서 우리에게 주신 은혜대로 하심이라"(딤후 1:9).

제4절 주장: 믿음에 이르는 선택에서, 사람이 본성의 빛(the light of nature)을 올바로 사용하는 것, 사람이 경건한 것, 겸손한 것, 온순한 것, 그리고 영생에 합당한 것이 조건으로 미리 요구되는데, 마치 선택이 이것들에게 어느 정도 달려 있는 것처럼 요구된다.

반박: 이것들은 펠라기우스의 냄새를 풍기고, 사도의 말을 분명히 잘못되게 비난한다. "전에는 우리도 다 그 가운데서 우리 육체의 욕심을 따라 지내며 육체와 마음의 원하는 것을 하여 다른 이들과 같이 본질상 진노의 자녀였더니 긍휼이 풍성하신 하나님이 우리를 사랑하신 그 큰 사랑을 인하여 허물로 죽은 우리를 그리스도와 함께 살리셨고 너희는 은혜로 구원을 받은 것이라 또 함께 일으키사 그리스도 예수 안에서 함께 하늘에 앉히시니 이는 그리스도 예수 안에서 우리에게 자비하심으로써 그 은혜의 지극히 풍성함을 오는 여러 세대에 나타내려 하심이라 너희는 그 은혜에 의하여 믿음으로 말미암아 구원을 받았으니 (이것은 너희에게서 난 것이 아니요 하나님의 선물이라) 행위에서 난 것이 아니니 이는 누구든지 자랑하지 못하게 함이라"(엡 2:3-9).

제5절 주장: 특정한 사람들을 구원으로 이끄는 불완전하고 비결정적인 선택은 막 시작되었거나 한동안 지속된 "예지된 믿음과 회개와 거룩함과 경건"으로부터 이루어진다. 하지만 완전하고 결정적인 선택은 "예지된

믿음과 회개와 거룩함과 경건"을 끝까지 견디는 것으로부터 이루어진다. 그리고 이것이 은혜롭고 복음적인 가치인데, 이 가치 때문에 택함을 받은 자는 택함을 받지 못한 자보다 더 가치가 있다. 그러므로 믿음, 믿음의 순종, 거룩함, 경건, 그리고 견인은 영광에 이르는 불변의 선택의 열매들이나 결과들이 아니라, 완전하게 선택될 자들에게 미리 요구되는 필수적인 조건들과 원인들이고, 마치 달성된 것처럼 미리 보여진 것들이다.

반박: 이것은 전체 성경에 일치하지 않는데, 성경은 도처에서 우리의 귀와 마음에 이런저런 말씀들을 심어 준다. "택하심을 따라 되는 하나님의 뜻이 행위로 말미암지 않고 오직 부르시는 이로 말미암아"(롬 9:11), "영생을 주시기로 작정된 자는 다 믿더라"(행 13:48), "곧 창세전에 그리스도 안에서 우리를 택하사 우리로 사랑 안에서 그 앞에 거룩하고 흠이 없게 하시려고"(엡 1:4), "너희가 나를 택한 것이 아니요 내가 너희를 택하여"(요 15:16), "만일 은혜로 된 것이면 행위로 말미암지 않음이니"(롬 11:6), "사랑은 여기 있으니 우리가 하나님을 사랑한 것이 아니요 하나님이 우리를 사랑하사 우리 죄를 속하기 위하여 화목 제물로 그 아들을 보내셨음이라"(요일 4:10).

제6절 주장: 구원에 이르는 모든 선택이 불변인 것은 아니다. 오히려 어떤 피택자들은 하나님의 작정이 가로막지 않기 때문에 멸망할 수 있고, 실제로 영원히 멸망한다.

반박: 이 엄청난 잘못으로 그들은 하나님을 변하시는 분으로 만들고, 선택의 확고함으로부터 오는 신자들의 위로를 깨뜨린다. 다음처럼 가르치는 성경과 모순된다. 피택자들은 미혹될 수 없고(마 24:24), 그리스도는 아버지로부터 자신에게 주어진 자들을 잃어버리지 않으시며(요 6:39), 하나님은 미리 정하시고, 부르시고, 의롭다 하신 그들을 또한 영화롭게 하셨

다(롬 8:30).

제7절 주장: 영광에 이르는 불변의 선택에 대한 열매와 인식과 확신이 이 생애에서는 없고, 있다면 변하고 불확실한 조건으로할 뿐이다.

반박: 불확실한 확신을 설정하는 것은 어리석을 뿐만 아니라, 성도들의 경험에도 어긋난다. 성도들은 자신들의 선택을 인식함으로 말미암아 사도와 함께 기뻐하고, 하나님의 은혜를 찬양하며(엡 1장), "너희 이름이 하늘에 기록된 것으로 기뻐하라"(눅 10:20)는 그리스도의 권고를 따라 제자들과 함께 기뻐하고, 결국 선택의 인식으로 마귀들의 유혹의 불화살에 대해 다음처럼 물으며 저항한다. "누가 능히 하나님께서 택하신 자들을 고발하리요?"(롬 8:33).

제8절 주장: 하나님은 당신의 순수하고 공의로운 뜻으로 그 누구를 아담의 타락에 그리고 공통적인 죄와 정죄의 상태에 두시기로 작정하시지 않았고, 믿음과 회개에 필요한 은혜를 나누시면서 어떤 누구를 간과하시기로 작정하시지도 않았다.

반박: 다음과 같은 말씀이 확고하게 서 있다. "하나님께서 하고자 하시는 자를 긍휼히 여기시고 하고자 하시는 자를 완악하게 하시느니라"(롬 9:18). 그리고 "천국의 비밀을 아는 것이 너희에게는 허락되었으나 그들에게는 아니되었나니"(마 13:11). 마찬가지로 "천지의 주재이신 아버지여 이것을 지혜롭고 슬기 있는 자들에게는 숨기시고 어린아이들에게는 나타내심을 감사하나이다 옳소이다 이렇게 된 것이 아버지의 뜻이니이다"(마 11:25-26).

제9절 주장: 하나님께서 복음을 이 족속 대신에 다른 족속에게 전하시는

이유는 순수하게 오직 하나님의 선한 기쁨 때문이 아니고, 복음이 전달되지 않은 이 족속보다 다른 족속이 더 좋고 더 가치가 있기 때문이다.

반박: 모세는 이스라엘 백성에게 이렇게 말하며 반대한다. "하늘과 모든 하늘의 하늘과 땅과 그 위의 만물은 본래 네 하나님 여호와께 속한 것이로되 여호와께서 오직 네 조상들을 기뻐하시고 그들을 사랑하사 그들의 후손인 너희를 만민 중에서 택하셨음이 오늘과 같으니라"(신 10:14-15). 그리스도께서도 반대하신다. "화 있을진저 고라신아 화 있을진저 벳새다야 너희에게 행한 모든 권능을 두로와 시돈에서 행하였더라면 그들이 벌써 베옷을 입고 재에 앉아 회개하였으리라"(마 11:21).

제2장 둘째 교리:
그리스도의 죽음과 이로 말미암은 사람의 구속
(Christ's Death and Human Redemption Through It)

1. 도르트 신경(반항론파)의 그리스도의 죽음과 이로 말미암은 사람의 구속

제1항 하나님의 공의

<u>죄에 대한 벌을 요구하는 하나님의 공의</u>: 하나님은 지극히 자비로우실 뿐만 아니라 지극히 공의로우시다. 그분의 공의는 (말씀에서 자신을 계시하신 것처럼) 그의 무한한 위엄에 대항하여 지은 우리의 죄들이 현세만이 아니라 영원에 이르도록, 영육에 걸쳐 벌로 징계될 것을 요구한다. 우리는 하나님의 공의가 만족되지 않는 한 이 벌들로부터 벗어날 수 없다.

제2항 십자가로 이룬 하나님의 공의

<u>하나님의 공의를 위해 십자가에서 죄와 저주를 감당하신 독생자</u>: 그러나 우리는 스스로 만족을 이룰 수 없고, 하나님의 진노로부터 우리를 해방시킬 수 없기 때문에, 하나님은 한량없는 자비로 자신의 독생자를 우리에게 보증인으로 주셨는데, 그분은 우리를 위하여 만족을 이루시려고, 우리를 위하여 그리고 우리를 대신하여 십자가에서 죄와 저주를 감당하셨다.

제3항 유일하고 완전한 희생

<u>전 세상의 죄를 속죄하기에 무한한 가치가 있는 독생자의 죽음</u>: 하나님의 아들의 이 죽음은 죄를 위한 유일하고 가장 완전한 희생과 보상으로, 무

한한 가치와 값이 있어, 전 세상의 죄를 속죄하기에 넘칠 만큼 충분하다.

제4항 신인양성의 일인격

<u>참된 사람이자, 성부와 성령과 같은 본질의 그리스도</u>: 이 죽음에 그렇게 큰 가치와 값이 있는 것은 이것을 겪으신 분이 참되고 완벽하게 거룩한 사람일 뿐만 아니라, 성부와 성령과 똑같은 영원하고 무한한 본질을 지니신 하나님의 독생자이시기 때문인데, 이것들은 우리의 구원자가 되시는 데 요구되는 것들이다. 그리고 그분의 이 죽음은 우리가 우리의 죄로 말미암아 져야 할 하나님의 진노와 저주를 겪으시는 것과 연관되기 때문이다.

제5항 복음의 약속의 선포

<u>모든 사람들에게 선포되는 그리스도를 통한 영생의 복음</u>: 더욱이 복음의 약속은 십자가에 못 박히신 그리스도를 믿는 자는 누구든지 멸망하지 않고 영생을 얻는다는 것이다. 이 약속은 하나님께서 자신의 선한 기쁨으로 복음을 보내시는 모든 민족들과 사람들에게 보편적으로 차별 없이 회개와 믿음의 명령과 함께 선포되고 공표되어야 한다.

제6항 불신앙의 원인

<u>그리스도의 희생의 흠이 아니라 자신의 잘못으로 믿지 않는 이들</u>: 그런데 복음을 통해 부름을 받은 많은 이들이 회개하지 않고 그리스도를 믿지 않아 불신앙으로 멸망하는데, 이것은 십자가에서 드려진 그리스도의 희생에 어떤 흠이나 부족함이 있어서가 아니라 바로 그들 자신의 전적인 잘못 때문이다.

제7항 믿음의 원인

오직 하나님의 은혜로 믿고 구원받는 이들: 그러나 진실로 믿고 그리스도의 죽음을 통해 죄와 파멸로부터 건짐을 받으며 구원받은 이들에게 있는 이 호의는 영원부터 그리스도 안에서 그들에게 주어진 오직 하나님의 은혜로부터 말미암은 것인데, 하나님은 누구에게도 이 은혜를 빚지지 않으신다.

제8항 제한 속죄

피택자들에게 실패 없이 발휘되는 그리스도의 죽음의 효력: 그의 아들의 가장 귀한 죽음으로 말미암은 살리고 구원하는 효력이 모든 피택자들 안에서 발휘되어, 오직 그들에게 의롭게 하는 믿음이 주어지고, 구원에 이르는 믿음을 통하여 실패 없이 인도되게 하시는 것이 하나님 아버지의 자유로운 계획과 가장 은혜로운 뜻과 목적이다. 하나님은 그리스도께서 모든 백성, 족속, 나라, 방언으로부터 영원 전에 구원으로 택함을 받고, 아버지께서 자신에게 주신 모든 자들을 그리고 오직 이들만을 (새 언약을 확증한) 십자가의 피를 통해 효력 있게 구속하시고, (성령의 다른 구원하는 선물들과 함께 그들을 위하여 그의 죽음으로 획득하신) 믿음을 주시며, 원죄이든 자범죄이든, 믿은 후나 전에 지은 죄이든, 모든 죄로부터, 그의 피로 깨끗하게 하시고, 끝까지 내내 신실하게 보존하시며, 최종적으로 모든 티와 흠 없이 자신 앞에 영광으로 세우시는 것을 원하신다.

제9항 하나님의 계획

태초부터 힘차게 실행되었고, 계속해서 실행될 계획: 피택자들을 향한 영원한 사랑으로 세상의 처음부터 현재의 시간까지 줄곧 진행된 이 계획은, 음부의 문들이 헛되이 억압할지라도, 힘차게 실행되어 왔고, 계속해서 마찬가지로 실행될 것이다. 그래서 피택자들은 그들의 때에 하나로 모아지고, 그리스도의 피로 세워진 신자들의 교회는 영원히 어떻게든지 존재하며, 그 교회는 자신의 구원자를 늘 사랑하고, 꾸준히 경배하며, 이 곳에서 영원토록 찬양하는데, 그 구원자는 신랑이 신부를 위하듯 교회를 위하여 십자가에서 자신의 목숨을 내어놓았다.

2. 둘째 교리에 관한 항론파의 구체적 잘못에 대한 반항론파의 구체적 답변

제1절 주장: 하나님 아버지는 그의 아들을 십자가의 죽음으로 작정하셨는데, 어떤 이들을 지명(指名)하여 구원하시는, 확정되고 결정적인 계획 없이 작정하셨다. 그래서 설령 획득된 구속이 개인에게 한 번도 실제로 적용되지 않을지라도, 그리스도의 죽음이 획득한 것은 그 필요성과 유용성과 가치에 있어 손상되지 않을 수 있고, 전적으로 완벽하고 완전하고 온전하게 지속될 수 있다.

반박: 이 주장은 하나님 아버지의 지혜와 예수 그리스도의 공로에 대한 모독이고, 성경에 반대된다. 구세주는 이렇게 말씀하신다. "나는 양을 위하여 목숨을 버리노라 나는 그들을 안다"(요 10:15, 27). 그리고 선지자 이사야는 구세주에 관하여 이렇게 말한다. "그의 영혼을 속건제물로 드리기에 이르면 그가 씨를 보게 되며 그의 날은 길 것이요 또 그의 손으로 여호와께서 기뻐하시는 뜻을 성취하리로다"(사 53:10). 끝으로 이것은 우리가 고백하는 교회의 신앙 고백에 어긋난다.

제2절 주장: 그리스도의 죽음의 목적은 그의 피로 새 은혜 언약을 실제로 확정하는 것이 아니라, 단지 아버지를 위해 단순한 권리를 얻는 것으로,

은혜이든 행위이든 사람들과 언약을 다시 체결하는 권리이다.

반박: 이 주장은 다음처럼 가르치는 성경에 모순된다. "그리스도는 더 좋은 언약, 즉 새 언약의 보증이 되셨느니라"(히 7:22, 9:15). 그리고 "유언은 그 사람이 죽은 후에야 유효한즉"(히 9:17).

제3절 주장: 그리스도는 그의 보상(satisfaction)을 통하여 누군가를 위하여 확실하게 구원 자체를 공로로 얻은 것도 아니고, 구원에 이르는 그리스도의 이 보상이 효력 있게 적용되게 하는 믿음을 확실하게 얻은 것도 아니며, 단지 아버지를 위해 새롭게 사람들과 더불어 행할 권세와 전적인 의지를 획득한 것이고, 그가 원하시는 새로운 조건들을 규정할 권한과 전적인 의지를 획득한 것인데, 이 조건들의 보장은 사람의 자유 의지에 달려 있어서, 누구도 그 조건들을 수행하지 못할 수도 있고, 모두가 그 조건들을 수행할 수도 있다.

반박: 그들은 그리스도의 죽음을 너무 낮게 평가하고, 그것이 산출하는 최상의 열매와 은덕을 전혀 인정하지 않으며, 지옥으로부터 펠라기우스의 잘못을 불러오고 있다.

제4절 주장: 새 은혜 언약은 하나님 아버지께서 그리스도의 죽음의 중보를 통해 사람들과 세우신 것인데, 믿음이 그리스도의 공로를 받아들이는 한 우리가 하나님 앞에서 의로워지고 구원받는다는 것에 있는 것이 아니라, 하나님께서 완전한 순종이란 적합한 요구를 폐지하시며 믿음 자체와 믿음의 불완전한 순종을 율법의 완전한 순종으로 여기시고, 영생의 보상에 적합하다고 은혜로 보신다는 것에 있다.

반박: 그들은 성경과 모순된다. "그리스도 예수 안에 있는 속량으로 말미암아 하나님의 은혜로 값없이 의롭다 하심을 얻은 자 되었느니라 이

예수를 하나님이 그의 피로써 믿음으로 말미암는 화목제물로 세우셨으니"(롬 3:24-25). 그리고 그들은 불경건한 소키누스와 함께 하나님 앞에서 사람의 칭의를 새롭고 기이하게 전체 교회의 합의에 역행하게끔 도입하고 있다.

제5절 주장: 모든 사람들은 화해의 상태와 언약의 은혜로 받아들여져서, 그 누구도 원죄 때문에 정죄에 이르지 않고, 정죄 당해서도 안 되며, 대신 모든 이들은 이 죄의 죄책으로부터 자유롭다.

반박: 이 주장은 우리가 "본질상 진노의 자녀"(엡 2:3)라고 단언하는 성경에 모순된다.

제6절 주장: 획득과 적용의 구분을 사용하는 이들은 경솔하고 미숙한 자들에게, 하나님은 자신이 관계되는 한 그리스도의 죽으심으로 말미암아 획득된 은택을 모든 사람들에게 동등하게 주시기를 원하셨다는 견해를 심고자 한다. 즉 다른 이들이 아닌 어떤 이들만 죄의 용서와 영생에 참여하게 되는 차이는 차별 없이 제공되는 은혜에 자유 의지를 적용하는 그들의 자유 의지에 달려 있다. 이 차이는 어떤 이들 안에서 효력 있게 작동하여, 다른 이들이 아닌 어떤 이들만 자신들에게 이 은혜를 적용하도록 하는 자비라는 유일한 선물에 달려 있지 않다.

반박: 그들이 이러한 구분을 건전한 방식으로 제시하는 것처럼 가장하는 동안, 그들은 펠라기아니즘의 치명적인 독을 사람들에게 권하도록 시도하고 있는 것이다.

제7절 주장: 그리스도는 하나님께서 가장 크게 사랑하셨고 영생으로 선택하셨던 자들을 위해 죽으실 수 없고, 죽으실 필요도 없으며, 죽지 않으셨

는데, 그러한 사람들은 그리스도의 죽음을 필요로 하지 않기 때문이다.

반박: 그들은 다음처럼 말하는 사도들과 모순된다. "나를 사랑하사 나를 위하여 자기 자신을 버리신 하나님의 아들"(갈 2:20), "누가 능히 하나님께서 택하신 자들을 고발하리요 의롭다 하신 이는 하나님이시니 누가 정죄하리요 죽으실 뿐 아니라 다시 살아나신 이는 그리스도 예수시니"(롬 8:33-34). 그들은 다음처럼 주장하시는 구세주에게도 모순된다. "나는 양을 위하여 목숨을 버리노라"(요 10:15), "내 계명은 곧 내가 너희를 사랑한 것같이 너희도 서로 사랑하라 하는 이것이니라 사람이 친구를 위하여 자기 목숨을 버리면 이보다 더 큰 사랑이 없나니"(요 15:12-13).

제3장 셋째 · 넷째 교리:
사람의 부패와 하나님께로의 회개와 그 방식
(Human Corruption, Conversion to God, and the Way It Occurs)

1. 도르트 신경(반항론파)의 사람의 부패, 하나님께로의 회개와 그 방식

제1항 하나님의 형상인 사람의 부패

<u>하나님의 형상으로 창조된 사람의 지정의에 걸친 부패</u>: 사람은 원래 하나님의 형상으로 창조되었고, 자신의 창조자와 영적인 것들에 관한 참되고 영적인 지식이 지성(mind)에, 의로움이 의지와 마음에, 순결이 모든 정서에 갖추어졌다. 정말로 사람은 전체적으로 거룩하였다. 그러나 마귀의 선동과 자신의 자유 의지로 하나님을 반역하여서, 바로 이러한 뛰어난 은사들을 빼앗기고, 이것들 대신에 무지, 끔찍한 어두움, 허무, 판단의 왜곡을 지성에, 사악, 반항, 무자비를 의지와 마음에, 마지막으로 모든 불순결을 그의 정서에 가져왔다.

제2항 부패한 본성의 전달

<u>모방이 아니라 본성의 전달을 통한 부패한 후손의 출산</u>: 사람은 타락 후에 자신과 같은 자녀들을 낳았는데, 참으로 부패하였기 때문에 부패한 자녀들을 낳았다. 부패는 하나님의 공정한 심판으로 말미암아 아담부터 (오직 그리스도만을 제외하고) 모든 후손들에게, (펠라기안들이 오래전에 주장하였듯) 모방이 아니라, 해악한 본성의 전달을 통해 퍼져 나갔다.

제3항 전적 부패

죄인으로 태어나 전적 부패한 사람: 그러므로 모든 사람들은 죄 속에서 잉태되고, 진노의 자녀들로 태어나며, 구원하는 모든 선에 적합하지 않고, 악에 기울어져 있으며, 죄에 있어 죽었고, 죄의 노예이다. 그래서 성령의 중생의 은혜 없이는, 그들은 하나님께 돌아가거나, 부패한 본성을 고치려거나, 자신들을 개혁에 내어놓으려는 것을 원하지도 않고 할 수도 없다.

제4항 희미한 본성의 빛

희미하게 남은 본성의 빛으로 회심할 수 없는 사람: 분명히 본성의 빛은 타락 후에도 사람에게 약간 남아 있어, 사람은 이것으로 하나님과 자연 사물과 선악의 차이와 관련하여 어떤 개념들을 갖게 되고, 덕과 외적 질서의 열의를 약간 나타낸다. 그러나 사람이 이 본성의 빛으로 하나님에 대한 구원하는 지식을 갖게 되고 회심하기에는 너무나 약하여, 심지어 자연과 사회의 일에 관해서도 본성의 빛을 올바로 사용하지 못한다. 그 대신에 사람은 이 빛이 어떤 특성을 갖든지 간에 이 빛을 다양한 방식으로 완벽하게 왜곡하고, 불의로 막는다. 사람은 이렇게 행하기 때문에 하나님 앞에서 핑계할 수 없다.

제5항 율법의 역할과 한계

십계명(율법)을 통해 구원을 얻지 못하는 사람: 본성의 빛에 관한 설명은 하나님께서 모세를 통해 특별히 유대인들에게 전하신 십계명에게도 그대로 적용된다. 왜냐하면 비록 그것은 죄가 크다는 것을 드러내고, 사람이 유죄라고 점점 더 정죄하지만, 치료책을 제공하지 않고, 비참함에서 벗어나는 능력을 주지 않고, 참으로 육신으로 말미암아 약하여진 범죄자를 저주 하에 머물게 하므로, 사람은 그것을 통하여 구원하는 은혜를 얻을 수 없다.

제6항 복음을 통한 성령의 권능

성령의 권능으로 복음을 통하여 믿는 자들을 구하시는 하나님: 그러므로 본성의 빛도 율법도 할 수 없는 것을 하나님은 성령의 권능으로 말씀이나 화해의 사역을 통하여 성취하신다. 이것이 메시아에 관한 복음이고, 하나님은 복음을 통하여 옛 언약과 새 언약 아래에서 모두 믿는 사람들을 구원하시는 것을 기뻐하셨다.

제7항 복음이 신약에 더 전해지는 이유

하나님의 자유로운 기쁨으로 신약에서 보다 다수에게 선포되는 복음: 하나님은 자신의 뜻의 신비를 구약에서는 적은 숫자에게 밝히셨고, 신약에서는 민족들 간에 차이 없이 다수에게 나타내셨다. 이런 경륜의 원인은 한 나라가 다른 나라들보다 더 가치가 있거나 본성의 빛을 더 잘 사용해서가 아니라, 하나님의 자유로운 선한 기쁨과 값없는 사랑 때문이다. 그러므로 모든 공로를 넘어서고 역행하여 매우 큰 은혜를 받은 자들은 겸손하고 감사한 마음으로 이것을 인정해야 하고, 한편 은혜를 받지 못한 자들과 관련해서는 사도와 함께 하나님의 심판의 엄격함과 공의를 찬양해야지, 결코 호기심으로 탐구해서는 안 된다.

제8항 부르시는 하나님

복음을 통해 진지하게 부르시는 하나님: 한편, 복음을 통해 부름을 받은 자들은 진지하게 부름을 받은 것이다. 왜냐하면 하나님은 자신의 말씀으로 진지하게 그리고 가장 진실 되게 무엇이 자신을 기쁘게 하는지를 나타내시는데, 그것은 부름을 받은 자들이 자신에게 나아오는 것이라고 말씀하시기 때문이다. 또한 하나님은 자신에게 와서 믿는 모든 자들에게 영혼의 안식과 영생을 진지하게 약속하신다.

제9항 비(非)회심의 원인

복음과 그리스도와 하나님이 아니라, 사람에게 있는 비회심의 원인: 복음의 사역을 통해 부름을 받은 많은 자들이 나오지 않고 회심하지 않는 원인이 복음이나, 복음을 통해 제시되어진 그리스도나, 복음을 통해 부르시고 게다가 다양한 선물들을 그들에게 주시는 하나님께 있는 것이 아니라, 부름을 받은 그 사람들 자체에게 있다. 그들 중 태연자약한 일부는 생명의 말씀을 받아들이지 않고, 일부는 받아들이지만 마음속 깊이 받아들이지 않아 일시적 믿음의 기쁨이 사라진 후에 퇴락하고, 일부는 염려의 가시와 세상의 즐거움으로 말씀의 씨를 질식시켜 열매가 결실하지 못한다. 우리의 구원자는 마태복음 13장의 씨 뿌리는 비유로 이것을 가르치신다.

제10항 회심의 원인

사람이 아니라, 선택하시고 부르시는 하나님께 있는 회심의 원인: 복음의 사역을 통해 부름을 받은 자들이 나아와 회심하게 되는 원인을 사람들에게 돌려서는 안 된다. 마치 (오만한 펠라기우스 이단들이 주장하듯이) 믿고 회심을 하도록 똑같게 충분히 주어진 은혜를 받은 사람들 중에서 일부가 자유 의지를 통하여 다른 이들로부터 자신들을 구별해 낸 것처럼 여기면 안 된다. 대신 원인을 하나님께 돌려야 하는데, 하나님은 자기 백성을 영원(永遠)에서 그리스도 안에서 선택하셨고, 그래서 그들을 시간 속에서 효력 있게 부르시고, 믿음과 회개를 주시고, 그들에게 흑암의 권세에 버려진 자들을 그의 아들의 나라로 옮기신다. 이는 바로 그들을 어두운 데서 그의 기이한 빛으로 불러내신 이의 아름다운 덕을 선포하게 하려 하심이고, 그들 자신이 아니라 주님을 영광스럽게 하기 위함이다. 사도들은 성경의 여러 곳에서 이를 증거한다.

제11항 하나님의 회심의 방법

<u>하나님께서 성령을 통해 피택자들이 회심하게 하시는 방법</u>: 게다가 하나님은 택하신 자들에게 이 선한 기쁨을 행하실 때나 참된 회심을 작동하실 때에, 복음이 외적으로 그들에게 선포되게 하시고, 그들의 마음을 성령을 통해 권능 있게 조명하셔서, 그들이 바르게 하나님의 영의 일들을 이해하고 분별하도록 하게 하실 뿐만 아니라, 하나님은 같은 영의 거듭나게 하시는 효력으로 사람의 매우 깊은 곳을 관통하시고, 닫힌 마음을 여시고, 강퍅한 마음을 부드럽게 하시고, 할례 받지 않은 마음에 할례 하시며, 의지에 새로운 자질을 불어넣으시고, 죽은 의지를 살아 있게, 악한 의지를 선하게, 원하지 않던 의지를 원하게, 강퍅한 의지를 부드럽게 하시며, 의지를 이끌고 강하게 하셔서, 좋은 나무처럼 선행의 열매를 맺는 것이 가능하게 하신다.

제12항 초월적으로 중생된 의지의 자체성

<u>초월적으로 확실히 중생되어 자체로 행하는 의지</u>: 그리고 이것이 성경에서 그렇게 높이 말하는 중생이고, 새 창조이고, 죽은 자들로부터의 부활이고, 살아남인데, 하나님께서 우리 없이, 우리 안에서 행하신다. 한편 이것은 단지 외적으로 소리 내는 가르침이나, 도덕적 설득이나, 혹은 하나님께서 (자신의 일을) 행하신 후에 사람들이 중생할 것인지 아닌지, 회심할 것인지 아닌지의 여부가 사람들의 능력에 달려 있는 방식으로 이루어

지지 않는다. 오히려 이것은 전적으로 초월적이고, 가장 강력하고 동시에 가장 즐겁고, 경이롭고, 신비롭고, 말로 표현할 수 없는 일인데, (이 일의 수행자에 의해 영감되어진) 성경에 따르면 그 능력에 있어서 창조나 죽은 자들의 부활보다 더 작거나 열등하지 않다. 그래서 하나님께서 이런 놀라운 방식으로 사람들의 마음에서 역사하시는데, 그런 모든 자들은 확실히, 틀림없이, 효력 있게 중생되고, 실제로 믿는다. 그 결과 이제 새로워진 의지는 하나님에 의해 행해지고 움직일 뿐만 아니라, 하나님에 의하여 인도되어 의지 자체가 행한다. 이런 이유 때문에 또한 사람 자신이 받은 그 은혜를 통하여 믿고 회개하는 것이라고 말하는 것은 옳게 진술된 것이다.

제13항 다 이해할 수 없는 중생의 방식

다 이해할 수 없는 중생과 회심의 작동 방식: 이런 작동 방식을 신자들은 이 생애에서 온전히 이해할 수 없다. 한편 그들은 자신들이 하나님의 이 은혜로 자신들의 구주를 마음으로 믿고 사랑하고 있다는 것을 이해하고 느낀다는 것에 만족한다.

제14항 하나님의 선물인 믿음

하나님의 선물로서 실제로 수여되고 불어넣어지는 믿음: 그러므로 믿음은 하나님의 선물인데, 하나님으로 말미암아 사람이 믿음을 선택하도록 믿음이 주어진다는 것이 아니라, 사람에게 믿음이 실제로 수여되고, 불어넣어지고, 주입된다는 것에서 그렇다. 하나님은 단지 믿을 수 있는 능력만을 수여하시고, 그 후에는 믿겠다는 실제의 동의와 행동을 사람의 선택으로부터 기다리시는 것이 아니다. 하나님은 사람이 원하고 행하도록 작동하시고, 실제로 모든 사람에게서 모든 것을 이루시는 하나님은 사람에게서 믿는 의지와 믿는 것 자체를 생성하시는 것이다.

제15항 은혜에 대한 합당한 태도

<u>받을 자격이 없음에도 주시는 하나님의 은혜에 대한 합당한 태도:</u> 하나님은 이 은혜를 누구에게도 빚지시고 있지 않다. 왜냐하면 주께 먼저 드려서 갚으심을 받게 되는 자가 없는데 하나님께서 누구에게 무엇을 빚지시겠는가? 자신의 것으로는 죄와 거짓 외에는 가진 것이 없는 자에게 하나님께서 진정 무엇을 빚지시겠는가? 그러므로 이 은혜를 받은 자는 오직 하나님께 감사를 영원히 빚지고 있고, 그래서 영원히 감사드린다. 이 은혜를 받지 않은 자는 이 영적인 일들에 전혀 관심이 없고 자기 자신의 상황에 만족하고 있거나, 갖고 있지 않음에도 자기 확신으로 갖고 있다고 헛되이 자랑하고 있다. 나아가, 외적으로 믿음을 고백하고 삶을 개선하는 자들에 대해서, 우리는 사도들의 예를 따라, 가장 호의적으로 판단하고 언급해야 하는데, 마음의 깊은 곳이 우리에게 알려지지 않기 때문이다. 아직 부르심을 받지 못한 이들을 위해서 우리는 없는 것을 있는 것으로 부르시는 하나님께 기도해야 한다. 우리가 우리 자신을 구별한 것처럼 결코 그들을 향하여 자랑해서는 안 된다.

제16항 영적으로 살아난 의지와 그 효과

<u>사람을 나무가 아니라 인격으로 대하여 의지를 참되게 회복하는 중생의 은혜:</u> 사람은 타락한 후에도 지성과 의지가 주어진 사람임을 멈추지 않는 것처럼, 또 전체 인류에게 퍼진 죄도 인류의 본성을 제거하는 것이 아니라, 부패시키고 영적으로 죽이는 것처럼, 중생의 이 신적인 은혜도 사람을 나무나 돌처럼 여기며 사람 안에서 행하는 것이 아니라 또한 그 의지와 특성을 제거하거나 억지로 난폭하게 몰아대는 것이 아니라, 영적

으로 살리고, 치료하고, 바로잡고, 유쾌하면서도 강력하게 설득한다. 그래서 전에 육적인 반항과 저항이 전적으로 지배하던 곳에 지금은 성령의 기껍고 신실한 순종이 지배하기를 시작하고, 여기에서 우리의 의지는 참되게 영적으로 회복되고 자유하게 된다. 그러므로 모든 선의 이 경이로우신 조물주께서 우리와 함께 이런 식으로 행하시지 않으면, 사람은 타락으로부터 자유 의지를 통하여 일어설 희망이 없는데, 사람은 그 자유 의지로 서 있는 자신을 파멸로 몰아넣었던 것이다.

제17항 중생의 사역의 수단

중생의 사역에 은혜의 수단을 사용하시는 하나님: 하나님은 전능하신 사역으로 우리의 자연적 생명을 만드시고 유지하시는데, 이 사역은 수단들의 사용을 배제하지 않고 필요로 한다. 하나님은 이 수단들을 통해 그의 무한한 지혜와 선함에 따라 그의 권능을 사용하기를 원하셨던 것처럼, 또한 앞에서 언급된 우리를 중생하시는 하나님의 초월적인 이 사역도 결코 복음의 사용을 제외하거나 취소하지 않는다. 가장 지혜로우신 하나님은 복음의 사용을 중생의 씨앗과 영혼의 양식이 되게 정하셨다. 그래서 사도들과 그들을 좇았던 교사들은 하나님의 영광과 모든 교만을 낮추기 위해 하나님의 이 은혜를 사람들에게 경건하게 가르쳤고, 그때 복음의 거룩한 교훈을 따라, 그들을 말씀과 성례와 권징의 시행 하에 두는 것을 등한시하지 않았다. 그래서 오늘날에도 교회에서 가르치는 자나 배우는 자는 하나님께서 자신의 선한 기쁨으로 가장 밀접하게 결합하고자 원하신 것을 나누어 버림으로써 감히 하나님을 시험하려고 굴어서는 안 된다. 왜냐하면 권면을 통해 은혜가 주어지고, 우리가 우리의 의무를 더욱 기꺼이 행할수록, 우리 안에서 작동하는 하나님의 이 은택은 더욱 빛을 발휘하고, 그분의 일은 더욱 진행되기 때문이다. 수단들과 수단들의 구원하는 열매와 효과에 대한 모든 영광은 오직 그분에게만 영원히 있어야 한다. 아멘.

2. 셋째, 넷째 교리와 관련한 항론파의 구체적 잘못에 대한 반항론파의 구체적 답변

제1절 주장: 올바르게 말하자면, 원죄는 그 자체로 전 인류를 정죄하거나 현세에서 그리고 영원한 벌을 주기에 충분하지 않다.

반박: 이것은 다음처럼 말하는 사도와 모순된다. "한 사람으로 말미암아 죄가 세상에 들어오고 죄로 말미암아 사망이 들어왔나니 이와 같이 모든 사람이 죄를 지었으므로 사망이 모든 사람에게 이르렀느니라"(롬 5:12). 그리고 "심판은 한 사람으로 말미암아 정죄에 이르렀으나"(롬 5:16). 마찬가지로 "죄의 삯은 사망이요"(롬 6:23).

제2절 주장: 선함, 거룩함, 공의와 같은 영적 은사들과 좋은 성향과 덕은 사람이 처음 창조되었을 때에 사람의 의지 안에 자리를 잡을 수 없었고, 따라서 타락 시에 의지로부터 분리될 수 없다.

반박: 이것은 사도가 에베소서 4:24에서 말한 하나님의 형상에 관한 기술에 거슬러 싸우는 것이다. 사도는 거기서 의지에 전적으로 자리를 잡고 있는 의와 거룩함으로 하나님의 형상을 기술한다.

제3절 주장: 영적 은사들은 영적 죽음에서 사람의 의지와 분리되지 않는데, 왜냐하면 의지는 그 자체로 결코 부패하지 않았고, 오직 지성의 어두움과 감정의 혼잡에 의하여 방해를 받을 뿐이기 때문이다. 이러한 방해

가 제거된다면 의지는 심겨진 자유로운 능력을 발휘할 수 있다. 즉 의지는 자기 앞에 놓인 어떤 선한 것을 스스로 원하고 선택할 수 있고, 또는 원하지 않고 선택하지 않을 수 있다.

반박: 이것은 새로운 것이고, 그릇된 것이며, 자유 의지의 능력을 높이려는 것으로, 예레미야 선지자의 말에 반대된다. "만물보다 거짓되고 심히 부패한 것은 마음이라"(렘 17:9). 그리고 사도의 말에도 반대된다. "전에는 우리도 다 그 가운데서(불순종의 아들들) 우리 육체의 욕심을 따라 지내며 육체와 마음의 원하는 것을 하여 다른 이들과 같이 본질상 진노의 자녀이었더니"(엡 2:3).

제4절 주장: 중생되지 않은 사람은 정확하게 전적으로 죄에 대하여 죽은 것도 아니고, 영적 선을 행할 모든 능력을 잃은 것도 아니라, 의와 생명에 대해 주리고 목말라 할 수 있고, 하나님께서 받으시는, 통회하는 상한 심령의 제사를 드릴 수 있다.

반박: 이것은 성경의 명백한 증거들과 반대다. 너는 허물과 죄로 죽었다(엡 2:1, 5). 그리고 사람의 마음으로 생각하는 모든 계획이 항상 악할 뿐이다(창 6:5, 8:21). 또한 비참에서의 해방과 생명에 주리고 목말라 하는 것 그리고 하나님께 상한 심령의 제사를 드리는 것은 중생자와 복 있는 자라 불리는 자들에게 속한 것이다(시 55:17, 마 5:6).

제5절 주장: 부패한 자연인은, 그들에게는 본성의 빛이 되는 일반 은총(common grace)이나 타락 후에 남아 있는 은사들을 매우 잘 사용할 수 있고, 이것을 잘 사용하여 더 큰 은혜를, 즉 복음적이거나 구원하는 은혜를, 그리고 구원 자체를 점진적으로 얻을 수 있다. 이러한 방식으로 하나님은 모든 사람들에게 그리스도를 계시하시려고 준비하시기 위해 자신

의 편에서 자신을 나타내신다. 왜냐하면 하나님은 그리스도의 드러냄과 믿음과 회심에 필요한 수단들을 모든 이들에게 충분하게 효과적으로 제공하시기 때문이다.

반박: 모든 시대의 경험은 말할 것도 없고, 성경이 이것은 틀렸다고 증거한다. "그가 그의 말씀을 야곱에게 보이시며 그의 율례와 규례를 이스라엘에게 보이시는도다 그는 어느 민족에게도 이와 같이 행하지 아니하셨나니 그들은 그의 법도를 알지 못하였도다"(시 147:19-20). "하나님이 지나간 세대에는 모든 민족으로 자기들의 길들을 가게 방임하셨으나"(행 14:16). "성령이 아시아에서 말씀을 전하지 못하게 하시거늘 그들(바울과 그의 동료들)이 브루기아와 갈라디아 땅으로 다녀가 무시아 앞에 이르러 비두니아로 가고자 애쓰되 예수의 영이 허락하지 아니하시는지라"(행 16:6-7).

제6절 주장: 사람의 참된 회심에 있어 새로운 자질, 성향 또는 은사가 하나님에 의해 그의 의지에 주입될 수 없다. 따라서 우리는 믿음에 따라 처음 회심되고, 믿음 때문에 신자들이라고 불리우는데, 이 믿음은 하나께서 주입하시는 자질이나 은사가 아니라, 오직 사람의 행위이고, 믿음은 믿음에 도달하는 능력이란 관점에서 은사라고 말할 수 없다.

반박: 이것은 거룩한 성경에 위배되는데, 성경은 하나님께서 믿음과 순종과 그분의 사랑에 대한 지각이라는 새로운 자질을 우리의 마음에 주입하신다는 것을 증거한다. "내가 나의 법을 그들의 속에 두며 그들의 마음에 기록하여"(렘 31:33). "나는 목마른 자에게 물을 주며 마른 땅에 시내가 흐르게 하며 나의 영을 네 자손에게 부어 주리니"(사 44:3). "우리에게 주신 성령으로 말미암아 하나님의 사랑이 우리 마음에 부은 바 됨이니"(롬 5:5). 이것은 또한 선지자와 함께 기도하는 교회가 지속적으로 행해 온 것

에도 어긋난다. "나를 이끌어 돌이키소서 그리하시면 내가 돌아오겠나이다"(렘 31:18).

제7절 주장: 우리를 하나님께로 회심케 하는 은혜는 부드러운 권고 이외에 다른 것이 아니다. 또는 (다른 이들이 설명하는 것처럼) 권고로 이루어지는 것이 사람의 회심에 있어서 가장 고상한 작동 방식이고, 사람의 본성에 가장 적합하다. 그리고 그 어떠한 것도 오직 도덕적 은혜가 자연인을 영적으로 만드는 것을 방해하지 않는다. 참으로 하나님은 도덕적 방식 이외에 다른 것으로 의지가 동의하도록 만드시지 않는다. 그리고 신적인 사역의 효력이 사탄의 사역보다 뛰어난 것은 하나님은 영원한 선을 약속하시고, 사탄은 현세적 선을 약속한다는 점에 있다.

반박: 이것은 전적으로 펠라기우스주의이고 성경 전체에 모순되는데, 성경은 사람의 회심에 있어서 이것 이외에 또한 다른 것을 더욱 효력적이라고, 그리고 성령께서 행하시는 신적인 방식이라고 인정한다. "또 새 영을 너희 속에 두고 새 마음을 너희에게 주되 너희 육신에서 굳은 마음을 제거하고 부드러운 마음을 줄 것이며"(겔 36:26).

제8절 주장: 하나님은 사람의 중생에서 사람의 의지를 믿음과 회심으로 강력하고 틀림없이 굽히게 하시는 그의 전능하신 능력을 사용하시지 않는다. 하나님께서 사람을 회심시키기 위하여 사용하시는 은혜의 모든 사역은 이루어졌기 때문에, 사람은 사람의 중생을 의도하시고 사람을 중생시키시기를 원하시는 하나님과 성령을 저항할 수 있다. 그리고 실제로 사람은 종종 저항하여 자신의 중생을 전적으로 거부한다. 그래서 중생될 것인지 말 것인지는 정말로 사람 자신의 능력에 달려 있다.

반박: 이것은 우리의 회심에서 하나님의 은혜의 모든 효력을 빼앗는 것에

지나지 않고, 전능하신 하나님의 일하심을 사람의 의지에 종속시키는 것에 지나지 않으며, 다음처럼 가르치는 사도에게도 반대된다. "그의 힘의 위력으로 역사하심을 따라 믿는 우리에게"(엡 1:19). 그리고 "하나님이 모든 선을 기뻐함과 믿음의 역사를 능력으로 이루게 하시고"(살후 1:11). 마찬가지로 "그의 신기한 능력으로 생명과 경건에 속한 모든 것을 우리에게 주셨으니"(벧후 1:3).

제9절 주장: 은혜와 자유 의지는 회심의 시작에 있어서 동시에 작동하는 부분적인 원인들이다. 은혜는 인과관계의 순서에서 의지의 작용을 앞서지 않는다. 즉 하나님은 사람의 의지 자체가 의지를 움직이고 결정하기까지 사람의 의지를 회개에 이르도록 먼저 효력 있게 도우시지 않는다.

반박: 고대 교회는 오래전에 펠라기안의 이 교리를 사도의 말씀에 따라 정죄하였다. "그런즉 원하는 자로 말미암음도 아니요 달음박질하는 자로 말미암음도 아니요 오직 긍휼히 여기시는 하나님으로 말미암음이니라"(롬 9:16). 그리고 "누가 너를 남달리 구별하였느냐? 네게 있는 것 중에 받지 아니한 것이 무엇이냐?"(고전 4:7). 마찬가지로 "너희 안에서 행하시는 이는 하나님이시니 자기의 기쁘신 뜻을 위하여 너희에게 소원을 두고 행하게 하시나니"(빌 2:13).

제4장 다섯째 교리:
성도의 견인 (The Perseverance of the Saints)

1. 도르트 신경(반항론파)의 성도의 견인

제1항 죄와 싸우는 중생자
죄로부터 전적으로 구원되지 않는 중생자: 하나님께서는 그의 목적에 따라 그의 아들, 우리 주 예수 그리스도와의 교통으로 부르시고, 성령을 통하여 중생하신 자들을 죄의 지배와 종 됨에서 구원하시지만, 이 생애에서는 죄의 몸과 육신에서 전적으로 구원하시지는 않는다.

제2항 중생자의 죄와 겸손
연약함 때문에 겸손해지고 그리스도께 피신하는 성도들: 이런 이유로 매일 연약함의 죄가 발생하고, 심지어 성도들의 최선의 행위에도 흠이 붙어 있다. 이것들은 그들로 하나님 앞에서 겸손하게 하고, 십자가에 못 박히신 그리스도께 피신하게 하고, 탄원의 성령과 경건의 거룩한 실천을 통하여 육신을 점점 더 죽이게 하고, 완벽이란 목표를 향하여 탄식해야 할 계속적인 이유를 제공한다. 그들은 이 죽음의 육신에서 해방되어 하나님의 어린양과 함께 하늘에서 다스리게 된다.

제3항 성도의 견인
세상과 사탄의 유혹에 넘어지는 성도들을 격려하시고 보존하시는 하나님: 회심되어진 자들은 이 남아 있는 내재하는 죄 때문에, 그리고 세상과 사탄의 유혹 때문에 그들 자신의 힘에 맡겨진다면 이 은혜에 계속해서서 있을 수 없다. 그러나 하나님은 신실하셔서, 한 번 주어진 은혜 속에서 그들을 자비롭게 확증하시고, 내내 끝까지 강력하게 보존하신다.

제4항 유혹되는 신자들

시험에 유혹되지 않도록 깨어 기도해야 하는 신자: 참된 신자들을 은혜 속에서 확증하시고 보존하시는 하나님의 이러한 권능이 비록 육신이 쟁취해 내는 것보다 더 클지라도, 회심자가 항상 하나님의 인도하심을 받고 감동되어, 어떤 특정한 행위에 있어서 인도하는 은혜로부터 그의 잘못으로 떠나지 않고, 육신의 정욕에 미혹되고 굴복되지 않을 수 있는 것은 아니다. 이래서 그들은 시험에 유혹되지 않도록 늘 깨어 있고 기도하여야 한다. 그들이 이것을 행하지 않으면, 육신과 세상과 사탄으로 말미암아 크고 끔찍한 죄에 빠져들어갈 수 있을 뿐만 아니라, 때때로 하나님의 공의로운 허락에 따라 실제로 죄에 빠져들어 가기도 한다. 성경에 기록된 다윗과 베드로와 다른 성도들의 비통한 타락이 이것을 보여 준다.

제5항 중생자의 심각한 죄

중생자의 심각한 죄가 가져오는 결과: 그들은 그런 심각한 죄로 하나님을 몹시 해치고, 죽음의 죄를 초래하며, 성령을 근심하게 하고, 믿음의 실행을 가로막으며, 심히 양심을 상하게 하고, 때때로 은혜의 감각을 한동안 잃어버린다. 간절한 회개로 생명으로 돌아설 때에야 하나님의 아버지 같은 표정이 다시 비췬다.

제6항 사망의 죄를 짓지 않는 신자

신자의 심각한 타락에도 성령을 거두시지 않는 하나님: 긍휼이 풍성하신 하나님은 변하지 않는 선택의 목적에 따라 심각한 타락에도 불구하고 자신의 사람들로부터 성령을 완전히 거두시지 않고, 그들로 그 정도로까지 떨어지는 것을 허락하시지 않으셔서, 그들이 양자의 은혜와 칭의의 상태를 잃어버리지 않게 하시고, 사망에 이르는 죄나 성령을 대항하는 죄를 짓지 않게 하시며, 자신들을 영원한 파멸로 집어던져 당신에게 완전히 버림 받게 하시지 않는다.

제7항 사망의 죄를 짓지 않는 신자의 회복

심각하게 타락한 신자를 씨와 말씀과 성령을 통해 회복하시는 하나님: 왜냐하면 먼저 이러한 타락에서도 하나님은 죽지 않는 자신의 씨를 -이 씨에서 중생이 이루어지는데- 그들 안에서 보존하셔서, 그 씨가 사라지지 않고 잃어버리지 않게 하시기 때문이다. 그 다음에 그분의 말씀과 성령을 통하여 확실하고 효력 있게 그들을 회개에 이르도록 회복하셔서서, 그들이 지은 죄에 대하여 마음으로 하나님을 따라 슬퍼하고, 중보자의 피 안에서 믿음을 통하여 통회하는 마음으로 용서를 구하여 얻으며, 회복하시는 하나님의 은혜를 다시 느끼고, 믿음을 통하여 그분의 자비를 찬양하며, 그 이후로 계속하여 그들의 구원이 두려움과 떨림으로 더욱 열심히 이루어지게 하신다.

제8항 삼위 하나님의 신자 보존

삼위 하나님으로 말미암아 믿음과 은혜에서 떨어지지 않는 신자: 그래서 그들 자신의 공로나 능력이 아니라 하나님의 값없는 자비로 말미암아 그들은 믿음과 은혜에서 완전히 떨어지지 않고, 타락에 최종적으로 머물거나 멸망하지 않는 것이다. 그들 자신에 대해서는 이런 것이 쉽게 발생할수 있을 뿐만 아니라, 확실히 발생한다. 그러나 하나님에 대해서는 전적으로 발생할 수 없다. 왜냐하면 그분의 계획은 변할 수 없고, 약속은 실패할 수 없으며, 목적에 따른 부르심은 철회될 수 없고, 그리스도의 공로와 중보와 보존은 무효로 포기될 수 없으며, 성령의 인치심은 무효화되거나 파기될 수 없기 때문이다.

제9항 구원과 견인의 확신

<u>구원과 견인에 대한 확신을 갖는 피택자들</u>: 이렇게 피택자들을 구원으로 보전하시는 것과 참된 신자들을 믿음 속에서 견인하시는 것에 대하여 신자들은 믿음의 정도에 따라 확신할 수 있고, 실제로도 확신한다. 이에 따라 그들은 자신들이 교회의 참되고 살아 있는 지체들이고, 끊임없이 지체들로 유지될 것을, 그리고 죄의 용서와 영원한 생명을 갖고 있음을 굳건하게 믿는다.

제10항 확신의 발생 방식

<u>하나님의 약속에 대한 믿음과 성령의 증거와 선한 행위의 추구로 생기는 확신</u>: 따라서 이 확신은 어떤 은밀한 계시로부터 말씀을 넘어서, 말씀 밖에서 만들어지는 것이 아니라, 하나님께서 우리의 위로를 위해 그의 말씀에서 가장 풍성하게 계시하신 하나님의 약속들에 대한 믿음으로부터 만들어지고, 우리의 영과 함께 우리가 하나님의 자녀이고 상속자라고(롬 8:16) 증언하시는 성령의 증거로부터 만들어진다. 마지막으로 선한 양심과 선한 행위를 향한 진지하고 거룩한 추구로부터 만들어진다. 그리고 만약 승리의 획득에 대한 이러한 확실한 안도감과 영원한 영광에 대한 틀림없는 보증을 하나님의 피택자들이 이 세상에서 갖지 못한다면, 모든 사람들 중에서 가장 불쌍한 자일 것이다.

제11항 가끔 흔들리는 확신

육신의 의심과 유혹으로부터 믿음의 확신을 늘 느끼는 것은 아닌 성도: 한편 성경은 신자들이 이 생애에서 다양한 육신의 의심들과 싸워야 하고, 심각한 유혹 하에서 믿음의 충만한 확신과 견인의 확신을 항상 느끼는 것은 아니라고 증언한다. 그러나 모든 위로의 아버지이신 하나님은 감당하지 못할 시험 당함을 허락하시지 않고, 시험과 함께 피할 길을 내신다(고전 10:13). 그리고 성령을 통하여 견인의 확신을 그들 안에 다시 일으키신다.

제12항 견인의 확신의 유익

거만과 안일이 아니라 겸손, 공경, 경건, 인내 등을 가져오는 견인의 확신: 그러나 이 견인의 확신은 참된 신자들을 거만하게 하고 육신적으로 안일하게 하는 것은 결코 아니고, 반대로 겸손, 아이 같은 공경, 참된 경건, 모든 싸움에서의 인내, 열정 어린 기도, 십자가를 견실하게 지고 진실을 견실하게 고백함, 하나님 안에서의 견고한 기쁨의 참된 원천이 된다. 그리고 이런 유익을 생각해 보는 것은 진지하고 꾸준하게 감사하는 데, 그리고 선한 일들을 실천하는 데 자극이 된다. 이것은 성경의 증거들과 성도들의 예들에서 명백히 볼 수 있다.

제13항 되살아난 견인의 신뢰의 효과

방종이 아니라 주님의 길에 대한 관심으로 이끄는 견인에 대한 되살아난 신뢰: 견인에 대하여 되살아난 신뢰는 실족에서 회복된 자들로 하여금 방종하게 하거나 경건을 무시하게 하지 않고, 주님의 길을 주의 깊게 지키는 데 더 많은 관심을 갖게 한다. 주님은 이를 미리 예비하셔서, 그들로 그 길을 걸으며 견인의 확신을 붙들게 하시고, 그들이 아버지의 친절을 남용하여 자애로운 하나님의 얼굴이 한 번 더 그들로부터 돌아서지 않게 하시며 (경건한 자들에게 이것의 바라봄이 생명보다 더 달고, 이것의 숨김이 죽음보다 더 쓰다), 그들로 영혼의 더 큰 고통에 떨어지지 않게 하신다.

제14항 복음과 성례의 사용

복음과 성례의 사용을 통해 이뤄지는 하나님의 은혜의 일: 하나님은 그의 은혜의 일을 복음의 선포를 통하여 우리 안에서 시작하시기를 기뻐하셨던 것처럼, 복음의 들음, 읽음, 묵상, 권고, 위협, 약속을 통하여 그리고 성례의 사용을 통하여 그 일을 보존하시고, 지속하시고, 완성하신다.

제15항 견인과 관련한 시각들

신자와 비신자의 견인에 대한 다른 태도: 하나님은 참된 신자들과 성도들의 견인, 그리고 견인의 확신에 관한 교리를 자신의 이름의 영광과 경건한 영혼들의 위로를 위하여, 자신의 말씀에서 가장 풍성하게 계시하셨고, 신자들의 마음에 새기셨는데, 그것을 육적인 자는 이해하지 못하고, 사탄은 혐오하며, 세상은 비웃고, 무지한 자와 위선자는 남용하며, 그른 영혼들은 공격한다. 그러나 그리스도의 신부는 그것을 측량할 수 없는 가치의 보물로서 가장 섬세하게 항상 사랑하고, 변함없이 변호한다. 어떠한 계획도 어떠한 권세도 이길 수 없는 하나님은 신부가 이를 계속 행하도록 통치하실 것이다. 오직 유일하신 하나님, 성부와 성자와 성령께 존귀와 영광이 영원히 있을지어다. 아멘.

2. 다섯째 교리에 관한 항론파의 구체적 잘못에 대한 반항론파의 구체적 답변

제1절 주장: 참된 신자들의 견인은 선택의 결과도 아니고, 그리스도의 죽음으로 획득되는 하나님의 선물도 아니라, 새 언약의 조건인데, 그분의 (그들 자신이 말하는 것처럼) 확정적인 선택과 칭의 전에 사람이 자유 의지로 수행해야 한다.

반박: 거룩한 성경은 이것이 선택으로부터 따르고, 그리스도의 죽음과 부활과 중보의 권능으로 피택자들에게 주어진다고 증거한다. "오직 택하심을 입은 자가 얻었고 그 남은 자들은 우둔하여졌느니라"(롬 11:7). "자기 아들을 아끼지 아니하시고 우리 모든 사람을 위하여 내주신 이가 어찌 그 아들과 함께 모든 것을 우리에게 주시지 아니하겠느냐 누가 능히 하나님께서 택하신 자들을 고발하리요 의롭다 하신 이는 하나님이시니 누가 정죄하리요 죽으실 뿐 아니라 다시 살아나신 이는 그리스도 예수시니 그는 하나님 우편에 계신 자요 우리를 위하여 간구하시는 자시니라 누가 우리를 그리스도의 사랑에서 끊으리요"(롬 8:32-35).

제2절 주장: 만약에 신자가 의무를 수행한다면, 하나님은 신자에게 견인에 이를 충분한 힘들을 정말로 제공하시고, 그 안에서 이 힘들을 유지하실 준비가 되어 계신다. 믿음 안에서 견인하는 데 필요한 저 모든 것들이, 그리고 하나님께서 믿음의 유지를 위해 사용하기를 원하시는 저 모든 것들이 갖추어질지라도, 견인할 것인지, 말 것인지의 여부는 늘 자유 의지에 달려 있다.

반박: 이 생각은 명백하게 펠라기우스주의를 담고 있다. 이것은 사람들을 자유롭게 만들기를 원하지만, 사람들을 신성 모독으로 만든다. 이것은 복음적인 교리에 관하여 지속되어 온 일치에 위배되는데, 그 일치는

영광 받는 것의 모든 원인을 사람에게서 제거한다는 것이고, 이 은택에 대한 칭송을 오직 하나님의 은혜로 돌린다는 것이다. 그리고 사도의 증거에도 위배된다. "주께서 너희를 우리 주 예수 그리스도의 날에 책망할 것이 없는 자로 끝까지 견고하게 하시리라"(고전 1:8).

제3절 주장: 참된 신자들과 중생자들은 의롭게 하는 믿음으로부터 그리고 마찬가지로 은혜와 구원으로부터 완전히 최종적으로 떨어질 수 있을 뿐만 아니라, 실제로 드물지 않게 이것들로부터 떨어지고, 영원히 잃어버린 바 된다.

반박: 이 견해는 바로 칭의와 중생의 은혜, 그리고 그리스도로 말미암은 지속적인 보호를 무력하게 하는 것이고, 사도 바울의 명료한 말에도 어긋난다. "우리가 아직 죄인 되었을 때에 그리스도께서 우리를 위하여 죽으심으로 … 그러면 이제 우리가 그의 피로 말미암아 의롭다 하심을 받았으니 더욱 그로 말미암아 진노하심에서 구원을 받을 것이니"(롬 5:8-9). 그리고 사도 요한에게도 어긋난다. "하나님께로부터 난 자마다 죄를 짓지 아니하나니 이는 하나님의 씨가 그의 속에 거함이요 그도 범죄하지 못하는 것은 하나님께로부터 났음이라"(요일 3:9). 그리고 예수 그리스도의 말씀에도 어긋난다. "내가 그들에게 영생을 주노니 영원히 멸망하지 아니할 것이요 또 그들을 내 손에서 빼앗을 자가 없느니라 그들을 주신 내 아버지는 만물보다 크시매 아무도 아버지 손에서 빼앗을 수 없느니라"(요 10:28-29).

제4절 주장: 참된 신자들과 중생자들은 사망에 이르는 죄를 그리고 성령에 대항하여 죄를 지을 수 있다.

반박: 사도 요한은 요한일서 5:16-17에서 사망에 이르는 죄를 언급하고,

그들을 위하여 기도하는 것을 금지하며, 즉시 18절을 덧붙인다. "하나님께로부터 난 자는 다 (즉 죄의 그런 종류를) 범죄하지 아니하는 줄을 우리가 아노라 하나님께로부터 나신 자가 그를 지키시매 악한 자가 그를 만지지도 못하느니라"(요일 5:18).

제5절 주장: 누구도 미래의 견인에 대한 확신을 특별한 계시 없이는 이 생애에서 가질 수 없다.

반박: 이 가르침 때문에 참된 신자들의 견고한 위로는 이 생애에서 빼앗기게 되고, 교황주의자들의 의심은 다시 교회로 들어오게 된다. 거룩한 성경은 도처에서 이 확신을 특별하고 비범한 계시로부터가 아니라, 하나님의 자녀들에게 적합한 표지들과 하나님의 가장 변함없으신 약속으로부터 이끌어 낸다. 특히 사도 바울이 그렇다. "다른 어떤 피조물이라도 우리를 우리 주 그리스도 예수 안에 있는 하나님의 사랑에서 끊을 수 없으리라"(롬 8:39). 그리고 요한도 그렇다. "그의 계명을 지키는 자는 주 안에 거하고 주는 그의 안에 거하시나니 우리에게 주신 성령으로 말미암아 그가 우리 안에 거하시는 줄을 우리가 아느니라"(요일 3:24).

제6절 주장: 견인과 구원의 확신에 관한 교리는 그것의 본성과 특성 때문에 육신의 안락함인 것이고, 경건, 선한 도덕, 기도, 다른 거룩한 실천에 해가 된다. 반대로 이것을 의심하는 것은 칭찬할 만하다.

반박: 이 사람들은 자신들이 신적 은혜의 효력과 내주하시는 성령의 일하심을 모르고 있음을 보여 주고 있고, 명료한 말로 정반대를 확증하는 사도 요한과 모순된다. "사랑하는 자들아 우리가 지금은 하나님의 자녀라 장래에 어떻게 될지는 아직 나타나지 아니하였으나 그가 나타나시면 우리가 그와 같을 줄을 아는 것은 그의 참모습 그대로 볼 것이기 때문이니

주를 향하여 이 소망을 가진 자마다 그의 깨끗하심과 같이 자기를 깨끗하게 하느니라"(요일 3:2-3). 게다가 그들은 구약과 신약 성경의 성도들의 예들을 통하여 논박되는데, 성도들은 비록 자신들의 견인과 구원을 확신하였을지라도, 기도와 다른 경건의 실천에 변함이 없었다.

제7절 주장: 일시적인 믿음은, 오직 지속성이란 측면을 제외하고는, 의롭게 하는 구원하는 믿음과 다르지 않다.

반박: 예수님 자신께서 마태복음 13:20, 누가복음 8:13, 그리고 다른 곳에서 일시적 신자들과 참된 신자들 간에 있는 삼중의 차이를 분명하게 확증하신다. 예수님은 전자는 씨를 돌밭에 받은 것이고, 후자는 좋은 땅이나 좋은 마음에 받은 것이며, 전자는 뿌리가 없고, 후자는 견고한 뿌리가 있으며, 전자는 열매가 없고, 후자는 자신의 열매를 다양한 방식으로, 꾸준하게 견인하며 맺는다고 말씀하신다.

제8절 주장: 첫 중생을 잃어버린 사람이 거듭나는 것은, 심지어 여러 번 거듭나는 것은 결코 어리석지 않다.

반박: 그들은 이 교리로 우리를 거듭나게 하는 하나님의 씨가 썩지 않는다는 것을 부정하고 있는데, 이는 사도 베드로의 증거와 반대된다. "너희가 거듭난 것은 썩어질 씨로 된 것이 아니요 썩지 아니할 씨로 된 것이니"(벧전 1:23).

제9절 주장: 그리스도는 신자들이 믿음에서 실패 없이 견인하도록 결코 기도하시지 않았다.

반박: 그들은 다음처럼 말하는 그리스도 그분에게 모순이 된다. "내가 베드로 너를 위하여 네 믿음이 떨어지지 않기를 기도하였노니"(눅 22:32). 그

리고 선교사 요한의 증거에도 모순이 된다. "그리스도가 비옵는 것은 사도들만 위함이 아니요 또 그들의 말로 말미암아 자기를 믿는 사람들도 위함이니"(요 17:20). "거룩하신 아버지여, 당신의 이름으로 그들을 보전하사"(요 17:11). 그리고 "내가 비옵는 것은 그들을 세상에서 데려가시기를 위함이 아니요 다만 악에 빠지지 않게 보전하시기를 위함이니이다"(요 17:15).

결론

그래서 이것이 네덜란드에서 논쟁이 된 다섯 가지 조항에 대한 정통 교리를 분명하고, 간명하고, 바르게 선포한 것이고, 네덜란드 교회들을 한동안 혼란시킨 잘못들을 거부한 것이다. 총회는 이것을 하나님의 말씀으로부터 이끌어 내었고, 개혁 교회의 고백과 일치한다고 결정하는 바이다. 그러므로 사람들이 아래의 사항들을 믿도록 노력하는 것은 모든 진실과 정의와 사랑에 전혀 어울리지 않음이 분명하게 드러난다.

- 예정과 그와 연관된 것들에 관한 모든 개혁 교회의 교리들은 고유한 특성과 성향 탓에 모든 경건과 종교성에서 사람들의 마음을 벗어나게 한다.
- 이것은 육신과 사탄의 아편이고 사탄의 성채이다. 사탄은 이곳에서 모든 이들을 기다리며 매복하여 있다가, 매우 많은 이들을 손상시키고, 절망과 안전감의 화살로 다수를 치명적으로 뚫어 버린다.
- 이것은 하나님을 죄의 조성자, 불의한 자, 폭군, 위선자로 만드는 것이고, 새로워진 스토아주의, 마니교, 방종주의, 터키주의에 지나지 않는다.
- 이것은 사람들을 육적인 안전감으로 이끈다. 왜냐하면 이것은 사람들로 하여금 피택자가 어떻게 살든 그들의 구원은 손상받지 않아서 가장 잔인한 죄를 저질러도 안전하다고 믿게 만드는 반면, 유기자들이 성도의 모든 행위를 진심으로 수행해도 그들의 구원에 유용하지 않다고 사람들을 설득하기 때문이다.
- 이 교리는 하나님께서 단순하게 순전히 임의의 뜻으로, 죄를 전혀 고

려하시거나 바라보시지 않고, 세상의 큰 부분을 영원한 저주로 예정하시고 창조하셨다는 것이다.

- 같은 방식으로, 선택은 믿음과 선행의 근원과 원인이고, 유기는 불신과 불경건의 원인이 된다.
- 신자들의 죄 없는 많은 자녀들이 엄마의 가슴으로부터 낚아채져, 지옥으로 강압적으로 던져진다. 그래서 세례나 그들의 세례 때에 교회가 한 기도가 아무 도움이 되지 않는다.

그리고 개혁 교회가 승인하지 않았을 뿐만 아니라 심지어 전심으로 거부하기까지 하는 유형의 것들이 많이 있다.

그러므로 도르트 총회는 우리의 구원자 예수 그리스도의 이름을 경건하게 부르는 모든 자들에게 여기저기서 들은 잘못된 비난에 기초하여서 개혁 교회의 신앙을 판단하지 말 것을 주의 이름으로 호소하는 바이다. 또한 과거와 현재의 많은 권위자들의 개인적인 진술들에 기초해서도 판단하지 말 것을 호소하는데, 이 진술들은 다른 의미를 전달하려고 문맥을 벗어나 인용되거나, 잘못 인용되거나, 왜곡 인용되어진다. 대신 교회의 공식적인 고백들에 기초해서 그리고 전(全) 총회의 모든 각 총대들의 일치된 동의에 따라 확립되고 현재 선포된 정통 교리에 기초해서 판단할 것을 호소한다. 게다가 총회는 비방자들에게 그렇게 많은 교회와 그 많은 교회의 고백들에 역행하며 거짓 증언을 한 것에 대하여, 약한 자들의 양심을 혼란시킨 것에 대하여, 그리고 참된 신자들의 공동체를 의심받게 한 것에 대하여 그들을 기다리시는 하나님의 두려운 심판을 심사숙고할 것을 진지하게 경고하는 바이다.

끝으로 총회는 그리스도의 복음 안에 있는 모든 형제들에게 학교와 교회에서 이 교리들을 경건하고 신앙심 있게 다뤄 줄 것을 부탁하고, 하나님의 이름의 영광을, 삶의 경건을, 그리고 고통에 빠진 자들의 위로를 구하는 형태로 이 교리를 말과 글로 이끌 것을 부탁하고, 성경에 따른 믿음의 유추를 따라 느끼고 말할 것을 부탁한다. 마지막으로 성경의 참된 의미에 의하여 우리를 위해 설정된 범위를 넘는 모든 표현들을 자제할 것을, 개혁 교회의 교리를 공격하고 심지어 비방하기에 적합한 명목을 오만한 소피스트들에게 제공할 수 있는 모든 표현들을 자제할 것을 최종적으로 부탁하는 바이다.

아버지 우편에 앉으셔서 사람들에게 은사를 주시는 하나님의 아들이신 예수 그리스도께서 우리를 진리로 거룩하게 하시고, 잘못을 저지르는 자들을 진리로 이끄시며, 건전한 교리를 중상하는 자들의 입을 막으시고, 하나님 말씀의 신실한 사역자들을 지혜와 분별의 영으로 가르치시며, 그들의 모든 발언이 하나님께 영광이 되고, 듣는 자들에게 덕이 되게 하옵소서. 아멘.

EndNotes 미주

1 루터주의(루터파)와 칼뱅주의(개혁파)의 차이를 헤르만 바빙크는 다음과 같이 잘 나타내었다. "그 차이가 아마도 가장 잘 표현된 것으로서 개혁파는 '신론적으로', 루터파는 '인간론적으로' 사고한다는 것이다. 개혁파는 역사적 정황에 머무르지 않고, 하나님의 생각, 하나님의 영원한 작정에까지 오른다는 것이다. 그런 반면 루터파는 구원 역사의 중심에 자신의 입장을 취하고 하나님의 작정을 깊이 캐내려는 필요를 느끼지 않는다. 따라서 개혁파에서는 선택이 교회의 핵심인 반면, 루터파에서는 칭의가 교회 흥망성쇠의 조항이다. 전자가 제기한 일차적이고 가장 중요한 질문은 하나님이 어떻게 영광을 받으시는가인 반면, 후자는 인간이 어떻게 구원에 이르는가다. 전자의 투쟁은 무엇보다도 이교 사상, 우상 숭배인 반면, 후자는 유대 사상, 행위 구원에 대항했다. 개혁파는 회고하기를 모든 것을 하나님의 작정으로 돌리고 사물들의 '왜냐하면'의 원인을 뒤따라 추적하고, 또한 전망하기를 모든 것을 하나님의 영광에 소용되게 하기까지는 쉬지 않았다. 루터파는 '~라는 것' 사실에 만족하고 믿음으로 얻은 구원을 즐겼다." 헤르만 바빙크, 『개혁교의학 1권』 박태현 역(서울: 부흥과개혁사, 2011), 249.

2 이하의 내용은 셀더하위스의 글을 참조하였다. Herman J. Selderhuis, "Introduction to the Synod of Dordt(1618–1619)," in *Acta of the Synod of Dordt*, Donald Sinnema, Christian Moser, and Herman Selderhuis(eds.), (Bristol: Vandenhoeck & Ruprecht, 2015), xx–xxx.

3 프랑스 왕은 칼뱅주의에 반대하여 대표 파송을 금지시켰는데, 도르트 총회는 내내 그들을 위한 좌석을 비워 두었다. 브란덴부르크는 루터파의 반대로 대표를 파송하지 않았다. 도르트 총회는 이렇게 외국의 대표들까지 참석하여 개혁 교회에서 유일하게 준(準) 세계 총회의 성격을 갖게 되었다. 또한 항론파까지 포함한 참석자들의 이름, 지역, 신분은 다음의 책에 상세히 나오니 참고하라. Peter Y. De Jong(eds.), *Crisis in the Reformed Churches*(Essays in commemoration of the great Synod of Dort, 1618–1619)(Grand Rapids: Reformed Fellowship, Inc., 1968), 215–221.

4 아르미니우스는 1609년에 죽었고, 그의 가르침을 따르는 항론파는 1610년에 5개 조항의 항론서를 작성했다. 그런데 항론파는 아르미니우스의 주장보다 몇 걸음 더 나간 내용을 주장했다. 이런 주장을 항론파는 도르트 총회에 참석하여 1618년 12월에 "항론파의 견해"(The Opinions of the Remonstrants)라는 이름으로 총회에 제출했다. 따라서 정확하게 말하면 도르트 신경은 아르미니우스의 주장이 아니라, 항론파의 주장에 대한 답변이다. 이 책 말미에 항론서, 반항론서, 항론파의 견해 전문이 실려 있으니 참고하라.

5 Judicium Synodi Nationalis Reformatarum Ecclesiarum Belgicarum, Habitae Dordrechti Anno MDCXVIII et MDCXIX. Cui plurimi insignes Theologi Reformatarum Ecclesiarum Magnae Britanniae, Germaniae, Galliae, interfuerunt, de Quinque Doctrinae Capitibus in Ecclesiis Belgicis Controversis. 한국에서는 "도르트 총회"나 "도르트 (종교) 회의"로 번역되는데, 화란의 각 지역(노회) 대표들이 참여하여 화란의 종교 문제를 논의한 측면에서는 "도르트 총회"라고 번역할 수 있고, 유럽의 여러 나라들의 대표들까지 참여하여 다섯 가지 교리를 확정하였다는 측면에서는 "도르트 (종교) 회의"라고 번역할 수 있다.

6 칼뱅주의 5대 교리는 결코 칼뱅의 신학을 5가지로 정리한 것이 아니다. 칼뱅의 신학은 5대 교리보다 훨씬 넓다. 중심이 되는 주제도 5가지가 넘는다. 따라서 칼뱅의 신학을 칼뱅주의 5대 교리로 국한하거나 축소하는 것은 큰 잘못이고, 칼뱅주의 5대 교리는 늘 항론서의 5개 조항과 비교하여 생각해야 한다.

7 이런 순서를 따라도 괜찮은 것은 하나님의 선택과 유기를 다루는 도르트 신경 제1장이 전적 부패로 시작하기 때문이다. 하나님의 선택과 유기를 다루는 도르트 신경 제1장은 총 18항으로 되어 있는데 제1항부터 선택과 유기를 말하지 않고, 전적 부패를 말한다. 즉 하나님의 선택과 유기를 이해하기 위해서는 사람의 전적 부패를 이해해야 한다. 그러므로 튤립(T-U-L-I-P) 순서를 따라 칼뱅주의 5대 교리를 서술해도 도르트 신경(U-L-T-I-P)을 이해하는 데 지장이 없다.

8 시 51:19 그때에 주께서 의로운 제사와 번제와 온전한 번제를 기뻐하시리니 그 때에 그들이 수소를 주의 제단에 드리리이다. 마 5:6 의에 주리고 목마른 자는 복이 있나니 그들이 배부를 것임이요.

9 참고로 제2항은 하나님께서 자기의 독생자를 세상에 보내셔서 그를 믿는 자들마다 영생을 얻게 하셨다고 말하고, 제3항은 하나님께서 이 기쁜 소식의 전파자들을 원하시는 사람들에게, 원하시는 때에 보내셔서 사람들을 회개와 믿음으로 부르셨다고 말한다.

10 "It[faith] is frequently used to denote the positive knowledge that does not rest on external evidence nor on logical demonstration, but on an immediate and direct insight." Louis Berkhof, *Systematic Theology* (Edinburgh: The Banner of Truth Trust, 1996), 181.

11 피택자들이란 "the elect"란 단어를 번역한 것으로, 하나님께 "택함을 받은 자들"이란 뜻이다.

12 도르트 신경 제1장 제13항이 이를 잘 말해 준다. "제1장 제13항 선택의 확신의 유익-선택의 확신에서 오는 겸손과 찬양과 정화와 사랑: 이 선택을 인식하고 확신하는 것으로부터, 하나님의 자녀들은 자신들을 하나님 앞에서 겸손하게 할, 그분의 자비의 깊음을 찬양할, 자신들을 깨끗하게 할, 그리고 자신들을 먼저 매우 사랑하신 하나님을 보답하는 마음으로 열렬하게 사랑할 더 큰 동기를 매일 찾게 된다. 이것은 선택 교리와 그 교리를 묵상함이 하나님의 계명들을 더 게으르게 지키게 하고 육적인 안전감을 느끼게 한다는 것과 거리가 매우 멀다. 이런 것은 하나님의 공의로운 심판에 따라 선택의 은혜를 경솔하게 여기거나 빈둥거리며 무례하게 잡담하면서 피택자의 길을 걷지 않으려는 자들에게 발생하곤 한다."

13 "이방인"으로 번역된 헬라어 원어는 "εθνος"로, 개역개정에서 주로 "세상"으로 번역된다. KJV은 나라들 (nations), NIV은 이방인(Gentiles)으로 번역하였다.

14 헬라어 원어는 "많은"이 아니라 "모든"(παντας)으로 되어 있고, KJV, NIV도 "all"로 번역한다.

15 "구원하는 선"이란 "saving good"을 번역한 것으로 "구원에 이르게 하는 선"이란 뜻이다. "구원하는 믿음"도 "구원에 이르게 하는 믿음"이란 뜻이다.

16 굵은 글씨체의 제목은 원래의 도르트 신경에는 없고 필자가 독자들의 이해를 돕기 위하여 임의로 작성한 것이다. "항"이란 표현도 분류의 필요를 위하여 필자가 기입한 것이다.

17 요일 4:9 하나님의 사랑이 우리에게 이렇게 나타난 바 되었으니 하나님이 자기의 독생자를 세상에 보내심은 그로 말미암아 우리를 살리려 하심이라. 요 3:16 하나님이 세상을 이처럼 사랑하사 독생자를 주셨으니 이는 그를 믿는 자마다 멸망하지 않고 영생을 얻게 하려 하심이라.

18 행 15:18 즉 예로부터 이것을 알게 하시는 주의 말씀이라 함과 같으니라. 엡 1:11 모든 일을 그의 뜻의 결정대로 일하시는 이의 계획을 따라 우리가 예정을 입어 그 안에서 기업이 되었으니.

19 "절"이란 표현은 앞의 긍정적 부분의 "항"과 혼동되지 않도록 필자가 기입한 것이다.

20 원문은 "믿을 자들을 그리고 믿음과 믿음의 순종을 견인할 자들을 구원하시겠다는 하나님의 뜻이 구원에 이르는 온전하고 완전한 선택의 작정이고, 이 작정 이외의 것이 하나님의 말씀에는 전혀 계시되지 않는다고 가르치는 자들"이라고 되어 있다. 원문에 이렇게 기술된 것은 제목이 "선택과 유기에 대하여 참된 교리가 설명되었으므로 총회는 다음과 같은 잘못들을 배격한다"라고 되어 있기 때문이다.